无锡市文化遗产保护和考古研究所科研成果丛书（第1号）

无锡市文化遗产保护和考古研究所论文集
早期文明与峡江汉墓研究

无锡市文化遗产局编委会　编

文物出版社
2011·北京

封面设计　张希广
责任编辑　窦旭耀
责任印制　王少华

图书在版编目(CIP)数据

无锡市文化遗产保护和考古研究所论文集：早期文明与峡江汉墓研究/无锡市文化遗产局编委会编．—北京：文物出版社，2011.9
ISBN 978－7－5010－3241－9

Ⅰ．①无…Ⅱ．①无…Ⅲ．①考古—中国—文集Ⅳ．①K87－53
中国版本图书馆CIP数据核字(2011)第163560号

无锡市文化遗产保护和考古研究所论文集

早期文明与峡江汉墓研究

无锡市文化遗产局编委会　编

文物出版社出版发行
(北京市东直门内北小街2号楼)
邮政编码：100007
http：//www．wenwu．com
E－mail：web＠wenwu．com
北京君升印刷有限公司印刷
新华书店经销
787×1092毫米　1/16　印张：13
2011年9月第1版　2011年9月第1次印刷
ISBN978－7－5010－3241－9　　定价：140元

《无锡市文化遗产保护和考古研究所科研成果丛书》

编委会

主　任　叶建兴
副主任　刘基平　杨建民

主　编　刘宝山
副主编　李一全
编　委　韩翀飞　薛琳　邵栋

绘　图　薛琳
编　审　李一全

序

李伯谦

无锡市文物保护和考古研究所2009年7月组建完成，一年半之后即推出由所内同仁执笔的第一本论文集《早期文明与峡江汉墓研究》，其速度之快，令人惊讶！令人振奋！因此，当无锡市文广新局建兴局长和文保考古所宝山所长邀我为之写序时，我没有推辞，我觉得应该借此给以鼓励，即使文中有需改进之处也应指出，以利今后更好的提高发展。当然，通过阅读他们的书稿，我自己也获得了一个学习的机会。

这本论文集共收入三篇大作，一篇是薛琳的《良渚文化出土玉琮研究》，一篇是韩翀飞的《中国早期文明进程中的几个问题》，还有一篇是李一全的《峡江汉墓初步研究》，三篇文章合计40万字，即此已足见其为三位作者的倾心力作。

玉琮是良渚文化中最有代表性的、最具神秘色彩的文物之一，因此也最受研究者的关注，围绕玉琮发表的文章，恐怕也是良渚文化研究论著之中最多的一种。我看到过的专门研究玉琮的文章不算很多，但就我曾过目者言，涉及玉琮方方面面如此全面的，《良渚文化出土玉琮研究》一文也应该是有数的不多几篇中的一篇。该文除前言和后面的参考文献共分四章十节，分别从玉琮有关文献记载与研究历史、原料产地推断与类型划分、随葬玉琮墓葬情况与墓主性别研究、玉琮的用途功能及其对后世的影响等方面作了探讨。文章收集材料丰富，有关的文献记载、传世与考古资料、相关研究论著基本收罗齐备，从其有248个注释、附列68篇参考文谳即可见一斑；文章评价公允，对前人成说能放在当时历史条件下作出评论，对同代人的研究论著能通过相互比较指出其长处和不足，有实事求是的平等切磋，无强加于人的武断；文章有独到见解和创新之处，这在玉琮起源、玉琮分期、良渚文化随葬玉琮墓葬墓主性别推断以及玉琮功能与用途的讨论中均有表现。由此可见，《良渚文化出土玉琮研究》无疑是一篇成功的作品。

中国古代文明的起源、形成和发展一直是我国学术界关注的热点问题，随着考古调查、发掘工作的展开，围绕着该问题的讨论一波紧接一波，不断取得进展和丰硕的成果,《中国早期文明进程中的几个问题》一文是当前该问题讨论中最新几篇中的一篇。该文也分四章,第一章"略论中国文明的起源"有六个小节,分别讨论了"文明"的概念、文明起源探索的历程、文明起源模式的探索、古代文献记载中的中国文明起源、中国新石器时代晚期文明化进程及龙山时代已具备成熟文明的特征;第二章"新石器时代晚期聚落形态研究"三个小节,分别讨论了聚落考古研究历史和应注意的问题、新石器时代早中期聚落形态的特点和对新石器时代晚期聚落形态的分析;第三章"龙山时代聚落形态研究"三个小节,分别从单个聚落、以城址为中心的聚落群展开研究,并对研究成果作了总结;第四章"新石器时代宗教遗存初探"不分节,专门围绕考古遗址中与宗教有关的遗存作了探讨。对上述诸问题的研究,看上去详略不一,繁简有别,各章节的分量似乎不很均衡,但对重点问题都作了较为深入的分析,例如第一章"新石器时代晚期文明化进程"一节,将距今7000至6000年的新石器时代晚期分为早、中、晚三段展开论述,就使读者清晰地看到了文明因素从孕育诞生、初步发展到进入初级文明阶段的过程;第二章"新石器时代晚期聚落形态研究",并非一开头就从晚期切入,而是从新石器时代早中期聚落特点开始,紧接着又将晚期分为早、中、晚三段依次展开,步步深入,使读者进一步从聚落演变角度看到了新石器时代末期已形成的初级文明社会的面貌;第三章"龙山时代聚落形态研究",是第二章"新石器时代晚期聚落形态研究"的继续和深入,在对单个聚落和以城址为中心的聚落群分别剖析基础上,从多个方面论证龙山时代已进入城、乡分化的比较成熟的文明社会,增强了其所作论断的说服力。

收入本论文集的第三篇大作《峡江汉墓初步研究》,资料丰富,论证严谨,条理清晰,图文并茂,是一篇典型的考古学论著。文章除前言、附录和参考文献,共分六章,分别梳理交代了峡江地区汉墓发现与研究简史、墓室结构形制、随葬品型式划分、分期与年代、墓葬的文化构成因素及汉墓反映的生死观念。峡江地区的文化遗存尤其是汉墓,过去较少受到注意,自三峡工程启动以来,随着三峡文物保护抢救计划的实施,大量汉墓被发掘出来,在多数发掘报告尚未出版的情况下,作者能推出如此全面系统的一部论著,确属难能可贵。我读过之后,留下深刻印象,也学到不少东西。关于墓葬形制和随葬品的型式划分,作者比较严格把握了型与式的区别,以型表示同时存在或时间上虽有先后但无发展关系的墓葬形制或随葬品整体上的不同,以式表示同型之内的墓葬或随葬品局部变化反映的具有发展关系的早晚的区别,这样读者即能根据型式之不同判断其内在逻辑发展演变关系;关于分期与年代,正如作者所言,分期是根据墓葬形制和随葬器物的类型学研究成果做出,因而具有较为坚实的科学基础,当然建立在类型学基础上做出的分期只是相对年代,作者继而利用出土的纪年文字材料和随葬品中的铜镜、钱币研究成果——推定了各期的绝对年代,从而构建起了峡江地区汉墓的分期年代标尺,为今后研究提供了一个科学的年代学依据;关于文化因素分析,作者从峡江地区所处地理位置和环境出发,结合考古发现和有关文献对当地曾经有过的国族、发生过的历史事件的记述,从墓葬形制和随葬品中分析出多种来源各不相同的文化因素,揭示了峡江汉墓体现出的一种由区域性为主到多种文化并存,从多文化并存到大一统的中原文化的演变过程;关于汉墓反映的生死观,此章虽显简略,但通过考证,也基本廓清了墓葬形制和随葬品组合及形制纹饰变化反映的人们思想观念、宗教思想的变化。

学术研究是一个充满乐趣和挑战、不断通过否定之否定逐步接近客观真理的过程,三篇大作取得的成果有目共睹,但也还有可以讨论、改进之处。就我初步研读所得印象,我觉得《良渚文化出土玉琮研究》在"玉琮对后世的影响"一节还可以进一步深入研究:时代变了,出土的地域方位变了,在墓葬中的放置位置变了,经过改制原来的形制花纹变了,玉琮原来的性质和所具有的功能、用途肯定也在变化,在商周时期出土的玉琮上可以看到这样的现象;看出变化比较容易,要揭示变化的意义尚需花费力气,希望在这个问题上继续努力。《中国早期文明进程中的几个问题》结构上显得有些松散,文字上有些重复,在一定程度上影响了对文明的起源、形成和发展这个核心问题的深入,建议加强论文写作的严谨性、规范性锻炼;引用别人的研究成果,不管同意与否,都需经过论证。《峡江汉墓初步研究》第六章"汉墓与汉代生死观"较前几章略显薄弱,建议从汉代社会演进的大背景出发,围绕人死后入殓、下葬及葬后善后处置等整个葬礼的过程进一步考察汉代丧葬礼仪,以揭示汉代社会的思想观念及其变化。

本论文集的三位作者都受过良好的考古学教育和田野考古实地锻炼,知识面广,基础扎实,又热爱考古工作,在新的工作岗位和研究中一定会拿出更多更好的成果,这是你们所在的新组建的无锡市文物保护与考古研究所的愿望,也是全国考古同仁们的热切期待。

2011 年 2 月 5 日

目 录

序 ·· 李伯谦 1

良渚文化出土玉琮研究 ·· 薛 琳 1
前 言 ··· 2
第一章 有关玉琮的文献记载与研究 ··· 5
  一 有关玉琮的文献记载 ·· 5
  二 玉琮研究学术史 ··· 7
第二章 考古出土良渚文化玉琮类型学研究 ·· 12
  一 我国玉琮的出土概况及其原料产地问题 ······································ 12
    (一)玉琮出土概况 ·· 12
    (二)苏南地区新石器时代玉器原料的来源 ································· 13
  二 玉琮的类型学分析 ··· 19
    (一)良渚文化玉琮出土发现史 ··· 19
    (二)关于玉琮形制的起源问题 ··· 21
    (三)良渚文化出土玉琮类型学分析 ··· 27
    (四)良渚玉琮的发展传播 ··· 32
第三章 良渚玉琮的埋藏学及相关问题研究 ·· 37
  一 良渚文化玉琮出土位置研究 ·· 37
  二 出土玉琮的良渚文化墓葬通常具有的特征 ·································· 41
  三 玉琮与墓葬中其他玉质随葬品的共存情况 ·································· 43

四　随葬玉琮的墓主性别研究 …………………………………… 47

第四章　相关问题讨论 ……………………………………………… 50

　　一　玉琮的用途与功能 ……………………………………………… 50

　　　　（一）"礼地的玉神器"说 ……………………………………… 51

　　　　（二）"玉殓葬"说 ……………………………………………… 51

　　　　（三）"中国古代宇宙观和通天行为的象征"说 ……………… 51

　　　　（四）玉琮功能的演变 ………………………………………… 52

　　二　玉琮对后世的影响 ……………………………………………… 53

参考文献 ……………………………………………………………… 71

中国早期文明进程中的几个问题 ……………………………… 韩翃飞 76

第一章　略论中国文明的起源 …………………………………… 77

　　一　探索中国文明起源的历史过程 ………………………………… 77

　　二　"文明"的概念 ………………………………………………… 78

　　三　文明起源模式的探索 …………………………………………… 78

　　四　古代文献记载中的中国文明的起源 …………………………… 79

　　五　新石器时代晚期文明化进程 …………………………………… 80

　　六　龙山时代已具备成熟文明的特征 ……………………………… 83

第二章　新石器时代晚期聚落形态研究 ………………………… 87

　　一　聚落考古的研究历史和应注意的问题 ………………………… 87

　　二　新石器时代早中期聚落形态的特点 …………………………… 88

　　三　新石器时代晚期聚落形态研究 ………………………………… 90

第三章　龙山时代聚落形态研究 ………………………………… 99

　　一　单个聚落研究 ………………………………………………… 100

　　二　以城址为中心的聚落群研究 ………………………………… 103

三　结语 ……………………………………………………………………… 108
第四章　新石器时代宗教遗存初探 ……………………………………………… 109
　　一 …………………………………………………………………………… 109
　　二 …………………………………………………………………………… 110
　　三 …………………………………………………………………………… 112
　　四 …………………………………………………………………………… 114
　　五 …………………………………………………………………………… 115

峡江汉墓初步研究 ………………………………………………… 李一全 123
前　言 ………………………………………………………………………………… 124
第一章　峡江汉墓的发现与研究 ………………………………………………… 126
　　一　20世纪初期至20世纪40年代末期 ……………………………………… 126
　　二　20世纪50年代至80年代末 ……………………………………………… 127
　　三　20世纪90年代初至今 …………………………………………………… 129
第二章　峡江地区汉墓的基本形制分析 ………………………………………… 133
　　一　土坑墓 ………………………………………………………………… 133
　　二　砖室墓 ………………………………………………………………… 137
　　三　石室墓 ………………………………………………………………… 140
　　四　土洞墓 ………………………………………………………………… 142
　　五　其他墓葬形制 ………………………………………………………… 143
第三章　峡江汉墓随葬品形制分析 ……………………………………………… 145
　　一　铜器典型器物分期 …………………………………………………… 145
　　二　陶器典型器物分期 …………………………………………………… 149
第四章　峡江汉墓的分期与年代 ………………………………………………… 157
　　一　分期 …………………………………………………………………… 157

二　年代 ………………………………………………………… 160

第五章　峡江汉墓的文化因素分析 ……………………………… 164

第六章　汉墓与汉代生死观 ……………………………………… 172

附　录 ……………………………………………………………… 181

参考文献 …………………………………………………………… 189

海阔凭鱼跃　天高任鸟飞 ………………………………… 叶建兴 193

良渚文化出土玉琮研究

薛 琳

前　言

古老的玉文化是我国特有的文化遗产之一[1]。《礼记·玉藻》："君子无故，玉不去身。君子于玉比德焉。"此语充分表明了中华民族爱玉崇玉的民族心理。崇尚美好品德的中国人用玉来象征一切美好的品性。"宁为玉碎，不为瓦全"是玉不屈不挠的品质写照；"生刍一束，其人如玉"则是最神圣的悼念；《礼记·学记》："玉不琢，不成器；人不学，不知道。"以玉劝学，意在向善。在中国古代文献中，对玉这个字的使用每每含有褒意，把玉作为道德化、人格化的象征[2]。人们只要一提到玉，便会产生一种崇尚美德、积极向善的肯定的文化价值取向。我国独特的玉文化与中华民族文化的起源与发展有着密不可分的联系，它与灵物崇拜、王权政治以及审美意识联系在一起，是社会政治、经济的反映，是社会上层建筑中的一个独特领域。从辉煌的史前玉器绵延至今，我国用玉有着数千年的历史，它兼有物质和精神双重内涵，从而成为博大精深的中国玉文化中的一个重要方面。

随着考古工作的深入展开，史前玉器的数量也在不断增加，其中最具代表性的有红山文化玉器、良渚文化玉器以及龙山文化玉器等。红山文化的动物造型玉器及圆形玉器精巧传神；龙山文化玉器则兼具了南北文化的双重特征；良渚文化玉器以琮、璧、钺最为典型，造型雄浑、风格严谨，纹饰以神秘莫测的神人兽面引人入胜，代表了当时中国南方玉雕的最高水平[3]。良渚文化玉器制作之精细和纹饰之繁缛，表现出空前的工艺技术水平[4]。杨伯达先生指出，史前玉文化"经过了数千年的发展，不断干预社会生活，并逐步广泛化、深入化，终于成为文化主体，成为巫神媒介及华夏文明基础的第一块奠基石"[5]，这凸显出新石器时代出土玉器研究的重要性，对探讨我国玉器的源流问题、用玉制度甚至文明起源等问题都有很大的启示。

玉琮是我国史前考古文化中极富特色和文化蕴含的器物之一，同时也是长江中下游地区史前玉文化中最具形体创意和体量最大的代表性器类之一[6]。玉琮的起始年代至少可以追溯到公元前3000年以前的新石器时代晚期，北至中原的龙山文化，西至甘青的齐家文化、四川的广汉三星堆祭祀坑、金沙遗址，南至广东石峡文化等都发掘出为数不少的玉琮，其中尤以江浙一带的良渚文化玉琮最为发达，出土与传世数量很多，成为玉琮研究的主要对象。玉琮在商周时期继续沿用，成为《周礼》所述"六器"之一。《周礼·大宗伯》曰："以玉作六器，以礼天地四方。以苍璧礼天，以黄琮礼地，以青圭礼东方,以赤璋礼南方,以白琥礼西方,以玄璜礼北方。"[7]这段文字记载对于帮助我们理解玉器的文化内涵与功能有着极为重要的意义。玉琮成为祭祀用玉礼器的一种,可见其在古代社会精神和政治生活中的重要地位。张光直先生认为:"玉器时代在中国正好代表从石器到铜器的转变,亦即从原始社会到国家城市社会中间的转变阶段,而这种转变在中国社会史上有它自己的特征。玉琮在中国古代文明史和社会进化史上的重要性在此。"[8]

新中国成立以来,随着我国新石器时代遗址考古工作的不断开展,出土玉琮的数量和种类也有所增加。玉琮的研究逐渐引起学术界的关注,围绕玉琮的起始年代、功用、文化内涵作了大量的研究,展开了长期的讨论,并且把研究方向从原来仅由历史文献出发对应到考古出土的玉琮转向利用考古类型学、文化人类学、埋藏学、性别考古学以及宗教考古等方法来对玉琮进行研究解读,对玉琮的形而上研究深化了整个玉文化的研究。

早期对玉琮的研究主要是根据《周礼》的记载,如清末吴大澂的《古玉图考》以及后来那志良先生的《古玉鉴裁》对玉琮的考证。然而,《周礼》作为战国晚期的一部托古著作,仅以此为依据加以论断是缺乏说服力的。当代学者更多的是根据考古发掘中玉琮的出土位置、共出器物、墓葬规格以及墓葬中的其他现象进行综合分析。首先是对玉琮的型式划分,进行分期断代。王巍先生在《良渚文化玉琮刍议》一文中将玉琮分成短筒形琮和长筒形琮[9];刘斌先生的《良渚文化玉琮初探》一文中则以横截面为依据,将玉琮分成横截面为圆形、弧边方形、正方形三种,并认为其间存在着前后承继的逻辑关系[10];安志敏先生则在《关于良渚文化的若干问题》一文中将玉琮的形制分为圜体内孔和方体圆孔两类等等[11]。

在类型学的基础上,许多学者对其文化内涵进行推断。如邓淑萍先生在《中华五千年文物集刊·玉器篇·一》中推测"琮在典礼中套于圆形木柱上端,用作神祇或祖先的象征"[12]。最具代表性的是张光直教授在《琮及其在中国古史上的意义》一文中提出的见解:"琮是天地贯通的象征,也便是贯通天地的一项手段或法器"[13];车广锦教授在《玉琮与寺墩遗址》中发展了张光直教授的观点,认为"寺墩遗址本身就是一个大玉琮",从而进一步深化了玉琮所具有的社会意义,是"象征王权、神权和整个统治阶级的重器"[14]。颇具独创意义的是汤惠生教授在《对立与统一:原始文化中的二元逻辑》一文中结合萨满教理论证实"玉琮外方,象征地;中间圆形柱状,象征通天的'地轴'、'天柱'","昆仑山上的天神和太阳神也就是玉器上的人面像应该就是中国古典文献中所称的'黄帝'",进而提出"饕餮纹即太阳神之传承"的观点等等[15]。虽然至今尚未统一认识,但围绕玉琮涌现了一大批颇有质量的理论文章,从多角度进行了剖析。总的来说,发展到后来,对玉琮的研究主要侧重于将其作为原始宗教巫术、财富价值、权力地位的象征,由早期的物质角度转向精神角度。

基于目前学术界对玉琮研究的新动向,本文拟在对目前的实物资料进行归纳整理的基础上,建立起玉琮的类型学序列,为分析玉琮的文化内涵提供时空方面的依据。此外,从玉琮的分布区域、墓葬中玉琮的出土位置以及与其他玉质随葬品的共存关系等方面对玉琮进行综合分析,旨在解决我国新石器时代玉琮的产生及其分布区域、玉琮的使用方式及其形制演变等问题,从而加深理解我国新石器时代就形成的玉琮这一"玉礼器"的使用及其文化象征。本文的创新之处在于,在前人大量研究成果的基础之上对这一课题进行系统的和整体的综合研究,从考古资料出发对新石器时代出土玉琮进行类型学分析,结合玉琮出土的位置、所在墓葬墓主人的性别、与其他玉器和器物组合的情况、出土玉琮的墓葬规模以及文献资料来分析玉琮的发展源流、用途、意义等,对玉琮的文化内涵作进一步的深入研究。

第一章　有关玉琮的文献记载与研究

一　有关玉琮的文献记载

玉琮是中国古代玉礼器的重要组成部分,它与玉璧、玉圭、玉璋、玉璜、玉琥一起被古人谓之为"六器"。关于琮的文字记载最早见于先秦文献;到汉代,文献中关于玉琮的记载并不多。清末,吴大澂引用《周礼》、《说文解字》为琮定名。不过,文献对玉琮的记载从名称到尺寸以及功用等纷繁复杂,甚至语多抵牾,让人不得要领。

李学勤先生曾在《走出疑古时代》中根据冯友兰先生的"信古—疑古—释古"的"三阶段"说,倡导"以考古探索古史",并重申王国维的二重证据法,"把文献研究和考古研究结合起来,这是疑古时代所不能做到的,充分运用这样的方法,将能开拓出古代历史、文化研究的新局面"[16]因此,我们有必要仔细分析、归纳文献中关于玉琮形式、用途、功能的记载,并结合相关的考古学材料对玉琮及其相关材料加以分析、归纳和论证。

"琮"字最早出现在《周礼》中,《周礼·冬官·考工记·玉人》:"璧琮九寸,诸侯以享天子。""瑑圭璋八寸,璧琮八寸,以覜聘。""驵琮五寸,宗后以为权。""大琮十有二寸,射四寸,厚寸,是谓内镇,宗后守之。驵琮七寸,鼻寸有半寸,天子以为权。""瑑琮八寸,诸侯以享夫人。""注:圆曰璧,方曰琮。聘礼享君以璧,享夫人以琮。众来曰覜,特来曰聘。驵读为组,谓以组系琮为称锤权重也。大琮如王之镇圭,射谓其外之鉏牙也。""按,琮形八角,径八寸,角各出二寸。"[17]在《周礼》中,已将玉琮分为不同尺寸、不同种类了。所谓"宗后",就是"宗子",即宗法制度中大宗的夫人,也就是分封制中诸侯的夫人。宗后以不同形制的琮为权、为内镇,诸侯也以琮作为献给宗后的瑞器,可见琮是地位尊贵者的标识[18],所以在后来的典籍中,通常将琮作为玉礼器而提及。但是周礼并没有确切描述琮究竟是什么样的器物,先秦古书中一般也只提到"琮"之名,很少描述其形状。

汉儒在《周礼》的基础上对琮做了解释。《说文解字》:"琮,瑞玉,大八寸,似车釭。从玉,宗声。"[19]这是对琮的最早定名。"瑞玉"说的是玉琮是一种礼器,"大八寸,似车釭"就是对玉琮形状大小的描写。

《白虎通·文质篇》曰:"圆中牙身玄外曰琮"。"内圆象阳,外直为阴。"[20]

"玄"字一般引为"方"。现在所见到的"瑞玉"图形,最早的是东汉石碑上的《六玉图》,其中玉琮的形状有八角、五角或十角,皆是"汉人依据《三礼》经书和汉儒的注释而加以想象绘成的"[21]。该观念影响了后人对琮的理解。南唐徐锴释琮时指出其"状若八角而中圆"[22]。

从文献记载看,除"鼻寸有半寸外",其他尺寸均应该为玉琮的长度。故而,我们可以确定玉琮多数为长方体,大致形状为外方内圆,中央作圆筒状,外周呈钝角形。由于西周时期的玉琮发现已经极少,汉代已不见用琮随葬,汉代文献中几乎没有关于使用琮的记载。

《周礼·大宗伯》:"以玉作六瑞,以等邦国:王执镇圭,公执桓圭,侯执信圭,伯执躬圭,子执谷璧,男执蒲璧。以禽作六挚,以等诸臣:孤执皮帛,卿执羔,大夫执雁,士执雉,庶人执鹜,工商执鸡。以玉作六器,以礼天地四方:以苍璧礼天,以黄琮礼地,以青圭礼东方,以赤璋礼南方,以白琥礼西方,以玄璜礼北方。"注:"礼地以夏至,谓神在昆仑者也……礼神者必象其类,璧圜象天,琮八方,象地……""琮之言宗,八方所宗,故外八方,象地之形。中虚圆,以应无穷,象地之德,故以祭地。""疏:易云天玄而地黄,今地用黄琮依地之色。"[23]

这段文献描述了国家政体、社会分层和宗教祭祀三个方面的基本礼仪。所谓"以玉作六瑞,以等邦国",所说的便是天下共主与诸侯这样的国家政体;"以禽作六挚,以等诸臣",则是描述了诸侯国的社会和政治分层;"以玉作六器,以礼天地四方"讲述的是王朝的祭祀礼仪。这些都是以西周以来的中原王朝为蓝本加以系统化整理出来的。有一点值得注意,不同色质、不同形制的玉器,其功能和象征系统是不同的。"六瑞"的功能在于体现政治体制,不同的器形代表不同的政治权利,象征着中央王朝和诸侯国的统属关系。"六器"的功能在于体现祭祀礼仪,即"以玉事神",象征着对天地四方的贯通,代表着意识形态的权力,也就是所谓的神权[24]。

《周礼·典瑞》:"圭、璋、璧、琮、琥、璜之渠眉。疏璧、琮以敛尸。"[25]

唐代段成式《酉阳杂俎·礼异》:"古者安平用璧,与事用圭,成功用璋,边戎用珩,战斗用璩,城围用环,灾乱用隽,大旱用龙,龙节也,大丧用琮。"[26]

《周礼·秋官·小行人》:"小行人掌邦国宾客之礼籍,以待四方之使者……合六币:圭以马,璋以皮,璧以帛,琮以锦,琥以绣,璜以黼;此六物者,以和诸侯之好故。"郑玄注:"五等之诸侯享天子用璧,享后用琮。"[27]不同的玉器象征不同的身份地位。

《仪礼·聘礼》曰"受享束帛加璧,受夫人之聘璋,享玄纁束帛加琮,皆如初。""聘于夫人,用璋,享用琮,如初礼。""享君以璧,享夫人以琮。"[28]

周代是中国古代礼制最兴盛的时期。所谓"礼制",即人们在社会活动和日常生活中所遵循的行为规范准则。礼仪被认为能"通神明,立人伦,正情性,节万事"[29]。礼制反映在用玉制度上,就是出现了一系列礼玉,其中最主要的是璧、圭、琮、璋、琥和璜,合称为"六瑞"。这六种玉器是中国古代玉器的核心部分。从早期的文献记载中看,玉琮作为礼器中的"六器"之一,是礼地、敛尸、享大夫、享天子、享夫人、为权、内镇、频聘时的重要礼仪用品,并且不同规格的玉琮代表着不同的地位和身份,足见玉琮的重要性。

《周礼》的成书年代一般认为是战国时期,但成书年代与原始材料的形成年代不可混为一谈。《周礼》中的一些基本制度主要来源于西周。比如王与邦国这样的国家体制在中国历史上即是西周所独有的。然而文献中关于用玉祭祀的材料应该取材比较久远。王国维《释礼》考释:"古者行礼以玉,故《说文》曰'豊,行礼之器',其说古矣。"[30]虽然,在史前考古中,璧、琮、圭、璋、琥、璜的器型已被证实,但是上述文献所说的用玉制度并不完全是史前社会的现实情况。夏鼐先生认为:"书中关于六瑞中各种玉器的定名和用途,是编撰者将先秦古籍记载和口头流传的玉器名称和它们的用途收集在一起,再在有些器名前加上形容词使成为专名,然后把它们分配到礼仪中的各种用途中去,这些用途,有的可能有根据,有的是依据定义和儒家思想硬派用途。这样他们便把器名和用途,增减排比,使之系统化了。"[31]因此,我们不能完全根据礼书的记载来分析玉琮的用途、功能及其象征系统。同时,根据现有的考古材料来看,玉琮主要出土于良渚文化,而《周礼》等礼书主要源出中原文化系统,其成书年代早已是高度发展的古代文明社会,单单以此来分析良渚文化玉琮,无论在时间和空间上都是错位的。这便要求我们在对古代典籍认识和理解的基础上,必须结合运用具体的考古资料进行分析,并将单个文物与墓葬资料、文化背景相结合加以综合分析,尽可能全面、客观地考察良渚文化玉琮的基本特征,避免片面地、有针对性地选择"有用"的考古材料,只抓住某一类型、或某一阶段的玉琮特征,而不顾及其他相关特征,得出的结论往往有失偏颇。

二 玉琮研究学术史

古人对玉琮的研究虽不多,但也由来已久,这在上文已有阐述,如《说文解字》曰:"琮,瑞玉,大八寸,似车釭。从玉,宗声。"《白虎通·文质篇》曰:"圆中牙身玄外曰琮"。郑玄补注《周礼》时说:"琮,八方象地"。南唐徐锴释琮时讲:"状若八角而中圆"。后因后人难辨琮状的实体,以致南宋时称为"镇圭"[32]等等。

清乾隆按东汉许慎《说文解字》,以"琮,瑞玉,大八寸,似车釭"的说法为据,直呼"琮"为"辋头"、"杠头"、"笔筒"等,当时连玉琮的上下头都不清楚,乾隆皇帝称此器名为"辋头",并命玉匠将他的题诗刻在玉琮内壁上。诗曰:"所贵玉者以其英,章台白光照连城。辋头曰汉古于汉,入土出土沧桑更。晁采全隐外发色,葆光只穆内蕴精。是谓去情得神独,昔之论画贻佳评。"末署"乾隆癸丑春御题",并有"几暇怡情"、"得佳趣"双闲章。至光绪年间,金石学家吴大澂在《古玉图考》中,引述了嘉庆年间文字学家钱坫说法,玉琮的器形才得以确认。光绪十五年(1889年),吴大澂编撰出版的《古玉图考》一书中收录了玉琮31件,分大琮、黄琮、组(吴大澂释驵为组)琮、琮四类,其解释"琮八方象地,今琮皆四方"即为"每面分而为二,皆左右并列,与八方之说相合。"并确认"琮之制,以口圜者为射","今世所传古玉釭头,其大者,皆琮也","外有刻琢,棱棱如锯齿……可以系组……即玉人组琮之制"[33]。根据《古玉图考》,琮的基本特征为:外廓方或近方,中间为上下贯通的圆筒,上下端突出的圆圜为"射",每个面中间有刻槽,纹饰分左右两列。

何谓驵琮?宋代王照禹《周礼详解》说:"以琮为权,以组系之,则谓之驵琮。权以等轻重,先王惧其制之不存,则天下后世无所考焉,故天子与宗后皆有驵琮以为权。""盖璧有辟之道,礼天之玉也,故以享天子。琮有宗之道,礼地之玉也,故以享后。"[34]元代陈友仁《周礼集说》指出:"以琮为权,以组系之,则谓之组琮。"[35]尽管如此,古人并未进一步说明具体的系组方法。不过根据现有的考古资料,良渚文化出土的玉钺往往有琮形管作装饰。例如瑶山南列墓出土的七对小琮[36],大小相近,图案相同,其中M2、M7、M9三墓的各对小琮,出土位置与玉钺相邻,或位于钺身顶端,或在钺的柄饰之旁,它们有可能是玉钺的挂件。或许这即是文献中所谓的驵琮之权。

在20世纪70年代以前,我们对玉琮年代的认识只是认为它为商周以后的器物,所以此前的研究只是针对玉琮与商周礼仪之间的联系、考据和说明等等。如清末吴大澂的《古玉图考》以及后来那志良先生的《古玉鉴裁》对玉琮的考证。这类文章主要是结合历史文献对部分玉琮进行研究,研究结果大都是肯定历史文献记载的正确性,认为玉琮是商周时代的遗物,缺乏考古类型学的分析和其他相关考古方法的辅助分析,这些研究形成了对玉琮内涵解读的固定性看法。

伴随考古工作的展开,尤其是1973年,苏州草鞋山遗址中有确切层位的玉琮出现后[37],才使我们对玉琮年代的认识扩大到新石器时代(这毫无疑问地致使研究在类型学确定分期之后肯定会转向玉琮与中华文明形成之间的关系)。此后对于玉琮的研究才由定名(也包括功用)转变为分类研究,即类型学研究。

80年代,王巍先生首次在《良渚文化玉琮刍议》一文中将玉琮分成短筒形琮和长筒形琮,并归纳出各自的演变过程,将张陵山 M4:02 定为我国新石器时代遗存中迄今所见年代最早的短筒形玉琮,而认为长筒形玉琮的"起源问题尚不清楚"[38]。该观点不可避免地具有局限性,因为仅以长短来划分,割裂了二者的关系,玉琮的短与长应当是早晚的式的关系,而并非型的关系(后面我们将进行详细讨论)。另外,玉琮分类研究受到出土资料的局限:反山、瑶山等大批材料尚未出土,不可能为玉琮的类型学研究提供充分的分期基础。同时该文将玉管与玉琮混为一谈,引用的琮形管一般作为串饰或玉钺等的配饰,而玉琮则应以单体存在。类似问题也存在于黄宣佩先生《略论我国新石器时代玉器》一文,其中将玉琮分为圆筒形、矮方柱形、长高柱形、方柱形小琮[39]。笔者以为,这种分类方法比较混乱。

刘斌先生的《良渚文化玉琮初探》一文中则以横截面为依据,将玉琮分成横截面为圆形、弧边方形、正方形三种,并认为其间存在着前后承继的逻辑关系[40]。该观点与杨建芳先生对玉琮的形式划分颇为一致[41]。安志敏先生在《关于良渚文化的若干问题》一文中将玉琮的形制分为圜体内孔和方体圆孔两类[42]。与王巍、黄宣佩先生一样,三者均将张陵山 M4:02 作为玉琮的最早形制,其实这更应该分类为镯,或琮形镯。琮形镯与琮相似的造型导致学术界长期以来将镯与琮混为一谈。事实上,对玉琮起源的研究不能简单地从形状的相似出发,并且这类琮式镯有其自身的发展、演变轨迹:早期以张陵山 M4:02 为代表,中期以瑶山 M9:4 为代表,晚期以寺墩 M3:43 为代表[43],早晚之间存在纹饰的简化和形体趋高的变化,但均为短圆筒形(图一)。

在类型学的基础上,进而对玉琮的起源做出了推测,主要以周南泉先生的"管形说"[44]和杨建芳先生的"镯形说"[45]为代表。这两种观点都有其合理的成分,但同时也存在着无法解释之处,这从上文的叙述中可见一斑。

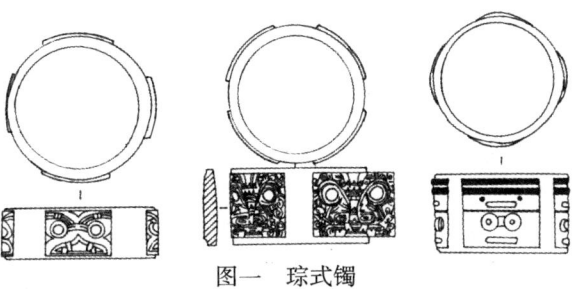

图一 琮式镯

1. 张陵 M4:02[46]　2. 瑶山 M9:4[47]　3. 寺墩 M3:43[48]

玉琮研究在类型学确定分期之后自然会转向更高层面的精神、宗教、政治(即与文明进程相联系)研究。围绕玉琮的文化内涵,许多学者进行了大胆的推断,涌现了许多专题性研究文章。安克斯认为"玉琮上驵纹近似坤卦","象征地母的女阴"[49];高木汉以为"琮是宗庙里盛'且'(男性生殖器象征)的石函"[50];吉拉斯以为琮是先民屋里"中雷"即烟筒的象征,为家庭中祭拜的对象[51];贝索德·拉佛在《玉——中国考古与宗教研究》中指出:"他们不是把天神当作人形的而是作为有明确能量的自然力,并在地上构成几何性质的形象","如用打孔的圆形玉璧代表天、立方体包围的玉管代表地……"[52]著名的东方艺术史学家、瑞典学者柏伟能在专著《洛书之秘》中进一步发展了贝索德·拉佛的观点,并结合考古学、美学、古文献、古文字语言提出"琮的造型是以'洛书'为基础的","琮是古代一种表示方向的象征物,与未成熟的阴阳观念一起表达了它的基本含义——神圣大地的真正象征"[53]。

邓淑萍先生在《中华五千年文物集刊·玉器篇·一》中推测"琮在典礼中套于圆形木柱上端,用作神祇或祖先的象征"[54]。最具代表性的是张光直教授在《琮及其在中国古史上的意义》一文中提出"琮是天地贯通的象征,也便是贯通天地的一项手段或法器"[55]。车广锦教授在《玉琮与寺墩遗址》中发展了张光直教授的观点,认为"寺墩遗址本身就是一个大玉琮",进一步深化了玉琮所具有的社会意义,是"象征王权、神权和整个统治阶级的重器"[56]。颇具独创意义的是汤惠生教授在《对立与统一:原始文化中的二元逻辑》一文中结合萨满教理论证实"玉琮外方,象征地;中间圆形柱状,象征通天的'地轴'、'天柱'","昆仑山上的天神和太阳神也就是玉器上的人面像","在中国古典文献中称作'黄帝'",进而提出"饕餮纹即太阳神之传承"[57]。汪遵国先生则提出了良渚文化"玉殓葬"[58]说,这种称谓在一定程度上得到了一部分学者的认同[59]。

上述种种对玉琮文化内涵的分析更多的是结合最新的考古资料,运用一些玉器研究的考古学方法、宗教理论、文化人类学等等,分析和阐释也更趋于合理和科学。但是这些对玉琮的研究还不能说是十分全面的。其中许多分析研究诚极精辟,但有些学者往往以个别考古资料来研究带有普遍性的问题。例如,"玉殓葬"说是建立在个别墓葬出土玉琮有火烧痕迹的基础之上,那么其他墓葬又作何解释?以《周礼》之"玉殓葬"说来解释良渚文化玉琮,理论依据是否充分?如果这些问题得不到解答,那么这种理论便失去了普遍的意义。2005年,在江苏省江阴市举行的第五届玉学玉文化研讨会中,对玉琮的讨论研究作了进一步的扩展,如于锦绣先生从红山文化玉璧、良渚文化玉琮造型的象征意义极其超级功能和影响的角度,探讨了中国五帝时代玉文化的原始宗教学[60];王仁湘先生从甲骨文的角度对"琮璧名实"的推测,可能更具有说服力[61]。

通过探讨玉琮的功用,已有学者由此为切入点探讨良渚玉琮所揭示的社会发展阶段及其影响。陆建方先生在《蒙冤的良渚玉琮》一文中提出"琮根本不是祭祀用具,它全部出土在墓内,而不是祭祀坑或祭台,它与祭祀无关而与墓主人的身份等级息息相关,与宗族制度紧密相连,是良渚文化宗族制度的标志物。""良渚文化已经实行宗族和宗法制了……玉琮的产生,可以说是应宗族之需。"[62]李学勤先生通过比较玉琮"神人兽面"纹与商代青铜器上的"饕餮"纹,证明了良渚玉器与商代饕餮纹"固然不是彼此直接承接的,但有很多共同的特点……显然有着较密切的联系。"[63]

现在,对玉琮的研究趋于更为系统(性别考古)、更科学(埋藏学)、更细致(微痕等科学分析)。杨伯达先生在《巫玉之光》一书中从"玉琮王"上的凹弧痕出发,探索早已泯灭的玉卜兆和玉契符,进而提出良渚社会可能已经处于巫、卜向王移交权力的社会转型期之绪端[64]。在史前考古中,由于骨骸保存不易,有学者根据性别器物判断琮是男性墓的随葬品[65]。不过该观点现在看来并不成立,仅凭所谓的性别器物似乎并不能说明问题[66]。

随着玉器热的升温,众多学者围绕玉琮的起源、功用、形式演变、发展传播等等,从多角度进行了剖析,但至今尚未统一认识。大量的考古研究表明玉琮在新石器时代就成为雏形中的玉礼器之一,并且成为良渚文化的主要特色之一。

玉器是中国传统文化的重要组成部分,而玉琮则在其中扮演了不可或缺的角色。琮最早出现于距今五千年前后的新石器时代晚期。接触中国史前文化,一定会对玉琮印象深刻。它们用复杂的工艺制作而成,按照一定的规则陪葬在墓主人的周围。几乎所有的玉琮都制作得极其精美,而玉璧则要粗糙得多。伴随考古发掘的不断展开,关于玉琮的用途,众说纷纭,难以给出一个确切的答案。但有一点毋庸置疑,原始的玉器由于其质料的原因,往往被赋予神秘的宗教色彩,因此,无论玉琮的具体用法是什么,作为一种瑞器用于祭祀、献享显然是其主要用途之一。

第二章 考古出土良渚文化玉琮类型学研究

一 我国玉琮的出土概况及其原料产地问题

(一) 玉琮出土概况

大量的考古发现显示，玉琮最早出现在距今约五千年前后的长江下游地区，其时代属新石器时代晚期。史前玉琮以江苏南部和浙江北部的良渚文化遗址出土最多，甚至成为良渚文化的一个重要特征。此外，在良渚文化西南的广东石峡文化[67]、江苏北部的阜宁陆庄遗址[68]、花厅遗址[69]等新石器时代遗存和其他史前遗址墓葬，也有玉琮发现，不过数量都远较良渚文化为少。由此可知，玉琮的分布中心在江南一带，这里也应该是玉琮的起源地。

铜石并用时代，玉琮主要见于山西襄汾陶寺遗址[70]和西北的齐家文化[71]，但形制有别于良渚文化玉琮。陶寺玉琮素面而似镯形。齐家文化玉琮多素面，四面无分割槽，四角方直。

商周时期，玉琮已经式微。商代玉石琮主要出土于殷墟妇好墓[72]，另外，在广汉三星堆祭祀坑[73]、山东益都苏埠屯[74]等地也有出土，但是经过发掘的商代遗址较多，相形之下，玉琮的数量便显得微不足道了。可见，在商代玉琮已经不再流行。

西周玉琮较之商代更为少见，主要出土于西周镐京[75]、成都金沙遗址[76]等地。

春秋战国时期，玉琮已成凤毛麟角，仅在河南洛阳[77]、山西长治分水岭[78]等地有个别出土。

汉代，玉琮几成绝响，迄今只在河北满城中山靖王刘胜墓以及江苏涟水三里墩西汉墓各出土一件，但是前者已经加工并作他用，后者则加上了器盖和底座作收藏之用。汉代以后的墓葬中虽然偶有玉琮出土，但多是利用传世古物随葬[79]（图二）。

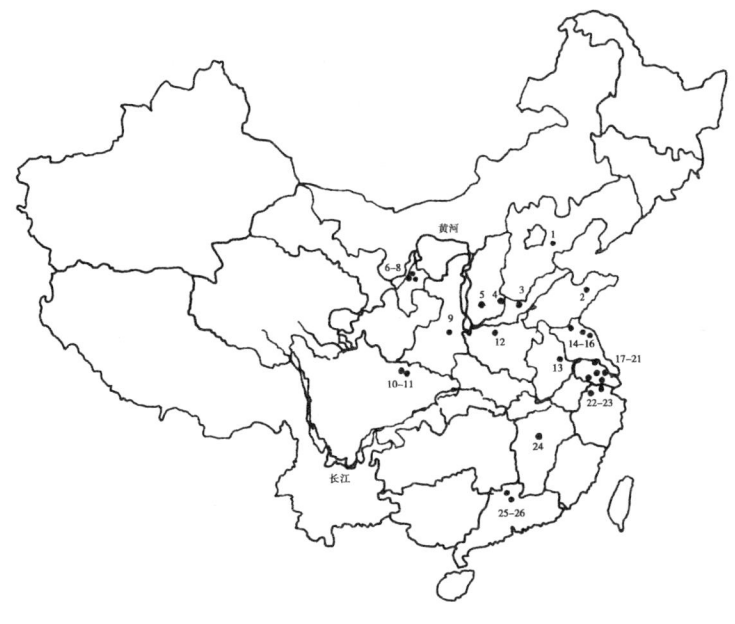

图二　出土玉琮分布图

1. 河北满城中山靖王刘胜墓	2. 山东益都苏埠屯	3. 殷墟妇好墓
4. 山西长治分水岭	5. 山西襄汾陶寺遗址	6. 宁夏固原齐家文化
7. 宁夏隆德齐家文化	8. 宁夏西吉齐家文化	9. 西周镐京
10. 广汉三星堆一号祭祀坑	11. 成都金沙遗址	12. 河南洛阳春秋墓
13. 安徽定远县德胜村	14. 江苏新沂花厅遗址	15. 江苏涟水三里墩西汉墓
16. 江苏阜宁陆庄遗址	17. 江阴高城墩遗址	18. 江苏武进寺墩
19. 江苏吴县张陵山、草鞋山	20. 江苏昆山绰墩、少卿山	21. 上海青浦福泉山
22. 浙江余杭反山、瑶山、汇观山、横山		23. 浙江桐乡普安桥
24. 江西丰城	25. 广东曲江石峡	26. 广东海丰

综上所述，可知玉琮是新石器时代晚期流行于江南一带的极富特色的玉器，在其他地方少见或不见。商代，玉琮已经式微，至汉代则成为绝响，故而先秦文献中极少提到玉琮[80]。由于玉琮主要盛行于新石器时代晚期的良渚文化，因此本文的立足点主要是良渚文化的玉琮，在此基础上兼及讨论其他地区出土的玉琮。

(二) 苏南地区新石器时代玉器原料的来源

清代末年，吴大澂据《周礼》、《说文解字》为琮定名，并认为其为周汉的礼器，故而人们误把新石器时代的玉琮视为商周之物，甚至有人认为是汉代的仿古器物。直到1972年，江苏省吴县草鞋山良渚文化遗址发掘后，玉琮的年代和文化层才得到确认。根据现有的考古材料，玉琮最早出现于距今约五千年的新石器时代晚期，其中以太湖流域的良渚文化出土最多,也最为精美。太湖流域拥有悠久的玉文化传统,从马家浜文化开始,经崧泽文化发展到良渚文化,终于迎来了玉文化的高度繁荣,良渚文化以其独特的玉文化引人注目,而玉琮又是良渚玉器中最具形体创意和体量最大的器物。如此辉煌而又独具特色的玉文化不得不让人思考苏南地区新石器时代玉器原料的来源问题。

西方学者认为,自汉武帝时张骞通西域(公元前139—前126年)后,以和田玉为代表的昆仑软玉才传到中国内地,而内地不产软玉[81]。然而,事实并非如此。根据矿物学鉴定的标本来看,良渚文化玉琮一般属透闪石—阳起石系列的"软玉",极少数为蛇纹石,迄今为止,尚未发现其他材质(如陶、骨角、木等)的琮及琮类器,可见制作琮的材质的选择具有比较固定的目标性(表一)。

1984年,南京矿产地质研究所对张陵山东山遗址出土的九件良渚文化玉器进行检测,结果发现都为透闪石—阳起石系列软玉。在苏浙皖一带,至今未发现软玉矿藏,但上述产状在该地区是存在的。1980年,在宁镇山脉安基山铜矿钻空岩心,发现有白色致密透闪石化大理石(花岫玉)[82]。

中国地质科学院地质研究所对吴县草鞋山马家浜文化和崧泽文化、吴县张陵山西山良渚文化、张陵山东山良渚文化、常州武进寺墩良渚文化4处遗址出土的具有代表性的14件样品进行鉴别,发现:5件为假玉,为叶蛇纹石、迪开石及石英;9件为真玉,大都是接近平行的显微纤维结构,纤维较粗,与我国已知各产地软玉的典型显微结构均不相似,很可能是就近取材,来自附近地区已被遗忘的古矿床。这完全符合当时的社会实际,即新石器时代不可能有长途贩运,这也是新石器时代玉器原料来源的基本特征。而苏南玉器电脑显微结构也显示出完全不同于新疆软玉和河南淅川、四川汶川、辽宁宽甸软玉的特质。汪遵国先生指出:"良渚文化的玉料既不从新疆来,也不从辽宁来,可以肯定是当地的土特产……应该出自天目山及其余脉。地质学家从地理上做了考察分析,指出这个地区的地质条件可以形成玉料,但没有新疆昆仑山的规模大、质量好、数量多。"[83]我国新石器时代玉器分布广泛,东自华东沿海的河姆渡文化至良渚文化,西达甘肃的齐家文化,北起辽宁和内蒙的红山文化,南抵广东的石峡文化,其中以距今约7000年的河姆渡文化玉器为最早,玉器文化自东向西发展,即愈西玉器文化的时代愈晚[84]。

大量的矿物学研究显示,透闪石—阳起石系列软玉是良渚文化玉器最主要的原料,同时蛇纹石、叶蜡石、萤石、绿松石、玛瑙等似玉美石也占有少量的份额。在江苏吴县草鞋山遗址良渚文化墓葬中,所出琮、璧等玉器均采用透闪石、纤维蛇纹石和阳起石制成;吴县张陵山遗址所出的一百多件玉器的质料经鉴定为透闪石、阳起石、蛇纹石和玛瑙四类[85]。良渚古玉的玉色主要有鸡骨白、赭褐色和湖绿色透明玉。鸡骨白玉主要出土于浙江北部地区，赭褐色玉多见于宁镇地区，湖绿色透明绿玉大多出土于上海和苏南地区[86]。

《说文解字》："玉，石之美，有五德者"。古代先民对玉的界定没有统一的标准。新石器时代早中期，人们在原始美感的引导下，对来自自然界的不同石料，进行有选择的加工[87]。根据古代文化遗址、墓葬所出玉器的质料探讨我国古代的玉材，发现人们常将那些质地细腻坚实，透明或微透明，具有玻璃、脂肪或蜡状光泽，适宜琢磨的一切美石泛称为玉石，其范围涵盖了玉类玉石、蛇纹石类玉石、叶蜡石类玉石、石英岩类玉石、斜长石类玉石、结晶灰岩—大理石彩石类玉石、化石类玉石（琥珀、珊瑚）以及其他宝石矿物类玉石（绿松石、青金石、孔雀石等）。故而本文对玉琮的材质界定不是很严格[88]。

然而，智慧的良渚先民似乎已在一定程度上开始辨别玉质的驳杂。质地细腻，含杂质和杂色较少的玉料多用于琢制琮、钺、璜、冠状器等器型，这类玉料呈半透明的淡湖绿或绿色，受沁后逐渐白化成所谓的"鸡骨白"或"象牙黄"。含杂志、杂色较多的玉料主要用于琢制璧和良渚文化晚期的高节琮等器型，这些玉料多为墨绿色，受沁后呈现出由乳白色网状纹理与浓淡不一的色块形成的斑杂画面，而不是"鸡骨白"。种种迹象显示，良渚先民已经有意识地分辨玉料，选用不同质地、色泽的玉料琢制不同的器类。有学者认为，这种由人为因素造成的玉料选用上的差异体现了玉材品位的等级差异[89]。

江苏句容丁沙地遗址东南距宁镇山脉的宝华山7公里，宝华山富产长石、石英等矿藏，发源于山间的两条小河蜿蜒流下，形成诸多河边"沙地"，丁沙地即其中之一。该遗址出土各类玉器半成品、玉料及玉器加工工具数百件，经鉴定出土玉材的质地大部分为透闪石。尤其是第四文化层，出土各类玉器、玉料78件，4b层为一处专门堆置废弃玉、石料及工具的巨型"灰坑"，此"灰坑"为整个加工作坊的一部分，其年代相当于良渚文化晚期，加工作坊的主体部分已遭大规模破坏。出土较多的玉料和玉器加工的专门工具说明此处为一处以玉器加工为主，并制作少量石器的玉石加工作坊。宁镇地区的沿江靠山处可能存在一个玉石作坊群。由于紧邻以寺墩、高城墩为中心的良渚文化太湖西北区，该作坊群必然最先与此区发生密切联系，并逐渐成为良渚文化玉礼器的主要生产区[90]。

近年来，随着小梅岭玉矿的勘探和丁沙地、塘山、杨墩等可能为制玉作坊遗址的陆续发现，再结合天目山"浮玉之山"的古称，学术界已经普遍接受良渚玉料产于本地区的天目山脉、宜溧山脉和茅山山脉个别山体中的观点[91]。

表一　良渚文化玉琮材质一览表

遗址	墓葬	矿物成分	玉色
少卿山	M1:1	阳起石	湖绿色,带褐斑
	M1:2	阳起石	湖绿色,带褐斑
张陵山 东山	M1:5	阳起石	白色,已蚀变
	M1:6(残)	阳起石	白色,已蚀变
	T6:1(残)	透闪石	乳白色,有青斑
遗址	墓葬	矿物成分	玉色
绰墩	绰1	透闪石	
汇观山	M2:29	透闪石—阳起石系列矿物	白色,有褐色沁斑
	M4:2	透闪石—阳起石系列矿物	半透明浅绿色,有茶褐色瑕斑
	M4:1	透闪石—阳起石系列矿物	白色
反山	M12:90	透闪石—阳起石系列矿物	夹青斑,局部沁蚀成粉白色
	M12:92	透闪石—阳起石系列矿物	南瓜黄
	M12:93	透闪石—阳起石系列矿物	南瓜黄,夹红褐斑
	M12:96	透闪石—阳起石系列矿物	南瓜黄
	M12:97	透闪石—阳起石系列矿物	南瓜黄,夹暗红斑
	M12:98	透闪石—阳起石系列矿物	南瓜黄,夹紫红色瑕斑
	M14:179	透闪石—阳起石系列矿物	南瓜黄
	M14:181	透闪石—阳起石系列矿物	南瓜黄
	M16:8	透闪石—阳起石系列矿物	南瓜黄
	M17:1	透闪石—阳起石系列矿物	南瓜黄
	M17:2	透闪石—阳起石系列矿物	南瓜黄
	M18:6	透闪石—阳起石系列矿物	青色
	M20:121	透闪石—阳起石系列矿物	南瓜黄,夹青斑
	M20:122	透闪石—阳起石系列矿物	青白玉,夹青斑
	M20:123	透闪石—阳起石系列矿物	南瓜黄,夹翠斑
	M20:124	透闪石—阳起石系列矿物	南瓜黄
	M23:22	透闪石—阳起石系列矿物	南瓜黄,局部受沁呈粉白色
	M23:126	透闪石—阳起石系列矿物	墨绿色,夹白斑
	M23:163	透闪石—阳起石系列矿物	浅墨绿色
	M21:4	透闪石—阳起石系列矿物	青绿色,夹灰白色斑

续 表

遗址	墓葬	矿物成分	玉色
瑶山	M10:19	透闪石—阳起石系列矿物	白色,有灰褐色斑
	M7:34	透闪石—阳起石系列矿物	白色,有大块红褐色瑕斑
	M2:23	透闪石—阳起石系列矿物	白色
高城墩	M5:1	透闪石	云雾状白沁,有斑点状晶体
	M5:2	透闪石	受沁呈青白色,有浅绿色晶斑
福泉山	T4M6:21	透闪石—阳起石系列矿物	湖绿色
	T4M6:14	透闪石—阳起石系列矿物	青白色
	T4M6:13	透闪石—阳起石系列矿物	乳白色
	T4M6:23	透闪石—阳起石系列矿物	黄白色
	T22M5:50	阳起石	乳白色隐现淡绿斑纹
	T22M5:49	阳起石	青白色
	T15M3:26	蛇纹石	褐绿色
	T15M3:110	蛇纹石	褐绿色
	T15M3:91	阳起石	乳白色
横山	M2:11	透闪石—阳起石系列矿物	乳白色,带灰色筋条斑
	M2:18	透闪石—阳起石系列矿物	浅绿色,有赭红筋斑
	M2:14	透闪石—阳起石系列矿物	青白色,带灰褐色筋斑
	M2:21	透闪石—阳起石系列矿物	青白色,带灰褐色筋斑
遗址	墓葬	矿物成分	玉色
草鞋山	M198I:1	透闪石	青绿色褐斑
	M198Ⅱ:2	透闪石	碧绿色褐斑
	M198I:21	透闪石—阳起石系列矿物	淡绿色
	M199:1	阳起石	乳白色青斑
	M199:4	阳起石	黛绿色
	M199:9	阳起石	茶褐色

续 表

寺墩	M3:43	透闪石	白色带黑斑
	M3:41	透闪石	灰白带褐斑
	M3:5	透闪石	青褐、灰白
	M3:29	透闪石	灰白
	M3:13	透闪石	黛褐
	M3:1	透闪石	乳白带青斑
	M3:72	透闪石	灰白
	M3:35	透闪石	黛青
	M3:31	透闪石	灰白
	M3:12	透闪石	褐黑
	M3:15	透闪石	黛青
	M3:17	透闪石	淡绿色褐斑
	M3:36	透闪石	黛绿
	M3:30	透闪石	灰白
	M3:33	透闪石	淡青、黛绿
	M3:25	透闪石	黛青
	M3:28	透闪石	淡褐、灰白
	M3:24	透闪石	深褐、黛青
	M3:18	透闪石	灰白
	M3:20	透闪石	青灰
	M3:71	透闪石	黛青
	M3:14	透闪石	青灰
	M3:27	透闪石	淡青、灰白
	M3:23	透闪石	淡青、有蚀斑
	M3:32	透闪石	灰白
	M3:34	透闪石	灰白
	M3:11	透闪石	淡青白,有褐色花斑
	M3:21	透闪石	黛青、褐黄
	M3:19	透闪石	灰白
	M3:22	透闪石	黛青
	M3:26	透闪石	灰白
	M3:16	透闪石	灰白
	M4:1	透闪石	乳白、有翠绿和赭红斑纹

（注：个别玉琮因发掘报告未述及其矿物学成分而未列入表一）

二 玉琮的类型学分析

(一) 良渚文化玉琮出土发现史

草鞋山遗址,1972年和1973年进行了两次发掘,揭露面积1050平方米,清理早期良渚文化墓葬四座,未见玉琮。该遗址第二层发现3座良渚文化大墓,199号墓出土玉琮三件,198号墓最重要,出土3件玉琮。该处墓地出土陶器与良渚和亭林、马桥、广富林墓葬以及雀墓桥古井所出相当,年代大约在距今4500—4000年间[92]。

张陵山早期良渚文化遗址(西山),共清理良渚文化墓葬5座,大致呈东西向列成一排,M4出土的3件玉琮为兽面纹短圆筒形,似手镯而较大,2件玉琮素面无纹,形似玉镯而孔径大,边沿宽厚,不宜穿戴。据14C测定和树木年轮校正,当属早期良渚文化,年代距今5000年左右[93]。

江苏武进寺墩遗址,1978—1982年进行的三次发掘,发现三座随葬玉礼器的良渚文化墓葬,自东向西排成一列,1号墓出土玉琮两件。3号墓出土玉琮32件,一件镯式玉琮置于头部右上方,31件方柱体玉琮除M3:1置于头部正上方外,其余均围绕人骨架四周。4号墓出土玉琮十余件。1993—1995年组织的两次发掘发现良渚文化大墓一座M5,出土兽面纹高方柱体玉琮两件。从出土遗物看,寺墩遗址与草鞋山两处墓地的时间大体相当,为良渚文化晚期的重要遗址,距今4700—4200年左右[94]。

江苏吴县张陵山东山遗址,1982年开探方五个,共75平方米,1984年开探方一个,共45平方米,清理了崧泽文化、良渚文化、吴文化的墓葬四座,M1为良渚文化墓葬,出土玉琮两件,T6出土残玉琮一件,系玉琮的四分之一[95]。

江苏昆山绰墩遗址,1982年发掘111平方米,其第三层为良渚文化层,发现良渚文化墓葬一座,出土兽面纹玉琮一件,系透闪石软玉制成,扁方柱体,外方内圆,分两节[96]。

上海福泉山良渚文化墓葬,1982—1987年多次发掘,揭露面积2185平方米,清理良渚文化墓葬31座。1982年T4M6出土玉琮五件,以短筒形为主,两件长筒形小琮与良渚文化晚期的草鞋山第二层墓所出的长筒形琮相近,此墓年代略晚于张陵山上层,大致属于良渚文化早中期,1983—1984年第二次发掘出土玉琮六件,分别出自T22M5、T15M3、T23M2,均发现于良渚文化晚期用人工堆筑的第1—3层灰黄色或黄土层中,属于良渚文化晚期,距今约4300年[97]。

昆山县少卿山遗址,1984年在一座良渚文化墓葬(M1)中出琮2件,均为外方内圆[98]。

江阴高城墩遗址,1984年发现两件玉琮,1999—2000年发掘,揭露面积1157平方米,发现良渚文化大中型墓葬14座,M5出土两件兽面纹方体琮,为透闪石软玉,根据修复的13件陶器,墓葬大体应在良渚文化三、四期,属于良渚文化中期偏晚阶段[99]。

浙江余杭反山良渚文化墓地,1986年发掘第一期,实际发掘面积660余平方米,清理良渚文化墓葬11座。出土玉琮21件,均为外方内圆、中部有一大圆孔的方柱体。出土位置大多在死者腰腹部,反山出土陶器较少,但基本组合和器形特征比较清楚,其鱼鳍形足鼎的鼎足为外侧斜直稍厚,内侧为弧撇的扁侧足,属于良渚中期偏早,距今约5000—4800年[100]。

浙江余杭瑶山良渚文化祭坛遗址,1987—1998年多次发掘,揭露面积3000余平方米,清理新石器时代的墓葬11座,北列5座,南列6座。玉琮均出于南列墓葬,其中琮8件,小琮19件。以单节为主,少数为二节,雕琢的花纹线条较粗犷。由共出的陶器看,其年代约与反山墓地相当或稍早,为良渚文化中期[101]。

江苏昆山赵陵山遗址(尚未完全揭露),原为良渚文化时期人工堆筑的高土台,1990年和1991年进行了两次发掘,揭露面积830余平方米,共发现良渚文化墓葬85座。作为目前已知的最大的一座墓葬M77,出土方体素面琮一件,为良渚文化早期[102]。

浙江余杭汇观山良渚文化祭坛和墓地,1991年发掘,共计发掘面积约1500平方米,清理良渚文化墓葬4座,M2、M4共出土矮方柱体玉琮三件。根据基本组合鼎、豆、罐的特点,四座墓的总体年代与反山相近,M2为良渚文化中期偏早阶段,M4的埋葬年代略晚[103]。

浙江余杭横山良渚文化墓葬,1993年发掘,共清理出两座良渚文化墓葬。M1已扰乱,采集到残损玉琮一件。M2保存完整,出土玉琮4件,除一件为两节琮外,其余均偏高,雕琢简化神人兽面纹,并有厚壁深腹尊一件,据此判断年代应在良渚文化中期偏晚,距今约4600—4300年[104]。

浙江桐乡普安桥遗址,早期遗存属崧泽文化,晚期属良渚文化,1997年在晚期墓葬M11出土一件切割过的半截玉琮,位于墓主的右下臂外侧,于琮射环内及其两端部分发现臂骨痕迹,简报推测是作为臂环使用[105]。

至此,可将良渚文化玉琮诸遗址概况列成下表(表二)。

表二　良渚文化出土玉琮墓葬概况一览表

序号	墓地名称	所在地点	发掘时间	出土玉琮的墓葬
1	草鞋山	江苏吴县唯亭乡	1972—1973	M198、M199
2	张陵山西山	江苏吴县甪直镇	1977	M4
3	寺墩	江苏武进郑陆公社	1978—1995	M1、M3、M4、M5
4	张陵山东山	江苏吴县甪直镇	1982—1984	M1
5	绰墩	江苏昆山正仪镇	1982	M1
6	福泉山	上海青浦重固乡	1982—1988	T4M6、T15M3、T22M5
7	少卿山	江苏昆山千灯镇	1984	M1
8	高城墩	江苏江阴石庄镇	1999—2000	M3、M5、M8、M11
9	反山	浙江余杭长命乡	1986	M12、M14、M16、M17、M18、M20、M21、M23
10	瑶山	浙江余杭安溪乡	1987—1998	南列墓
11	赵陵山	江苏昆山张浦镇	1990—1991	M77
12	汇观山	浙江余杭瓶窑镇	1991	M2、M4
13	横山	浙江余杭星桥乡	1993	M1、M2
14	普安桥	浙江桐乡屠甸镇	1995	M11

当然,这只是根据已发表的考古发掘简报和报告而做的发现编年史,随着考古发现的不断增加,以后定会有更多的资料。

(二)关于玉琮形制的起源问题

关于玉琮的起源问题存在诸多争议,概括起来主要有两种观点:一种是管形说,以周南泉先生的《玉琮源流考》为代表;一种是镯形说,以杨建芳先生的《玉琮之研究》为代表。对玉琮型制源流的不同看法,导致了对玉琮定名、分期、功能的不同解释,故而本文在对玉琮进行型式划分之前,先来探讨一下什么是玉琮。

1. 首先,我们来谈谈管形说。根据现有的考古资料,周南泉先生提出,小型琮形器最早出土于安徽潜山薛家岗遗址[106],类似玉器在稍晚的良渚文化遗址出土很多,据此"古代的玉琮很可能是从比其更早的'外方内圆牙身型'玉管状佩演变而来的"[107]。

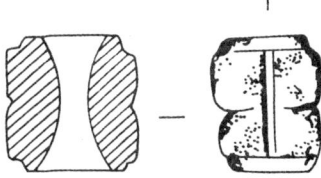

图三　薛家岗遗址出土琮形器

安徽潜山薛家岗文化第三期 M47 出土的两件琮形器,形体较细小,长 2.1 厘米、边宽 1.6 厘米,内圆外方,分上下两节,琮体四面中央有竖槽相隔,素面无纹,边角不甚规整,距今约 5100 年[108](图三)。

王巍先生在《良渚文化玉琮刍议》一文中也提到了这一点:"安徽潜山薛家岗 M47 出土一件小玉琮……年代与良渚文化的早期相接近。薛家岗 M47 出土的玉琮在形制上与良渚文化的 B 型琮具有某些相似之处。二者是否具有某种联系,也是值得注意的。"[109] 同时,王巍先生也提出"由于目前玉琮在薛家岗文化中尚属孤例,因此,我们不准备做太多的推论。"[110]

这种小型的琮形管状器和良渚文化玉琮关系究竟如何?1992 年,张明华先生首次依据江苏花厅遗址出土的两条玉项串上出现所谓的"小玉琮",在《良渚古玉综论》一文中,提出把这一类"小玉琮"从玉琮的队伍中清理出来,另名为"琮形管"[111]。琮形管的使用方法和典型的玉琮存在很大的差异,管多与其他玉器存在配伍关系(即作为串饰的一部分或玉钺等的挂饰),而玉琮应以单体存在。这类玉制琮形管在薛家岗文化仅发现两件,在薛家岗二期文化和四期文化都未发现同类器形,既无源也无流,琮形管的原生地是否属于薛家岗文化尚存疑问,更遑论作为良渚文化玉琮的源头了。同时,比较两者器形的差异,可以发现薛家岗文化琮形管的四角方直、突出(从横截面观察),和良渚文化早期玉琮的形体特征存在明显的差异,并且,二者的尺寸差距较大,表明两者之间的演变需要一系列的中间环节。另外,据 ^{14}C 测年数据,良渚文化早期的绝对年代不应晚于薛家岗文化第三期[112]。综上所述,将薛家岗文化琮形管视为良渚文化玉琮的源头显然是不合适的。而良渚文化出土的大量琮式管以及其他地区出土的同类器在使用功能上,"或混杂于管串之中,或如与葬仪相关等特定之用途"[113],应当和玉琮加以区分。这类观点已经得到越来越多的学者的认同。

杨建芳先生较为形象地概括了玉琮与琮形管的区别:"形体细小者,虽然内圆外方并雕有人面或兽面,应定名为管或勒,而不应称为小琮,犹如纺轮不宜称为小璧。因为这类管或勒多与玉珠等组合成项链"[114]。

2. 玉琮起源于镯的观点,相对于"管形说"而言,得到了更多学者的认同。较早对玉琮进行型式划分的王巍先生将良渚文化玉琮分为器宽大于器高的短筒形琮(A 型)和器高大于器宽的长筒形琮(B 型)两类。B 型琮"我们对它的起始年代及最早形制尚不清楚","A 型玉琮在形制上可能与玉镯有着较为密切的渊源关系,但它并未取代玉镯,只是由于用途不同,导致形态上的差别越来越大,令人难以认清其亲缘关系。至于作为装饰品的玉镯何以衍生出与之用途不同的玉琮,这一点是值得进一步探讨的",并且他认为张陵山 M4 出土的玉琮"是我国新石器时代遗存中迄今年代最早的玉琮"[115]。由于当时玉琮出土资料有限,最重要的反山、瑶山的资料也未面世,该型式划分不可避免地带有局限性。例如,其所选的ＢⅠ式琮即为上文所述的琮形管,瑶山遗址曾出土 19 件该类器物,其中许多琮形管的出土位置与玉钺相邻,"它们有可能是玉钺的挂饰"[116]。可见,琮形管并非单独使用,而与其他玉器存在和配伍关系。王明达通过对反山 M20 的分析,提出"琮是以单件体置于墓中的,没有任何迹象发现与琮配伍的器物"[117]。

杨建芳先生将玉琮的形制归纳为二式,每一式又包括长形(柱形)和短形(镯式)二种。他认为"折角神人面或神兽面之出现,是出于将弧形神人面或神兽面立体化之需要,即由二度空间变为三度空间,以形成浮雕的效果",并最终推定"琮应该渊源于玉镯"[120]。该论点也是以张陵山 M4:02"玉琮"作为玉琮早期形态之典型器的。

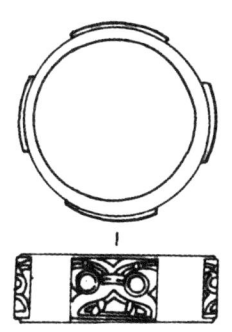 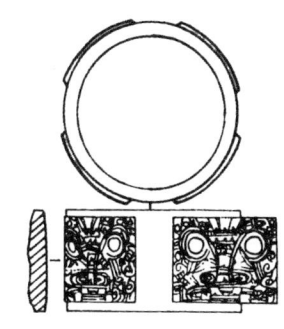

图四　张陵山 M4:02[118]　　瑶山 M9:4[119]

张陵山 M4 属良渚文化早期。M4:02"玉琮"呈圆筒形,不分节,两端稍突似射,高 3.5 厘米,外径 10.0 厘米,孔径 8.2 厘米,外壁平均分布四个纹饰凸面,各刻一兽面纹,孔径偏大,不宜作为玉镯穿戴。由于墓葬已遭破坏,该器出土位置不明,大概放置在墓主的头胸部[121](图四)。

针对上述观点,刘斌先生提出:"起源于镯之说,是以张陵山等地所出横截面呈圆形的早期玉琮为依据,从发展的角度进行观察,所以颇得研究者们赞同。然而,这种观点显然不便解释那种射面如璧的细穿孔玉琮的起源。"[122]尽管如此,其在划分玉琮形制时,同样地把圆筒形"玉琮"作为玉琮的最早形制。他按照横截面的不同,将玉琮分作三式,其演变关系为横截面从圆形→弧边方形→基本为正方形,"表明直角的逐渐完成这一事实"。该观点和杨建芳先生的观点异曲同工。

赵陵山"方体素面琮"的出土似乎为"镯形说"提供了更为有利的证据。赵陵山 M77:59"玉琮"出土时置于右手手部,呈矮方柱体,外方内圆,琮身不分节,四面平齐,两端没有突出的圆口,通体磨光,平素无纹,高3.8—4厘米,宽8.3—8.5厘米,孔径6.9厘米,简报中定名为琮,但同时指出"该器俯视或侧视均不十分规整"[123]。黄翠梅将新石器时代晚期的玉琮分为原始型、成熟型、退化型三组,认为赵陵山"玉琮"是原始型玉琮的代表,是良渚文化玉琮的最早形制[124]。

1993年,张明华先生在《良渚文化琮形镯》一文中提出"将一批至今尚有学者坚称为玉琮的内壁光滑,适宜手腕穿戴的内圆外方玉器,另名为'琮形手镯'。它们的功能都是装饰用品"[125],并且指出江苏赵陵山M77:59为"方镯",均应从玉琮的队伍中清理出来。杨建芳先生后来也建议,"按目前的认识来看,短圆筒状者(内外皆圆)固应定名为镯(圆形镯)",并且指出方形玉石镯在赵陵山被发现之前,早已在大汶口晚期墓葬中出现[126]。谷建祥先生也持同样的观点,"此件方琮(指赵陵山M77:59)出土时穿戴在墓主的右臂上,遂有学者认定琮起源于镯这一推断的可靠性,实际上这只能说明早期形态的方形琮在携带方式上与镯有相通之处,而不能说明两者在形态学上有承袭关系","圆形琮就其本来意义而言,并非琮类器物,将其称之为琮形镯或许更恰当"[127]。

3. 综上所述,各种观点均有其合理成分,但同时又存在着无法解释的问题。因此,谷建祥先生提出:"目前想从器物类型学上去寻找方形琮的渊源关系是十分困难的,换一个角度去思考也许是必要的,我们与其认为方形琮起源于某种器物,还不如说方形琮起源于某种时代的呼唤。"[128]

许多玉礼器都可以找到实用器的原型,它们是实用器逐渐演变的结果。但对于琮璧而言,却不太容易弄清它们的起源。或许我们只能这么认为,圆环类玉礼器与新石器时代广为流行的环类器物有着较为密切的关系,它们的作用由单一变为多用途,即最先是比较单纯的实用器,后来被赋予了礼器的性质,琮本身有其特殊的发展,意味着它不同于一般的实用器,故而造型也脱离了实用的要求,向立体方向发展,成筒成琮,逐渐趋向高筒形,而筒形器只是琮的过渡形态,琮出现后它仍然存在。大琮大璧的出现是完成礼器化转变的一个标志[129]。

事实上,我们若将上述观点作为玉琮起源的文化因素之一来加以探讨,未尝不可,如若将其绝对化自然会存在颇多无法解释的疑问和争议。"从来就没有一个绝对的开端……因为一些最原始的阶段本身也总是以多少属于机体发生的一些阶段为其先导的……","一切事物都起源于非该事物……"[130]。因此,典型玉琮定然是从"非琮"发展来的——即具有玉琮某些特征的玉器集合体。

一元论在分析玉琮起源时,存在明显的器型缺环,故而不能过于绝对的将某种玉器与玉琮的起源相联系。黄翠梅指出,良渚文化早、中、晚各阶段均有数量不等的玉琮出土,形制和纹样的发展序列有迹可寻。在新石器时代晚期,玉琮的起源应该是一元的,而玉琮的流布是多元的[131]。殷志强从地域分布和时空演变的宏观角度出发,将中国玉琮的发展分为南北两大系统,南方以良渚文化为代表,中原以龙山文化、商周为代表,两大系统独立发展,相互传播。并强调"良渚文化玉琮在太湖流域发明并形成独特风格以后,逐渐向其它文化传播"[132]。上述观点基本为学术界认同,即宏观上中国新石器时代晚期玉琮的起源是一元性的,发源于太湖流域的良渚文化,而玉琮的流布是多元的,北至中原的龙山文化,南至广东石峡文化等都有玉琮出土。

良渚文化玉琮起源于太湖流域新石器时代的玉器传统。长江流域的史前物质文化中,玉器占有重要的地位,它的产生以距今7000年左右的河姆渡遗址发现的璜、玦、管、珠最早。此外,在马家浜、北阴阳营等考古学文化中都有发现,器形较为简单。到崧泽文化时期,在崧泽遗址的中层墓葬中发现的玉器有璜、璧、镯、珰等,当时的人们已经对玉器有了比较浓厚的神秘色彩。发展到良渚文化时期,可以说是达到了一个高峰。该时期发现的玉器经鉴定多数是透闪石—阳起石系列软玉[133]。太湖流域由马家浜文化经由崧泽文化发展到良渚文化,在工艺技术、材质选择、器物造型上已经相当成熟,这无疑为良渚文化玉文化的繁荣准备了必要的物质和技术前提,而玉琮则是这一繁荣的突出代表。玉琮独特的造型与纹饰并非突如其来,而是该玉器传统漫长发展的结果,考察良渚文化早期的玉器资料,事实上,玉琮所具有的特征早已具备。

首先,是造型的特征。赵陵山M77:59"方形琮"[134]和张陵山M4:02"镯形琮"[135]的轮廓造型,表明当时的良渚先民已对"方"与"圆"的概念有了区别,并在此基础上能够形成造型,而且上下贯通的圆孔为两面对钻而成,但是"方形琮"两端无射口突出且缺乏沿琮角对称分布的纹饰,"镯形琮"无琮角,也不具备典型玉琮纹饰沿琮角对称分布的特征,二者各自体现了玉琮的部分造型特征。

其次,是纹饰特征。根据现有的考古资料,典型的良渚文化玉琮上的纹饰"皆未超出人、鸟、兽的范畴,而人、鸟、兽无论单独存在或组合存在……在玉琮产生之前即已广泛存在"。例如,朝墩头遗址M12(距今约5000年,为良渚文化早期或更早阶段的遗址)玉组合器,出土于死者头部,应为墓主身前贵重之物,人像饰件的雕刻技法和表现形式"与良渚文化玉琮上的人面纹风格一致","人、鸟、兽的组合形式与玉琮上常见的人、鸟、兽组合纹相吻合"[136]。另外,达泽庙 M10:4 徽状饰[137]重圈目兽面纹也是以浅浮雕和阴线刻相结合的技法,这说明在典型玉琮出现之前,工匠们已经掌握了以浅浮雕为主结合阴线刻的纹饰表现手法。

因此,典型玉琮的出现,很可能是在悠久的玉器传统中,融会了某些玉器的特征而逐渐形成的。我们对"琮"这一器名加以界定时不能过于广泛而造成混乱,"短圆筒状者(内外皆圆)固应定名为镯","形体细小者,虽在内圆外方并雕有人面或兽面,应定名为管或勒,而不应称为琮,犹如纺轮不宜称为小璧"[138]。在此基础上,我们将典型玉琮的特征归纳为如下四点:中央为一上下贯通的圆孔,由两面对钻而成;琮体四角,包括钝角和直角;柱体,分一至十节,上下两端有射突出;以琮角为中轴,装饰对称图案,繁简不一。

上文从形制和工艺技巧的角度讨论了玉琮起源的物质基础。巫鸿先生认为:"在一特定时期和文化体系中人们所创造的艺术与文学(包括口头文学)应互相平行,都反映了当时人们观察、理解和表现世界的特殊角度、观念。"[139]以殉葬玉器的多寡及材质的优劣来区别墓主的身份和等级的葬俗,普遍存在于全国各地的文化遗址中。值得注意的是,极少有玉制的生产工具。玉器无疑象征着神权,代表着先民的意识形态,玉琮则是其典型代表。

在萨满教宇宙观中,世界山是沟通三界的中轴,从这个意义上讲,"玉琮(中空,象征通天的地轴)本身便可视为宇宙山"[140],即为天神的居所。而出土玉琮的墓葬多位于高土台地,这类高土台地亦即宇宙山之象征。总括良渚文化玉琮的装饰图案,以神人、兽面、鸟为主要题材,并具有特殊的巫术含义,对眼睛的夸大突出则是"东方原始艺术的共同特征"[141]。在萨满教中(一种世界性的原始宗教和原始文化现象[142]),天神/太阳神往往被绘制成眼睛状,对眼睛的强调即是对太阳神特征的描述。在萨满教的二元对立思维中,这类突出眼部的人面像"不仅是二元对立思维中肯定因素的象征物","同时也是中国古史神化中最重要的人物——黄帝的形象;他不仅是社神、昆仑山神、天神、太阳神,同时也是生殖、长生、再生、生命等文化观念的象征"[143]。早期玉琮人面纹往往以囧纹为底纹,《苍颉篇》:"囧,大明。"《礼记》:"大明生于东,胜于西。"郑玄注:"大明,日也。"由此可见,以囧纹为底纹的人面纹当为太阳神、天神等象征光明等正面因素神祇的形象。以刻有人面纹的玉琮随葬即可起到祈福、辟邪的功效。萨满式的巫术,即巫师借动物的助力沟通天地,沟通民神,沟通生死。鸟兽之类形象的出现是原始宗教中巫师沟通人神心情的一种表现。拥有了沟通天地的手段,也就是掌握了古代政权的工具和财富。因此,玉琮只出土于规格较高的良渚大墓,这并不难理解,因为从一开始它便具有特定的社会功能,是一定社会意识形态的反映。

(三) 良渚文化出土玉琮类型学分析

良渚文化出土的玉琮及出土玉琮墓葬的数量都比较有限,并且,出土玉琮的墓葬之间直接的叠压打破关系缺乏,玉琮的沿用时间较长,较早的玉琮干扰地出现在较晚的墓葬中,故而对玉琮建立相对年代序列带来了困难。根据现有资料,包含玉琮的遗迹单位所属地层存在叠压关系的只有上海青浦福泉山遗址,并且该遗址延续时间较长。本文将从分析福泉山良渚文化墓葬分期着手,结合出土器物群的特征比较,进而讨论其他遗迹单位的相对年代,最终建立起大致的包含玉琮的良渚文化墓葬相对年代序列。

关于良渚文化的分期,福泉山良渚文化墓地[144]有一组可资利用的打破关系:M101→M132→M135→M139→M143。在这组连续叠压打破关系中,M143时代最早,出土的鸭嘴状凿形鼎足与崧泽文化晚期鼎足的风格类似,打破M143的M139,出土釜形鼎(M139:36),足部侧扁,上宽下窄,外缘呈齿状,为崧泽文化晚期的风格,稍有不同的是其足根外拐,略显鱼鳍形。同出的有带流宽把罐,为良渚文化早期器物。叠压在M139之上的M135仅公布一件粗柄豆,与其他墓葬缺乏可资比较的器物。M132出土的釜形鼎(M132:46)为鱼鳍形鼎足,是典型的良渚文化风格。叠压在M132之上的M101出土陶器与前者风格迥异,三足带流罐(M101:1)体形瘦长,完全不同于M132:50的宽矮体形。由这组叠压打破关系,我们至少可以看到福泉山良渚文化遗址三个不同的发展阶段。

在此基础上试将福泉山出土玉琮的良渚文化墓葬加以比较,我们发现,M65(原编号T22M5)的三足带流罐(M65:92)早于M101,而M65:90陶鼎"T"字形鼎足则是从鱼鳍形鼎足演变而来,由此推断M65应当早于M101,而晚于M132。同时,M9(原编号T4M6)出土的三足带流罐(M9:32)与M65的相似,玉琮的形制也基本类似,故而M9与M65应该是同一时期的墓葬。M40(原编号T15M3)出土的玉琮纹饰比较简化,琮角方直,射平面为不规整的圆环形,完全不同于M9与M65,同出的盆形鼎(M40:23)的"T"

字形鼎足宽厚,既不同于 M65 出土的鼎,也与 M101 出土的鼎有差异(图五)。

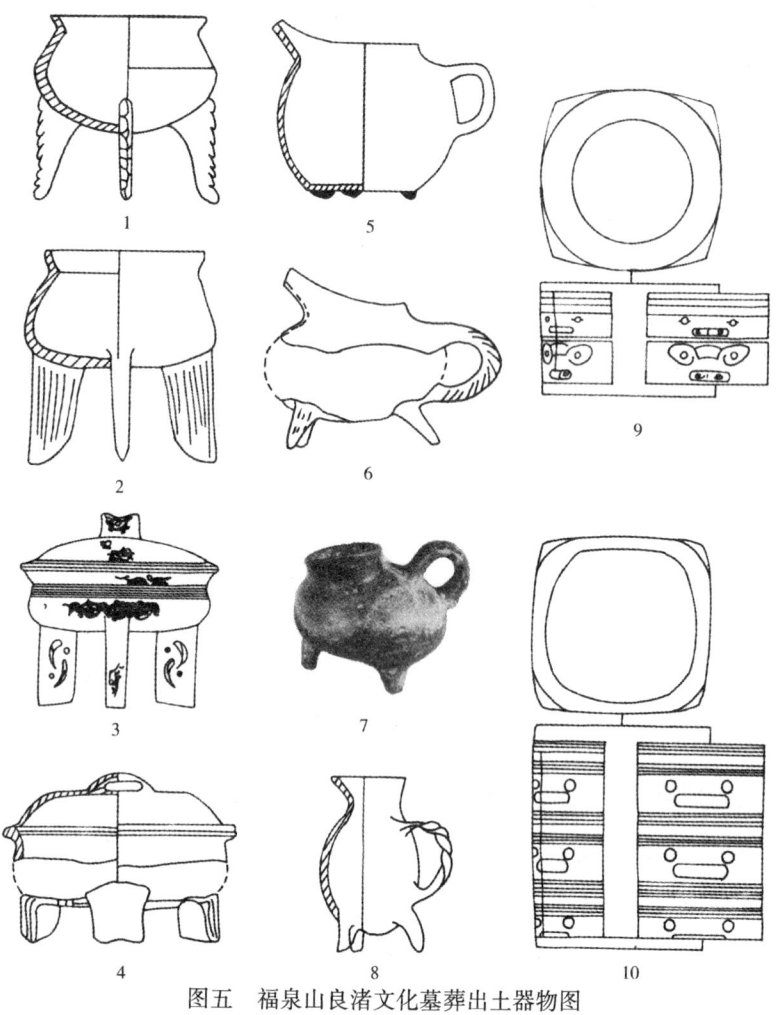

图五　福泉山良渚文化墓葬出土器物图

1. 福泉山 M139:36　　　2. 福泉山 M132:46　　　3. 福泉山 M65:90
4. 福泉山 M40:23　　　 5. 福泉山 M132:50　　　6. 福泉山 M65:92
7. 福泉山 M9:32　　　　8. 福泉山 M101:83　　　9. 福泉山 M65:50
10. 福泉山 M40:110

（上述诸图均采自上海市文物保管委员会:《上海福泉山良渚文化墓葬》,《文物》1984 年第 2 期;《上海福泉山良渚文化墓地》,《文物》1986 年第 10 期;黄宣佩、张明华:《上海福泉山遗址》,《东南文化》1987 年第 1 期)

根据这组打破关系,栾丰实先生将福泉山良渚文化墓葬分为五段[145],一段为 M139 等,二段为 M132 等,三段为 M74 等(与 M65、M9 时代相当),四段为 M101 等,五段为 M40 等,分别代表了福泉山良渚文化的五个时期。一段仍保留明显的崧泽文化晚期特征,但已经出现具有良渚文化风格的器物,此段是崧泽文化向良渚文化的过渡期;

二段良渚文化的特征完全确立,并很快进入高度发达时期,陶器以鱼鳍形足釜形鼎、盆形鼎、粗圈足折盘豆、带流三足罐、深腹双鼻壶等为基本组合,均为宽矮体型,玉琮为矮体,纹饰较为复杂;三段"T"字形鼎足取代了鱼鳍形足,双鼻壶、三足带流罐、豆等体型变高,一改了往昔的宽矮体型,玉琮纹饰开始简化;四段黑陶数量增加,出现了矮颈袋足鬶,釜形鼎腹部变浅,"T"字形足外侧面加宽,其余陶器均向瘦高发展;五段器物组合变动不大,但形态变化明显,釜形鼎腹部变浅近平,"T"字形足外侧面更宽且内凹,其他陶器均有加高的趋势,玉琮纹饰极度简化和程式化,且体型增高。

  反山和瑶山的年代相当,一般认为同属一期。其中反山 M7、M12、M14、M16、M17、M18、M20、M23[146]和瑶山南列墓[147]出土的玉琮均器形宽矮,纹饰较为复杂。其陶器组合主要为鱼鳍形足釜形鼎、粗圈足折盘豆、圈足罐等,风格特征和福泉山良渚文化二段相当。反山 M21 打破 M16,墓坑大部分为现代防空洞破坏,仅出土玉琮一件和部分陶器碎片,其中的 M21:1-3 陶高领罐器形较高,与福泉山 M40:27 如出一辙,M21:4 简化神人兽面纹多节长琮则表现出较晚的特征。少卿山 M1[148]出土玉琮两件,一同出土的还有鱼鳍形鼎足,也与福泉山良渚文化二段相当。普安桥 M11[149]出土玉琮一件,出土的粗圈足折盘豆、鼎、尊与瑶山、反山良渚墓地以及福泉山良渚文化二段相当。昆山绰墩 M1[150]出土玉琮一件,张陵山东山 M1[151]出土玉琮 2 件,二墓均出土鱼鳍形鼎足且二者的鼎口沿相同,年代相当,均与福泉山良渚文化二段对应。汇观山良渚文化墓葬[152]出土的陶器以鼎、豆、罐为基本组合,其中 M2、M4 出土玉琮,从宽把矮圈足折腹豆与已修复的 M4:67 鱼鳍形足盆形鼎来看,与福泉山良渚文化二段的陶器特征对应,但 M4 出土的玉琮纹饰极其简化,显示出了偏晚的风格,由于破坏严重,较难确定 M4 的年代。高城墩[153]开口在④b 层下的 M3、M5 和开口在④a 层下的 M11、M8 均出有玉琮,从墓葬开口层位来看,M11、M8 要晚于 M5、M3,出土陶器很少,M8 出土的高柄折盘豆 M8:11 和雀幕桥 M4:16 极为相似,而雀幕桥 M4:16[154]在栾丰实先生的分期中与福泉山三段相对应,M11:11 与 M65:91 相似,故而 M11、M8 与福泉山良渚文化三段相对应。M5:24 双鼻壶口部已残,但圈足外撇,形态和福泉山 M136:11 相似,M136 与 M65 均为福泉山良渚文化三段,因此高城墩出土玉琮的四座墓葬均可与福泉山良渚文化三段对应,由于开口层位不同,M3 和 M5 要略早于 M8 和 M11。横山 M2[155]出土的玉琮除一件器形扁矮饰神人兽面纹外,其余三件均器形偏高,纹饰极其简化,形制与福泉山 M40 玉琮相同。草鞋山 M198[156]出土的双鼻壶颈部和圈足加高,腹部特浅,显示出晚期的特征,其出土玉琮器形高且饰极其简化的纹饰,风格同福泉山 M40。寺墩遗址[157]出土玉琮的墓葬为 M1、M3、M4、M5,M3 出土的双鼻壶颈部和圈足高,腹部浅,出土大量纹饰简化的多节长琮。

综上所述,根据陶器分期,我们可以判别出土玉琮墓葬的相对年代关系,出土玉琮的主要遗迹单位的早晚关系大致如下:

第一组以反山和瑶山为代表,相对年代较早,包括反山 M7、M12、M14、M16、M17、M18、M20、M23 和瑶山南列墓、少卿山 M1、普安桥 M11、昆山绰墩 M1、张陵山东山 M1、汇观山 M2 以及相关的采集品。

第二组年代其次,包括福泉山 M65、M9 和高城墩 M3、M5、M11、M8 和相关的采集品。

第三组以寺墩 M3 和草鞋山 M198 为代表,包括反山 M21、福泉山 M40、横山 M2、寺墩 M1、M4、M5 以及相关的采集品。

根据射平面的差异,玉琮可以分为两型:射平面为璧型(A 型)、射平面为环型(B 型)。

根据不同遗迹单位之间的早晚关系来看各型玉琮的发展演变:

第一组出土的玉琮纹饰繁缛,均采用线刻和浅浮雕相结合的手法来表现,纹样种类丰富,包括兽面、人面、人面加兽面三种类型,器型较宽矮。

A 型玉琮的纹饰多为神人与神兽的复合图形、简化"神徽"和鸟纹,射平面为比较规则的圆璧形,外壁周边为弧边方形,相邻两壁的夹角大于 90 度,琮角为钝角。

B 型琮的纹饰多为神人形象或神人和神兽的复合图像,射平面呈比较规则的圆环形,外壁周边为弧边方形,相邻两面的夹角大于 90 度。

第二组出土的玉琮主要为 B 型琮,形制特征与第一组类似。

第三组出土的玉琮纹饰多为简化神人形象,采用线刻和浅浮雕相结合的手法,装饰风格图案化(简化),器高差别大,出现了大量的多节长琮。

A 型琮射平面呈不规则的璧形,射口略呈弧角正方形,外壁周遭基本为正方形,琮角基本为直角,器型仍以宽矮为主。

B 型琮射平面呈不太规整的圆环形,射口略呈弧角正方形,即琮角为直角,除少量矮形琮外,多形体较长的方形琮。

由此,我们可将良渚文化玉琮的发展分为两期(表三)。

早期以反山和瑶山为代表,相对年代较早,包括反山 M7、M12、M14、M16、M17、M18、M20、M23 和瑶山南列墓、少卿山 M1、普安桥 M11、昆山绰墩 M1、张陵山东山 M1、汇观山 M2、福泉山 M65 和 M9、高城墩 M3、M5、M11、M8 以及相关的采集品。玉琮形制包括 AⅠ式和 BⅠ式。

晚期以寺墩 M3 和草鞋山 M198 为代表,包括反山 M21、福泉山 M40、横山 M2、寺墩 M1、M4、M5 以及相关的采集品。玉琮形制主要为 AⅡ式和 BⅡ式。

据此,可以发现,A、B 型玉琮器型的演变主要是琮角直角化的逐渐完成,射平面的圆弧越来越不规整,纹饰趋于简化。B 型琮的节数增加,由矮体发展为高体。

表三 出土玉琮的良渚文化墓葬分期表

分期＼遗址	反山	瑶山	少卿山	普安桥	绰墩	张陵山	汇观山	福泉山	高城墩	寺墩	草鞋山	横山
第一期	M7、M12、M14、M16、M17、M18、M20、M23	南列墓	M1	M11	M1	M1	M2		M65、M9、M3、M5、M11、M8			
第二期	M21							M40		M3、M1、M4、M5	M198	M2

一、射平面大致为玉璧形(A 型):特征为矮方柱体,器形宽阔厚重,内孔整圆,孔径相对较小,一般不足 5 厘米,器高一般在 6—9 厘米之间,纹饰以角为中轴分置于两个面上。这类玉琮出土较少,根据交叉断代,A 型琮可分为二式。

Ⅰ式:以反山 M12:98"琮王"[158]为例(图六)。射平面呈比较规则的圆璧形,外壁周边为弧边方形,相邻两壁的夹角大于 90 度,琮角为钝角。

Ⅱ式:以寺墩 M3:5[159]为例(见图六)。射平面呈不规则的璧形,射口略呈弧角正方形,外壁周边基本为正方形,相邻两面的夹角近似于 90 度,琮角基本为直角。

二、射平面大致为环形(B 型):特征是筒形,壁薄孔大,器高差别比较大,从一节到多节不等,这类玉琮出土较多。根据交叉断代,分为二式。

Ⅰ式:以反山 M12:93[160]为例(见图六)。射平面呈比较规则的圆环形,外壁周遭为弧遭方形,相邻两面的夹角大于 90 度,即琮角为钝角,纹饰以角为中轴分置于两个面上。

Ⅱ式:以寺墩 M3:71[161]为例(见图六)。射平面呈不太规整的圆环形,射口略呈弧角正方形,相邻两面的夹角基本为 90 度,即琮角为直角,除少量矮形琮外,多形体较长的方形琮,纹饰以角为中轴分置于两个面上,均为简化神人面纹。

依照共存陶器的排比,在反山、瑶山等以鱼鳍形足鼎和宽把豆为代表的早中期墓葬中,玉琮器形主要是 A Ⅰ 式(例如:反山 M12:98[162])和 B Ⅰ 式(例如:反山 M12:93[163]),决不见 A Ⅱ 式和 B Ⅱ 式;而在寺墩、草鞋山等以"T"字形足鼎和细把豆为代表的晚期墓葬中,典型器形包括 B Ⅱ 式(例如:寺墩 M3:71[164])和 A Ⅱ 式(例如:寺墩 M3:5[165])琮。

型式	A	B	
Ⅰ	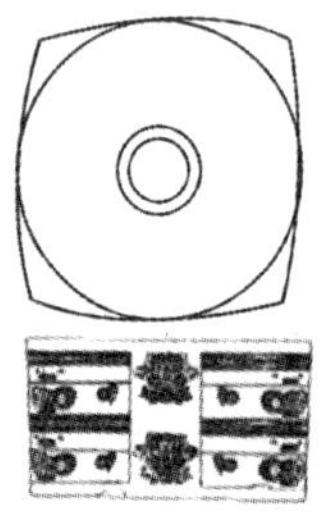 反山 M12:98	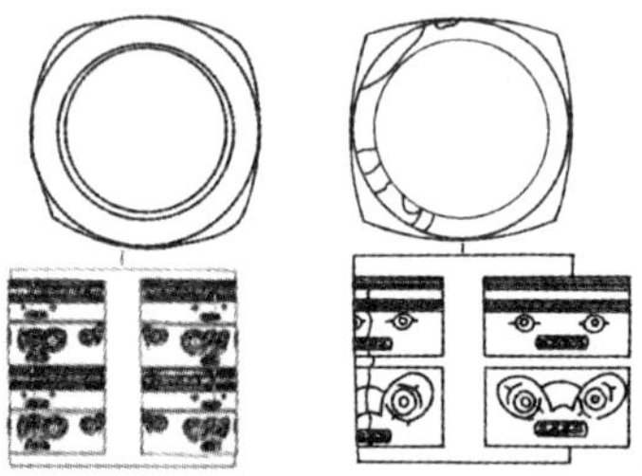 反山 M12:93	瑶山 M12:5
Ⅱ	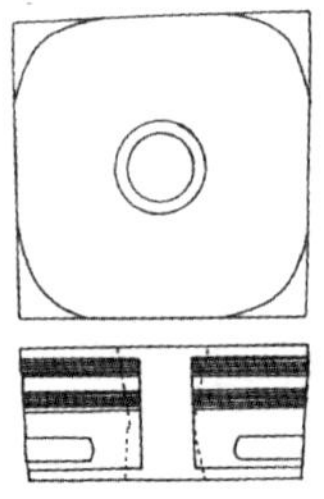 寺墩 M3:5	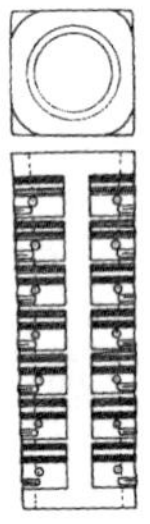 寺墩 M3:71	

图六 良渚文化玉琮分期表

另外,少数玉琮因原报告未作说明,故本文也未列入考虑范围。例如:江阴高城墩出土 5 件玉琮,简报只对 M5 的两件玉琮作了说明。本文在对良渚文化出土玉琮类型学研究的基础上,来简要分析研究我国新石器时代其他地区出土玉琮的情况。

(四)良渚玉琮的发展传播

良渚文化玉琮以其独特的纹饰与造型特色,形成了与众不同的风格,并成为良渚文化内涵的一个重要组成部分。根据现有的考古发掘报告,到目前为止,虽然在其他一些考古文化中,也有若干玉琮发现,"但基于对良渚文化的认识,不难看出它们与良渚玉琮密切的关系,故大都不宜认作另外的系统"[166]。"从上古到三代,南北之间的文化交往实未间断,以前人们总是过分低估古人的活动能力。长江流域的史前文化,早在6000多年前就与其他地区的史前人们发生了相当频繁而密切的交往,其范围是相当广阔的,不仅在本流域内的各地区之间,有着密切的交往,而且与邻近地区史前时期的人们,也有着频繁的接触,尤其是良渚文化的人们,南及岭南地区的石峡文化,北抵辽西地区的红山文化,东达台湾,西及延安,都有他们的足迹[167]"。"这种有趣的现象正是中华文化从多元走向一体过程的一个很好的说明"[168]。归纳良渚文化玉琮向外发展传播的途径,大致有如下两个方面。

1. 良渚文化玉琮向西南的发展。

广东曲江石峡三期墓葬出土玉琮6件,皆内圆外方,边呈弧形或平直,四个方角各有连续的浮雕平行凸弦纹,间有圆圈纹,每面中间有直道把花纹分开。型制、图案与良渚文化出土玉琮大同小异,M105出土的大玉琮和江苏吴县草鞋山上层墓葬出土的大玉琮,从玉料在选择、内圆孔对钻到浅雕花纹几乎一模一样,共出的璧、钺、锥形器以及双鼻壶等陶器,也显然为良渚文化型器[169](图七:1、2)。因此,有学者指出"石峡文化与良注文化有密切的联系。所谓'密切的联系'是指前者包括有后者的一些因素而言……石峡文化很可能是良渚移民与当地土著居民结合后创造的文化"[170]。虽然我们还不能很具体的理解在相隔数千里的两个不同的文化区域,却出土了大同小异的良渚式玉琮,并且中间缺乏连环的文化现象,但从一个侧面反映出在史前文化传播中良渚文化所起到的非凡作用。

广东海丰县出土玉琮两件(图七:3、4),位于四米多深在贝壳层中,除两件玉环外,出土地点无其他遗物。玉琮形象与武进寺墩玉琮相似,为方柱体筒形,外方内圆,外分四面,表面横面略呈弧形,中间有一道宽1厘米的直凹槽,以四角为中心线,横向磨有二至三道凹槽将琮分为若干节,每节内刻有象征性兽面纹,面部以广东新石器时代晚期流行在云雷纹构成,其人面有四眼,纹饰的差异应是地区性的表现,溯远地区的仿制品,自然会与文化中心地区器物的雕琢存在一定的出入[171]。

江西丰城出土的玉琮为筒形长方柱体,外方内圆,上大下小,琮分八节,以角为中轴饰简化人神图案。该玉琮与江苏寺墩、草鞋山良渚文化墓地出土的多节琮基本一致[172](图七:5)。

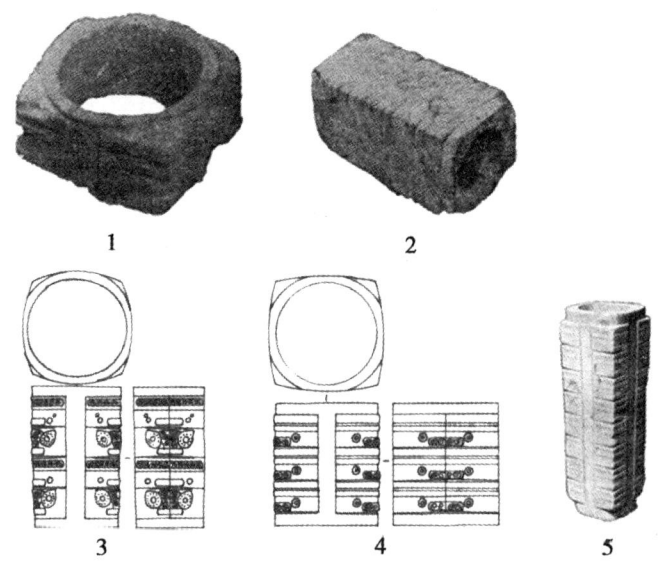

图七　西南地区出土玉琮

1. 石峡 M17:13　　2. 石峡 M105:1　　3、4. 广东海丰县出土的两件玉琮
5. 江西丰城出土的玉琮

2. 良渚文化玉琮向北的发展。

江苏新沂花厅遗址北区墓葬具有良渚文化和大汶口文化中、晚期两种文化因素。随葬品中的部分陶器和玉器具有浓厚的良渚风格。研究者们认为这是良渚文化北渐或古国之间联姻的原因。据原报告载：M18 出土一件镯式琮（M18:13，图八:1），短筒形，上端略大于下端，分上下两节，上节饰简化的带冠人面纹，下节饰兽面纹。在寺墩 M3 和反山 M18 均出有同类器。M50 出土一件镯式琮（M50:9，图八:2），短筒形，分上下两节，上段琢刻简化人面纹，下段琢刻象形兽面纹。同寺墩 M3 和福泉山 M9 所出玉琮造型纹饰相似[173]。但笔者认为，由于对玉琮形制的研究尚存在争议，虽然在良渚文化向北扩展的过程中，江苏新沂花厅遗址表现最为突出，不过从本文的观点出发，将上述器物称为琮式镯似乎更为合适。

江苏阜宁陆庄遗址，该遗址的文化遗物和良渚文化中、晚期的文化遗物一致，其年代与良渚文化晚期相当或相近，与良渚文化关系密切。M3 出土玉琮一件，矮方柱体筒形，内圆外方，两端有射口，为单节琮，每面有竖槽分左右两块，以琮角为中心琢刻简化人面纹，系良渚文化典型纹饰[174]（图八:3）。

安徽定远县德胜村出土玉琮一件，系良渚文化晚期典型形制，为方柱体筒形，外方内圆，上端略大于下端，器身分七节，每面以竖槽一分为二，每节以角为中轴饰简化神人面纹。全器制作规整，琢磨光滑[175]（图八:4）。

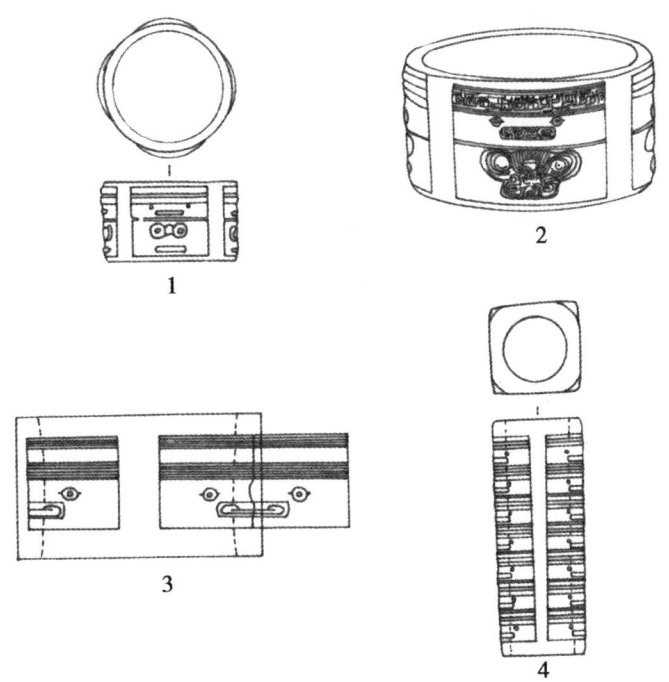

图八　良渚文化以北出土玉琮及琮形器

1. 花厅 M18:13　　2. 花厅 M50:9　　3. 江苏阜宁陆庄遗址 M3 出土玉琮
4. 安徽定远县德胜村出玉琮

这些考古资料深刻地揭示了玉琮在包括良渚文化在内的我国史前文化中是占有重要历史地位的,并进一步反应出我国古代各地区先民之间无论是直接或间接的交往,都孕育着共同创造华夏文明的活力和文化因素[176]。

铜石并用时代,玉琮主要见于山西襄汾陶寺遗址[177]和西北的齐家文化[178],但型制有别于良渚文化玉琮。

山西襄汾陶寺遗址,属于龙山文化范畴。据发掘简报,M271:4(图九:1)为青绿色四角形,外方内圆,制作精致;M267:2(图九:2)为青绿色玉质,外周以四道竖槽分割成对称但距离不等的八角形,外圆弧面又各饰三道横槽。三件玉琮出土于该遗址的晚期遗存,型制有别于良渚文化玉琮,一般较扁矮,且无兽面纹,与良渚文化玉琮差别甚大,和后来商周墓

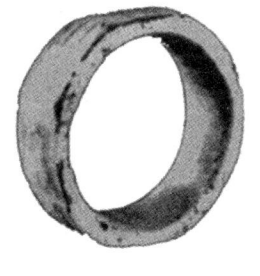 

图九　陶寺出土玉琮

1. 陶寺 M271:4　　2. 陶寺 M267:2

中出土的同类礼器在形制上已比较接近[179]。

另外,在西北的齐家文化也有以大量玉石器随葬的现象。齐家文化是中国黄河上游地区新石器时代晚期至青铜时代早期的文化,齐家文化玉器有明显的地域性,相较于良渚文化玉琮,其出土玉琮四角方直,四面无凹槽,以素面居多。1973年,固原市原州区张易乡出土3件素面玉琮(图一〇:1—3),通体呈黄白色,柱体四面宽度稍有不同,由大至小高度分别为7.6厘米、5.1厘米、5.0厘米,孔径分别为3.7厘米、2.8厘米、3.0厘米;1983年,西吉县白崖乡出土一件长方柱形玉琮(图一〇:4),通高11.8厘米,外径7.0厘米,孔径3.5厘米,通体黄白色,内有黑色斑,中间贯穿圆孔,外缘呈八角形,一面有浅阴线刻凤凰形象;1986年,隆德县沙塘乡出土一件长方柱形素面玉琮(图一〇:5),通体呈白色,有裂痕,高19.5厘米,高8.1厘米[181]。中孔平直,微痕粗细相同。创造于中国西北地区的齐家文化玉器较东北红山文化、东南良渚文化玉器晚,而与黄河中下游的龙山文化玉器大抵同时,受到它们的影响,吸收了它们的某些元素,是完全可能的[182]。在此基础上有学者认为"这是中国社会进入文明阶段前夕,南方地区移民西北的反映[183]。"

图一〇　齐家文化出土玉琮[180]

进入青铜时代以后,玉琮已经式微,由于不是本文的主要着眼点,笔者在此略加叙述。青铜时代早期的河南偃师二里头遗址见诸于报道的仅一件残玉琮[184],但"形制纹饰都难于辨别"[185]。也有学者认为该器物"与良渚玉琮十分相似","二里头文化的玉器至少应是受了良渚文化影响的结果"[186]。商周及其以后的玉琮与良渚文化玉琮存在显著的区别。首先是纹饰的差异,从商代开始,玉琮一般多平素无纹,"显示出玉琮已趋于退化、没落"[187],玉琮四角的纹饰除兽面纹或简化兽面纹以外,出现了蝉纹、卷曲龙纹,地纹出现了变形云纹、网纹蟠螭纹等,并且出现了在射部刻画纹饰;其次是器形的差异,虽然沿革了良渚式玉琮的外方内圆,但其四面多无分割槽,即为四个完整的平面相接而成,春秋战国时期还出现了一端有射一端平整无射的玉琮,"人们对传统的玉琮特点已不十分明了"[188]。

第三章 良渚玉琮的埋藏学及相关问题研究

我国新石器时代出土的玉琮主要出于墓葬中,这些玉琮埋藏学情况为我们的研究提供了更多的信息。综观随葬玉琮的墓葬以及相关遗址,玉琮数量的多寡、摆放位置的差异,不仅反映了时代的变迁,可能还蕴涵了标志墓主人身份的特殊意义。对它们的研究可以利用玉器研究的考古学方法,如玉器组合、玉器的布局、玉器埋藏与藏量等。通过这些方面的研究能够更加深入、全面的分析研究玉琮的使用方法、使用人群等问题。下文就据相关资料分析统计,从出土玉琮的墓葬形制、玉琮的出土位置、玉琮与其他玉器的共出情况、出土玉琮的墓主性别这四个方面加以研究。

一 良渚文化玉琮出土位置研究

分析出土文物的性质,不仅要分析器物本身,更要分析它们的出土位置等埋藏学问题,将二者结合才有可能切合实际。玉器的埋藏学研究中最重要的就是玉器出土位置与墓主人尸骨位置的关系问题。

良渚文化玉琮现在能够确认的使用载体只有墓葬。在墓葬中玉琮有不同的出土位置。大致有以下几种方式:(1)位于墓主的胸腹部(如反山M14:180[189]);(2)位于墓主头部附近(如反山M12:98[190]);(3)位于墓主的臂部(如普安桥M11:18[191])。(4)位于墓主的脚端(如横山M2:21[192]);(5)环绕在墓主骨架四周(如寺墩M3[193])。

最常见的放置部位是上肢部位(主要是下臂、腕部和手部),如普安桥M11的玉琮位于右下臂外侧,于琮射环内及其两端部分发现臂骨痕迹,是知在这一场合下用作臂环[194]。多数随葬玉琮的墓葬人骨已经朽蚀,玉琮放在墓坑中部,基本位于胸腹部和上肢部位附近,和下臂、腕部和手部关系密切,如反山M16:8[195]和M18:6[196]。由此可见,似乎下臂、手部、腕部是安置玉琮的基本位置。另有少数墓葬的玉琮放在头部附近,如反山M12:98位于头部左侧,左肩上方,江苏高城墩M5的头部叠放了一大一小两件玉琮[197]。还有一种将琮分割后使用的方式,如普安桥M11:18,分割后仅将其中的一件放入墓中,这类将琮分割后使用的方式并不多见。

从已公布的良渚文化玉琮出土位置资料来看，出土于头骨附近的有8件，出土于脚端的有4件，出土于上肢部位的有17件，出土于胸腹部的有13件，其中寺墩遗址出现了27件玉琮围绕人骨放置的情况，另有个别玉琮由于保存情况不够理想散落在墓葬的北端或南端。据此在对良渚文化出土玉琮的墓葬资料分析中，玉琮在墓葬中的出土位置存在着早晚期的变化。

早期出土的玉琮主要位于墓主的上肢部位，以反山墓葬最为典型（图一一），同时也偶见两种特例：一种情况出于墓主头部附近（如高城墩 M5）；另一种出于墓主的胸腹部（如反山 M14）。此外，高城墩 M8 发现了一种罕见的随葬方式，即残玉琮被敲成数片，分布在墓主头部。

晚期，玉琮的出土位置似乎规律性不强，除福泉山 T4M6 有一件玉琮出土于上肢部位，其余各墓已不见在臂部出土的墓例。而在脚端放置玉琮，这在早期墓葬中是没有的。另外寺墩 M3，除头部正前方的一件和脚端的四件玉琮以外，其余 27 件都围绕墓主的骨架四周（图一二）。同时，在墓主头部、胸腹部也有少数玉琮出土。

我们在上文中提到高城墩 M8 发现了一种非常特殊的使用方式，该墓将一个不到四分之一的玉琮分为五片后放置在墓主头部[198]。出土于墓主头部附近的玉琮并不多，在早期出土玉琮的良渚文化墓葬中除反山墓地（M23:22 和 M12:98）以外，也只有高城墩遗址的 M5 和 M8。反山 M12 出土多件玉琮，但是只有一件体量最大、纹饰最繁缛的"琮王"放置在头部左侧，玉琮放在头部似乎比放置在其他位置显得更为尊崇。但是为何只用不到四分之一的玉琮，并将其分为五片，这也是需要我们进一步思考的问题。高城墩是一处非常重要的良渚文化中期墓地，高城墩埋藏玉琮数量之多在早期出土玉琮的良渚文化遗址中仅次于瑶山和反山，这似乎能够说明高城墩在远离良渚最高中心[199]一二百公里之外所占据的特殊位置。有学者为高城墩 M8 玉琮采用特殊使用形式的原因提出两个相关的假说：一个是因为高城墩墓地的终结，另一个是从 M8 开始，高城墩这一群体丧失了玉琮的使用权[200]。该假说是否成立，还有待新的发掘资料予以验证。

通过对良渚文化玉琮出土位置的研究，我们不难发现玉琮在墓葬中的出土位置存在着早晚期的变化，这应该与玉琮功用的演变有关[201]。早期出土的玉琮主要位于墓主的上肢部位，或者和下臂、腕部和手部关系密切的胸腹部和上肢部位附近，从这一点我们可以这么认为，即早期主要为以手持琮。当然也有个别玉琮出土于墓主头部，从玉琮的精美程度可知玉琮放在头部似乎比放置在其他位置显得更为尊崇。晚期玉琮出土位置的规律性不强，出现了在脚端放置玉琮的情况，这在早期墓葬中是没有的，同时还出现了围绕墓主骨架四周的随葬方式(表四)。

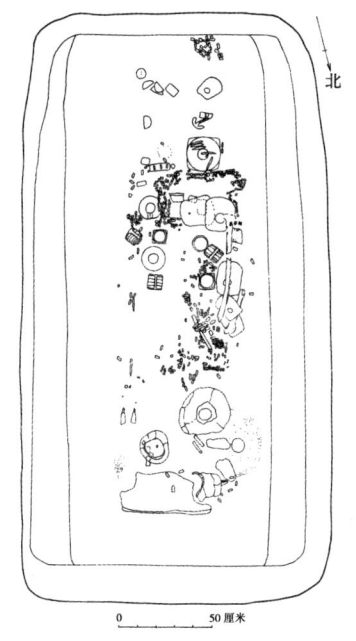

图一一 反山 M12 出土玉琮平面图[202]

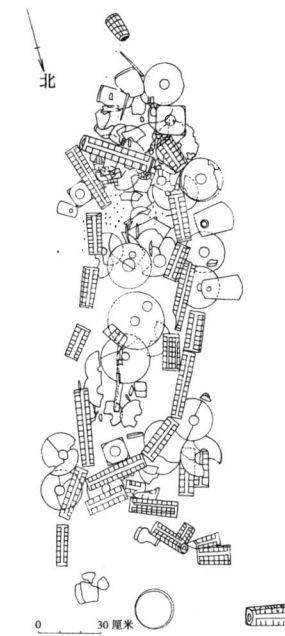

图一二 寺墩 M3 出土玉琮平面图[203]

表四 良渚文化玉琮出土位置情况统计

遗址地点	墓葬	各位置出土玉琮数量					注
		头部	脚端	上肢部	胸腹部	其他位置	
瑶山	M7				2	1件在墓的北部	
反山	M12	1		5			1件在左肩上方,5件在左右上肢两侧
	M14				3		腰腹部之下左侧
	M16			1			具体在左手腕
	M17			2			具体在左右腕部
	M18			1			具体在左手腕
	M20			4			右侧3件左侧1件
	M23	1				1件在墓室近下方,1件在墓北端	
	M21						墓已破坏,M21:4为采集品

续 表

地点	墓号					备注
张陵山东山	M1					墓南部,2件
高城墩	M5	2				一件小玉琮出土时叠放在另一较大的玉琮之上
	M8	1				不到四分之一的玉琮分为五片
	M3			1		具体在右手
	M11			1		具体在右手
普安桥	M11			1		切割过的半截玉琮,位于右下臂
汇观山	M2				1	
	M4				1	1件在墓的南端
少卿山	M1					墓范围的西北角,2件；M1:1叠放在较大的M1:2之上
绰墩	M1					绰1,简报未作说明
横山	M1					已扰乱,M1:04为采集品
	M2			2	2	
福泉山	T4M6			1	1	3件,原文未作表述
	T15M3					
	T22M5				2	
草鞋山	M198	2	1			具体在靠近脚部处
	M199					征集品3件,M199:1、4、9

续 表

寺墩	M4					1件,原文未作表述
	M5					1件在墓的中部,1件在墓南端
	M1		1		1	
	M3	1				27件围绕人骨架四周 4件在脚后
总计		8	4	17	13	41 采集品6件

二 出土玉琮的良渚文化墓葬通常具有的特征

良渚文化墓地通常可以分为两大类型:一类是土筑高台的大型墓葬的墓地,并且以玉器为主进行随葬(土墩墓,还可细分为大中小三类,良渚文化社会已是一个有着不同等级的社会,在此不多作赘述);一类是中小型墓葬,乃是平地掩埋,以陶器为主进行随葬(平地墓)[204]。

考古资料显示,出土玉琮的良渚文化墓葬通常具有以下几个特征:

首先,墓地一般出现在人工堆筑的高土台上,少数位于天然的高地。

其次,墓坑绝大多数为长方形土坑竖穴墓,少数为刀形土坑墓或梯形竖穴墓,福泉山和寺墩遗址出现部分平地堆土掩埋的墓。

第三,绝大部分墓葬有木质葬具(遗迹),一般是一棺一椁,除破坏严重无法辨识的以外,没有葬具的墓通常也是没有墓坑的。

第四,出土玉琮的墓葬一般随葬品比较丰富,尤以玉器为主。

第五,在晚期的个别墓葬中或附近(例如寺墩M3),发现了可能与埋葬仪式相关的用火遗迹。

这些特征通常也是划分良渚文化墓葬等级的一般标志。蒋卫东认为:"良渚玉璧的使用界限不及玉琮、玉钺分明。玉琮只出土于规格较高的良渚大墓,而玉钺的界限更严,只有在良渚最高级别的大墓中才有出土。"[205]不难看出,在良渚文化中,出土玉琮的墓葬通常规格高,规模大,随葬品丰富。张光直先生指出:"良渚文化社会中有权力有财富的人物,使用有兽面纹、内圆外方的玉琮,亦即使用贯通天地的法器,作为他们拥有权力的象征。"[206]因此,学术界一般认为玉琮是礼仪性的"重器",是墓主身份的重要标志之一,具有彰显权力的意义,是权势和财富的象征(表五)。

表五 出土玉琮的良渚文化墓葬形制表

遗址	墓葬	墓葬形制	葬具	墓地形式
张陵山	M1	已破坏		有东西两座土墩,即东西山
反山	M12	长方形竖穴土坑墓	墓底筑有棺床	熟土堆筑而成,高于周围平地五六米的大土台
	M14	长方形竖穴土坑墓	墓底筑有棺床	
	M16	长方形竖穴土坑墓	墓底筑有棺床	
	M17	长方形竖穴土坑墓	墓底筑有棺床	
	M18	长方形竖穴土坑墓	墓底筑有棺床	
	M20	长方形竖穴土坑墓		
	M23	长方形竖穴土坑墓	墓底筑有棺床	
	M21	大部分被破坏,残长1.6米,宽0.75米,北深0.6米		
瑶山	M7	11座墓均为长方形竖穴土坑墓	推测有棺椁类葬具	人工堆筑的三重组合土坛,位于山顶
汇观山	M2	长方形土坑竖穴结构	墓底板灰痕迹	长方形覆斗状祭坛,坛定主体呈"回"字形三重土色
	M4	梯形竖穴结构	"回"字形棺椁痕迹	
高城墩	M5	长方形竖穴土坑墓	一棺一椁	人工堆筑的高台墓地
	M3	长方形竖穴土坑墓	一棺一椁	
	M8	长方形竖穴土坑墓	一棺一椁	
	M11	长方形竖穴土坑墓	一棺一椁	
少卿山	M1	南北2米,东西1米(简报未作其他说明)		昆山千墩东北
绰墩	M1			阳澄湖与傀儡湖之间的土墩遗址
普安桥	M11	单人竖穴墓	木质葬具腐朽后的痕迹	水田中"凸"字形土墩,人工多次堆积而成
横山	M1	已扰乱		横山南坡
	M2	长方形竖穴土坑墓	木质葬具的板灰遗迹	
草鞋山	M198	已破坏,南北残长4米,东西残长1.7米,现深0.8米		埋在人工堆筑的土层中,位于草鞋山最高处(迭早破坏,简报未作更多说明)
	M199	已破坏		

续 表

福泉山	T4M6	无墓坑	人骨下小块朱红色薄片,可能是葬具残迹	人工堆筑的土墩
	T22M5	刀形土坑墓	零星漆皮,可能是葬具痕迹	
	T15M3	未见墓坑痕迹	有葬具痕迹	
寺墩	M1	深0.5米		高出地面约20米的椭圆形土墩
	M3	无墓坑(深0.75米)	无葬具,系掩土埋葬(股骨有明显火烧痕迹)	
	M4	无墓坑(深0.70米)	无葬具,系掩土埋葬	
	M5	已破坏,北端稍宽,南端略宽的长方形		

三 玉琮与墓葬中其他玉质随葬品的共存情况

良渚文化大墓中随葬品以玉器为主,以璧、琮、钺为重器,玉器出土数量之大、品种之多、雕工之精湛,令人叹为观止。在反山墓地11座墓葬中,玉器的种类涵盖了璧、环、琮、璜、镯、带钩、柱状器、杖端饰、冠状饰、锥形饰、三叉形饰、半圆形冠饰、圆牌形饰等等,随葬品布满棺床,其中又以玉琮、玉璧、玉钺最为典型,造型宏大雄浑,风格严谨深刻。许多墓葬随葬玉器出土时放置的位置基本相同,头骨上方为玉冠饰,上肢附近及胸腹部放置玉琮,一侧放置玉钺,腿脚部多置玉璧和石钺,各部位均有较多的玉管、玉珠类饰件。武进寺墩遗址从玉器的出土情况来看,3号墓有随葬品一百多件,大部分为玉礼器和饰玉。其中玉琮32件多数围绕在人骨架四周,玉钺3件置于身侧,玉璧24件除一件置于胸腹部,其余分置头前脚后,部分压在头脚之下。那么,我们是否可以此推定玉琮、玉钺、玉璧的组合关系?

在玉器研究中,对玉器的组合情况加以研究的方法非常重要,特别是随着考古出土玉器种类和数量的不断增多,同一墓葬内共出的玉器组合情况,为研究提供了越来越多的信息。在对玉琮的研究中,对于共出的其他玉质随葬品的研究,能够更好的帮助我们理解玉琮的使用方法、象征系统等问题。因资料庞杂,以下对良渚文化出土玉琮墓葬中其他共出的玉质随葬品情况的研究,将以表格加以梳理(表六)。

观察良渚文化出土玉琮与其他玉质随葬品的共存情况,我们发现,通常情况下玉琮和玉璧、玉石钺(斧)同出,但也有例外。例如,瑶山遗址11座墓出土玉器635件

（组），器形有琮、钺、冠状饰、三叉形器、锥形饰、牌饰、璜、圆牌饰、镯、带钩、管珠串饰等，玉琮、玉钺墓葬里都有随葬，却唯独没有发现玉璧。普安桥 M11 玉琮、玉钺、玉冠形器等同出，除一件小玉璧以外也未见玉璧出土。反山的琮、璧、钺也没有某种固定的共存关系。反山 M17 琮、钺共出但未见璧，M23 琮、璧共出但未见钺，M18 则除了出土琮一件以外，璧和钺皆缺失。较反山和瑶山更早的墓葬中，目前尚未发现一例典型玉琮出土。因此，在较早的玉器组合中，琮、璧、钺并不存在固定的共出关系，而在稍晚的玉器组合中，琮、璧、钺的共出关系相对而言比较固定。但也有例外，例如寺墩 M1 出土玉琮 2 件，玉璧 5 件，琮璧共出而未见钺。另外，出土玉琮的少卿山 M1、汇观山 M2、草鞋山 M199、寺墩 M4 或缺失玉璧或缺失玉钺，但由于墓葬已遭破坏，故而我们并不能以此断定这些墓葬中三者的共存状况（表七）。

我们一般认为"琮是宗教祭祀重器"，"钺是军队指挥权或王权的标志物"[207]。根据上述墓葬琮与钺的共存情况（琮钺共出，如反山 M12；有钺无琮，如反山 M15；有琮无钺，如反山 M23），张忠培先生指出墓主身前的身份可以分为三类，即同时掌握祭祀权和军权，仅掌握军权或只掌握祭祀权，这三类人单处一个高台墓地，说明已经形成了一个高踞于一般民众之上的阶层[208]。

从现有的发掘资料来看，良渚文化时期的玉琮均出自规模较大的墓葬，玉琮的使用同一般社会成员无缘，只有少数尊贵者或特殊阶层的人才能够享用，将其用于随葬乃是葬仪中一项礼遇隆重的表示，同时也反映了玉琮在社会生活中举足轻重的地位和影响，已成为少数人炫耀身份和地位的重要标识物。

表六　与其他玉质随葬品的共存情况

遗址地点	墓葬	其他玉质随葬品（单位：组/件）	总计
张陵山东山	M1（已破坏，琮 3 件）	玉璧 4，玉斧 1，玉圆片 1，玉杖头 1，玉纺轮 1，玉镯 1，玉镯形器 1，玉环 1，玉锥形饰 5，玉坠 1，玉管 1，玉珠 18	39
瑶山	M7（琮 3 件）	玉钺 1，玉钺端饰 1，玉钺冠饰 1，玉三叉形器 1，玉柱形饰 2，小琮 9，玉镯 12，玉管 75，带盖柱形饰 1，玉泡形饰 1，玉粒 3，玉带钩 1，玉锥形饰 4，玉牌饰 1，玉坠 1，玉珠 18，玉冠装饰 1，玉柄端饰 2	148
	M12（已盗掘，均为收集品，琮 7 件）	玉钺 1，玉三叉形器 1，玉半圆形饰 4，小琮 1，玉带盖柱形饰 1，玉琮式锥 9，琮式管 38 及大量的玉管和玉珠	344

续 表

普安桥	M11(琮1件)	玉钺1,玉三叉形器1,玉冠状饰1,玉瑗1,玉饰1,玉锥形饰3,小玉璧1,玉管18,玉珠15	45
绰墩	M1(已破坏,出琮1件)	玉璧2	3
少卿山	M1(已破坏,出琮2件)	玉斧2,玉镯形器2,玉瑗1,玉镯5,玉锥形器2,玉佩1,玉管1,玉圆片2,玉璜1	19
汇观山	M2(已破坏,出琮1件)	玉管21,玉锥形器4,玉珠5,琮式玉管1,玉曲匕形器1,琮式玉镯1,玉柱形器2,玉串饰1,	47
	M4(琮2件)	玉璧1,玉冠状饰1,玉三叉形器1,玉镯1,玉锥形器3,玉管2,玉串饰1,玉带钩1,玉坠1,玉插件1,玉钺1,玉珠1	17
高城墩	M5(琮2件)	玉珠12,玉管4,玉镯2,玉钺6,玉璧1	23
草鞋山	M198(琮3件)	玉璧2,玉钺1,玉斧1,玉镯2,玉石料1,玉锥形器1,玉串饰3组,玉琮形管1	14
	M199(已破坏,出琮3件)	玉璧4,玉冠形器1,玉锥形饰1组5件,玉琮形管1	14
横山	M1(已扰乱,出琮1件)	玉璧2,玉钺1,玉三叉形器1,玉带钩1,玉杖头饰2,玉端饰1,玉镯1,玉锥形饰8,玉管54,玉珠3,玉圆片饰8	83
	M2(琮4件)	玉璧2,玉钺1,玉柱形器5,玉三叉形冠饰1,玉锥形器3,玉管114,玉杖头饰6,玉泡珠5,玉纺轮2,玉缀饰1,玉端饰1,玉牌饰1,玉组装件饰2,玉坠饰1	146
寺墩	M5(已破坏,出琮2件)	玉璧2,玉钺1,玉带钩2,玉管33,玉珠23,玉片4,玉饰1,玉牌饰2,玉锥饰8,玉琮形管1	79
	M1(琮2件)	玉璧5,玉项饰1组(玉珠13,玉管4,玉坠1),玉佩饰1,玉杯形器1	10
	M3(琮32件)	玉璧25,玉斧3,玉镯3,玉锥形器2,玉珠3,玉"格"饰1,有槽玉坠3,带槽玉坠1,玉管8,玉镯形器1	83
	M4(已破坏,出琮1件)	玉璧1,玉管2(T102,所出镯与管各一可能与该墓有关)	4

续表

福泉山	T4M6(已打破,出琮2件)	玉斧2,玉锥形器4,玉小饰片6,玉镯1,玉臂饰1,玉珠54,玉管10,玉坠2,玉璧4,玉漏斗形长管2,琮形管2,琮式镯1	107
	T22M5(琮5件)	玉杖首2,玉珠73,玉管30,玉璧2,玉斧2,玉锥形器3	116
	T15M3(琮5件)	玉钺2,玉璧3,其他90	98

表七　反山出土玉琮墓葬的玉器统计表

器物名称	M14	M17	M12	M16	M23	M20	M18	总计
冠状器	1	1	1	1	1	1	1	7
特殊长管			1					1
三叉形器	1	1	1	1		1		5
半圆形饰	4		4		4	4		16
成组锥形器	9	7	9	9		9	3	46
半件锥形器	3	2	2		2	3	3	19
锥形器套管			1					1
带盖柱形器	2	2	2	4	2	2		14
柱形器	7		3	6	5	9		30
琮	3	2	6	1	3	4	1	20
钺	1	1	1	1		1		5
钺瑁	1		1			1		3
钺镦	1		1	1		1		4
"权杖"瑁			1					1
"权杖"镦			1					1
璜				1	2			3
圆牌					7			7
镯形器			1	2	2			5
璧	26		2	1	54	43		126
条形器		1		1				2
柄形器			1	1				2
带钩	1			1		1		3
榫头端饰	2	2	3	1	6	8		21
卯孔端饰	7	6	1		6	8	4	32

续　表

弦纹端饰						7		7
贯孔端饰	3		2	1		3		9
镶插端饰	2	1	1		4	3		11
镶嵌端饰			1					1
纺织端饰						6		6
琮饰管	9	4	11	16		9		38
龙纹管			2	2				4
鸟	1	1		1				3
龟		1						1
蝉	1							1
长管	1	4	2	2	1	3	1	14
缝缀片	3	10		8				21
半圆管形饰	2							2
粗矮管	8							8
管	49	6	43	31	44	33	17	223
弦纹管	2			4				6
喇叭形管	10							10
串饰中的管	117	224	525	361	70	253	13	1563
束腰形管		2			1			3
珠	19	5	6	7	32	20	4	93
串饰中的珠	64	30	10	28	173	69	11	385
半球形隧孔珠	2		1	1	1		3	8
球形隧孔珠	8	2		5	33	6		54
粒、片	109		435	16	2		21	584
总计（不含粒、片）	370	316	647	488	459	502	61	2843

四　随葬玉琮的墓主性别研究

性别是"社会范畴、角色、意识形态与时间被定义和展现的一种方式……它同时与一系列其他社会差异的变量，包括年龄、财富、宗教、族属等同时运转"[209]。从骨骸判定死者的年龄和性别，是体质人类学研究的基本项目之一。经过性别、年龄鉴定的墓葬中的人骨资料,便可成为探讨当时的丧葬习俗、婚姻制度和社会组织形态的重要线索。在新石器时代考古学上,这对研究原始氏族社会的发展和解体过程也有重要的意义。此外,对墓主人性别、年龄的鉴定,还有助于了解当时居民的劳动分工和某些特殊的习俗。分析同时代墓群中死者年龄的分布,还可以从一个侧面观察当时居民生活条件的优劣情况。

在史前考古中,由于骨骸保存不易,人们往往凭借某些"性别器物"来对墓主的性别作出推断。然而,现在看来似乎并不完全适用于判断出土玉琮的良渚文化墓葬的墓主性别。

草鞋山发掘报告指出 M198 第一组,依据随葬的斧和钺,即判定墓主系男性,第二、第三组则依据随葬的锥形饰和玉珠,即判定墓主系女性[210]。从瑶山墓地分析,瑶山共发现 12 座墓葬,分南、北两列,南列诸墓所共见的玉琮、钺、三叉形器和与之配套的成组锥形饰等,在北列诸墓不见,而北列诸墓所随葬的玉璜、纺轮和圆牌饰又不见于南列诸墓。"按史前墓葬的常例,凡纺轮和斧(钺)不共见者,一般作墓主性别的区分",因此,原报告认为,南列墓为男性墓,北列墓为女性墓,琮是男性墓的随葬品,瑶山墓地的琮全部出自男性墓[211]。这种分析为许多学者所赞同,有学者还提出了反山墓地也是"前排是男性,后排是女性[212]"。那么根据"性别器物"所推定的所谓的良渚文化大墓的排列方式为南列墓为男性墓,北列墓为女性墓的排列方式是否存在?让我们来考察一下反山墓地的情况。反山墓地基本分为南北两列,北列的 M20 出土成组的玉琮、玉璧、玉钺等作为男性标志的随葬品,但同为北列墓的 M22 却只出玉璧不见玉钺和玉琮,而南列的 M12 却是玉琮、玉钺同出一墓。这显然表明以性别器物来推定的南男北女之制是不存在的。

对此,王仁湘先生提出质疑,"我们在判断墓主性别时,可能是以是否拥有钺为前提的,那会不会是相反的情形呢?如果钺和琮均为女性所有,那就可能是另外的解释了"[213]。

通过观察上述玉琮与其他玉质随葬品的共存情况,我们不难发现张陵山东山 M1 出土的玉器种类包括玉琮、玉璧、玉斧、玉杖头、玉纺轮(1 件)、玉镯、玉锥形器等,浙江余杭横山 M2 出土玉器的种类包括玉琮、玉璧、玉钺、玉三叉形器、玉锥形器以及玉纺轮(2 件)等,在此二墓中,玉琮、玉钺、玉纺轮同出一墓。可见,单凭所谓的"性别器物"和某几个墓例的玉器组合,试图推定琮和墓主性别之间必然的对应关系,显然是不够的和不充分的。由于骨架的保存情况大多较差,我们还无法作出明确的性别判断,因此玉琮的随葬和墓主的性别究竟是否存在必然的关系,尚不能证实。

由上述的埋藏情况我们可以作出一些判断：玉琮一般出现在等级较高的贵族墓葬中，但并不是所有高等级的墓葬都出土玉琮；由于存在时间和空间上的差异，玉琮在墓葬中的出土位置并不固定；在较早的玉器组合中，琮和璧并不存在固定的共出关系，而在稍晚的玉器组合中，琮、璧、钺的共出关系比较固定；玉琮的随葬与墓主的性别之间还无法证实存在必然的对应关系。

第四章 相关问题讨论

一 玉琮的用途与功能

探讨玉琮的起源、形制与埋藏学及相关问题，其目的就是为了进一步阐述玉琮的功能，这也是国内外学者共同关注的问题。作为良渚文化代表性器物的玉琮及其神人兽面纹具有一定的神秘性，因此，学术界关于玉琮的用途和功能的认识与见解纷繁复杂、莫衷一是。

安克斯认为"玉琮上驵纹近似坤卦"，"象征地母的女阴"；高本汉以为"琮是宗庙里盛'且'（男性生殖器象征）的石函"[214]；研究中国天文学和数学观念的先驱者贝索德·拉佛在《玉——中国考古与宗教研究》中指出："打孔的圆形玉璧代表天、立方体包围的玉管代表地……"著名的东方艺术史学家，瑞典学者柏伟能在专著《洛书之秘》中进一步发展了贝索德·拉佛的观点，并结合考古学、美学、古文献、古文字语言提出"琮的造型是以'洛书'为基础的"，"琮是古代一种表示方向的象征物，与未成熟的阴阳观念一起表达了它的基本含义——神圣大地的真正象征"[215]。邓淑萍先生在《中华五千年文物集刊·玉器篇·一》中推测"琮在典礼中套于圆形木柱上端，用作神祇或祖先的象征"[216]。车广锦教授在《玉琮与寺墩遗址》中提出玉琮是"象征王权、神权和整个统治阶级的重器"[217]。有学者提出了"良渚神像'鸟首龙身'伏羲说"[218]。

汤惠生教授在《对立与统一：原始文化中的二元逻辑》一文中结合萨满教理论证实"玉琮外方，象征地；中间圆形柱状，象征通天的'地轴'、'天柱'"；"昆仑山上的天神和太阳神也就是玉器上的人面像"，"在中国古典文献中称作'黄帝'"，进而提出"饕餮纹即太阳神之传承"等等[219]。许多学者对此表示赞同，"在凌家滩遗址发现的神（人）像形纹戴的冠的外形，与反山神像形纹戴的冠相类似，都与纳西族的东巴文中的太阳文的形象相似，有可能是作为太阳（或太阳神）的象征"[220]，"现在比较一致的看法是神徽上面的人脸可能就是天神的代表。有人说是太阳神也不错，但是中国的社会发展和埃及、美洲不一样，不是一个简单太阳崇拜，而是已经抽象化了。河姆渡文化中的图像就已经把日月连到一起,既有太阳也有月亮,把太阳和月亮抽象化为天。"[221]

各家所说分歧杂陈,观点不一,据林华东先生统计,相关解说多达 23 种[222],但至今对玉琮文化内涵的认识仍然是一个悬而未解的问题。其中有较大影响力的观点主要有"祭祀天地的礼玉"、"玉殓葬"和"中国古代宇宙观和通天行为的象征"三种学说。

(一)"礼地的玉神器"说

早期对玉琮的研究主要是根据《周礼》"以玉作六器,以礼天地四方,以苍璧礼天,以黄琮礼地……"的记载,如清末吴大澂的《古玉图考》以及后来那志良先生的《古玉鉴裁》对玉琮的考证。然而,《周礼》作为战国晚期的一部托古著作,以其记载的"六器"说来阐释良渚文化玉器的文化内涵,无论在时空位置还是在文化系统上并不是合适的,仅以此为依据加以论断是缺乏说服力的。根据上文的分析,瑶山墓地的玉琮、钺、冠形器等同出,却不见璧。反山的琮、璧也没有某种固定的共存关系。同时,琮、璧主要出土于墓葬中,而并非出现在明确的祭祀遗迹中。故而,以琮、璧配套礼天地之说来解释良渚文化玉琮的文化内涵还缺乏坚实的依据。并且,良渚文化遗址还未出土"六器"中的玉璋、玉琥,也未见到所谓的赤琥、玄璜,因此,许多学者对该观点提出了异议,认为"六器"绝非新石器时代晚期的制度,并且可能是战国时期人们受天圆地方学说的影响(璧圆象天,琮外方象地),"主观虚构的理论"[223]。

(二)"玉殓葬"说

该观点是汪遵国先生在《良渚文化"玉殓葬"述略》一文中提出的。作者同样从《周礼》的"苍璧礼天"、"黄琮礼地"、"璧琮以敛尸"出发,用"玉殓葬"来称呼随葬琮、璧的良渚文化墓葬[224]。对此,王明达先生提出了质疑并予以反驳[225]。上文已经阐述了以《周礼》来解释良渚文化玉琮理由是不充分的。虽然寺墩 M3 的肢骨和随葬的部分玉器有火烧的痕迹,但仅以此来解释良渚文化随葬玉器的墓葬即为"玉殓葬",证据似乎还比较薄弱。事实上,良渚文化出土玉琮的绝大多数墓葬(包括寺墩遗址在内,除寺墩 M3 之外的其他墓葬)的随葬玉器没有发现经过火烧的痕迹。若以此为据,那么除寺墩 M3 以外,并不能以"玉殓葬"来称呼随葬琮、璧的良渚文化墓葬。况且,寺墩 M3 也只是随葬的部分玉琮、玉璧和石斧有火烧的痕迹,而其他多数随葬玉器均未发现火烧的痕迹,故而"玉殓葬"之说似乎无从说起。

(三)"中国古代宇宙观和通天行为的象征"说

张光直教授在《琮及其在中国古史上的意义》一文中从玉琮的形制"内圆外方"象

征"天圆地方"出发,提出"琮的方、圆代表地和天,中间的穿孔表示天地之间的沟通。从孔中穿过的棍子就是天地柱。"因而"琮是天地贯通的象征,也便是贯通天地的一项手段或法器","是中国古代宇宙观与通天行为很好的象征物"[226]。李学勤先生对张光直教授的观点表示赞同,"良渚文化时,大型玉礼器琮、钺、璧、冠状饰等的发现,尤其是玉琮,应是当时巫术活动的一种重要用具","从琮的外表形态分析,是外方内圆,与中国古代天圆地方的思想意识,不能说没有联系,又是与神相结合为一体,就有可能是巫师作为贯通天地的用器。琮上的神面形纹,有的在其旁侧有神鸟形纹,都是巫师作法时需要借助神力的象征。所以,占有玉琮的人,是掌握神权者。在中小型墓葬中未见有用琮随葬的,可能就是这个缘故"[227]。学术界对该观点的认同比较普遍,亦即将玉琮之人面纹视为天神/太阳神等神祇的代表,是萨满教二元对立思维中一切正面因素的代表。

(四)玉琮功能的演变

虽然学术界对玉琮功用的观点莫衷一是,但有一个共同点,即玉琮在良渚文化中是作为神灵的玉存在的,是远古玉神学的反应,其神人兽面纹是良渚先民所崇拜的神灵,是他们精神文化的核心,他们相信这种纹饰具有感神通灵的法力,以其随葬具有辟邪、祈福的功效。

在儒家玉德观这一内涵形成之前,玉还有更广泛的已为人忘却了的诸种内涵,如工具、配饰、祭器、瑞信、财富、殓葬等等六大内涵及社会功能[228]。"玉器(琮、璧、圭等)是包括天帝在内的一切灵魂(神灵)的最佳寓体、馆所和境界"[229]。"这是一些个体的体外灵魂……是生命力的贮藏器"[230]。"出土玉器之中属于神学范畴的有玉勾龙、玉勾形器、玉龟、玉琮、玉璋以及神徽纹玉璜等玉器,它们均可能是玉神学的载体"[231]。

无论是把玉琮看做是国家缔造者的神话形象,抑或是代表整个统治阶级的重器,似乎都缺乏必要的证据。安志敏先生认为"如果过于夸大玉琮的作用,是不符合考古学的实证要求的"[232]。"对神徽不能想象得太神奇,想象得太神奇提出来的看法我们可能感到很新颖,很有吸引力,但是未必符合实际"[233]。良渚文化很多玉器上都以神人、神兽或神人神兽的复合图像为纹饰,"这个事实充分说明神人或神兽是良渚文化居民所崇拜的神祇的形象"[234]。良渚文化先民以刻有这种纹饰的玉琮随葬,其目的很可能是祈求神灵的庇佑,驱魔避邪,祈福禳灾。

良渚文化玉琮以神秘的神人兽面纹发人深省,事实上,以抽象的题材为玉器纹饰是中国新石器时代玉器共有的特征。杨伯达先生指出,新时期时代玉器"题材内涵较器型更为抽象。共同特点是夸大眼睛,其外形为斜立的卵形,内以大小不同的空心钻钻出眼珠和瞳孔……地子上再填以阴勾多层回纹,以烘托奇形怪状的眼睛,使其愈发狰狞恐怖。几乎完全是幻想的变形图案,有着十分浓厚的神秘色彩,这是东方原始艺术的共同特征"[235]。

良渚文化玉琮形制的总体发展趋势是由矮到高,从单节到多节,伴随琮体的复杂化发展趋势,纹饰的发展趋势恰恰相反,越来越趋于简化,到良渚文化晚期大多已简化为两个表示眼睛的圆圈和表示嘴巴的凸横档,有的连表示眼睛的圆圈皆已略去,羽冠则多已不存在,或仅以长横棱代替。这种变化似乎表明,琮体的功能和纹饰的功能正逐步的分离。祈求"神徽"庇佑的功能越来越淡化,而玉琮体象征财富、权力的功能则越来越突出和强化。

早期,以反山为代表,玉琮主要放置在上肢部位以及胸腹部,这是双手可以秉持的位置。反山玉器的出土位置比较固定,可见不是随意摆放的,而死者持琮则说明玉琮很可能是一种法器,具有祈求神灵庇佑的功能。到了晚期,寺墩M3玉琮的随葬方式则显示出另一种情况,数量大为增加,琮体变长,琮壁增厚,更加突出其作为权力和财富占有者的象征功能。

因此,最初的玉琮体主要是神人兽面像的物质载体,其主要目的是以物质的形态来表现神灵的神力。随着社会的进一步发展,玉所具有的财富价值被不断认可,随葬玉琮的数量增多,琮体变长,纹饰简化,其所具有的财富价值不断强化,而对社会财富的垄断将通过权力的强化来实现。玉琮的功能和象征意义是一个发展的过程。

二 玉琮对后世的影响

三代最流行的器物纹饰饕餮纹,很可能系江浙一带良渚文化玉器上的花纹蜕变而成[236]。安志敏先生认为"以琮、璧为代表的玉器,是良渚文化最为突出的礼器,用来随葬的习俗又为商周文明所继承。同时琮上所雕刻的兽面纹,也与商周青铜器上的饕餮纹密切相关"[237]。王巍先生指出:"玉琮在商代是一种礼玉,具有某种特殊的含义和用途。而这种被作为礼器的商代玉琮,在型制和纹饰方面承袭了良渚文化玉琮的特点,这一点是耐人寻味的。"[238]进入历史时期以后,玉琮在中原地区跃居"六器"之一,成为重要的玉礼器,先秦文献表明,玉琮在历史时期主要作为"礼地"的玉神器、"敛尸"玉器和"瑞信"使用。从现有的考古资料来看,商周时期玉琮出土数量并不多,绝大部分出自贵族墓葬。

商代祭祀遗迹出土琮的情况目前仅见于三星堆一号祭祀坑。在一件青铜人头像内清理出石琮一件[239]。且不说该琮并非玉制,琮也并非三星堆祭祀坑玉石器的主体。三星堆出土器物主要反映的是古蜀文化的地方特色,并不能代表中原的殷商文化。单凭这一例祭祀遗迹,我们还无法确切了解商代玉琮在祭祀中所扮演的角色。西周时期与玉琮相关的祭祀遗迹尚不确切。成都金沙遗址"梅苑"东北部西周地层出土了大量"礼仪性用具",有研究者认为可能是宗教仪式活动区,其多节人面纹玉琮的形制、纹样具有良渚文化风格,但目前尚无法确定玉琮是否和祭祀有关[240]。春秋时期,可能和祭祀遗迹有关的玉琮出土仅见一例。陕西凤翔纸坊瓦窑头二队村东和村西南各出土素面玉琮 1 件,原文认为"这些玉器当与祭祀有关"[241]。其后与玉琮相关的祭祀遗迹尚未见于报道。

商代大中型墓葬中,玉琮还较为常见,璜、璧、琮是随葬玉器的常见组合。如殷墟妇好墓出土玉器 755 件,礼器较少,以璜为主,璧环类次之,琮(或琮形器)和圭最少[242]。江西新干大洋洲商墓出土玉器 754 件,礼器、仪仗器占少部分,主要有璧、琮、璜、琮[243]。西周时期玉璜成为组佩的主体,璜、璧、琮三者的组合逐渐弱化,玉琮较之商代更为少见。以天马—曲村晋侯墓地 I11M8 为例,该墓出土礼玉较少,主要有琮、戈、钺等,不见璧、圭、璋[244]。春秋战国时期出土的玉琮可谓凤毛麟角,玉琮逐渐退出了随葬玉器组合,即便玉琮见于随葬组合也不占主导地位。以山西长治分水岭 M126 为例,该墓出土璜、环、璧等 26 种,其中出土玉琮 3 件[245]。另在河南洛阳春秋墓(具体位于北距东周王城遗址约 1 公里处)出土玉琮 1 件[246]。

玉琮之为"瑞信",主要见于文献记载。瑞,《说文》释为"以玉为信也",《玉篇》称"信,节也,诸侯之珪也",也就是王侯的权力标志,其各有等差以示尊卑。琮作为贵族身份地位及其交往的信物,主要见于《玉人》、《小行人》、《聘礼》、《觐礼》等记载。根据《周礼》所述,琮的作用除了礼神敬祖之外,更常见的用法应当是敬人亲人、卑下亲尊上的必备礼物[247]。王公侯伯子男的地位不同,象征他们身份的玉器也有不同。商周的大中型墓葬中,璋、璜、圭、璧、琮都较为常见,"更多的可能是献享用品……后来它们可能被派上另外的用场,祭祀场所和敛尸的墓穴应当是两个主要去向"[248]。

因此,墓葬中随葬的玉琮不能一概视作祭祀用品。商周时期玉琮之为礼器,根据现有的考古资料,其作为"礼地"的玉神器目前尚不确切,而作为"敛尸"玉器和"瑞信"是极有可能的,但其定制还无法证实。透过这些随葬的瑞玉,尽管还无法确切地知道玉礼的具体细节,但至少说明它们和墓主生前在社会生活中的关系非常密切,以至在死后作为随葬的奢侈品。

综上所述,本文对良渚文化玉琮的研究,从考古类型学出发研究其形制演变规律,从玉琮的埋藏情况出发研究其用途等,得出的一些结论还有不足之处,随着考古资料的进一步积累,我国新石器时代玉琮的相关问题还应深入研究。

注 释

[1] 杨伯达:《中国古玉文化史论》提纲,《中国玉文化玉学论丛》,杨伯达主编,紫禁城出版社,2004 年,第 3 页。

[2] 李学勤、徐吉军主编:《长江文化史》,江西教育出版社,1995 年,第 105 页。

[3] 参考刘道荣等主编:《白玉鉴赏》,百花文艺出版社,2006 年,第 103 页。

[4] 同注[2]。

[5] 同注[1]。

[6] 蒋卫东:《神圣与精致》,《收藏家》2005 年第 9 期,第 3 页。

[7] 江松:《琮璧新考》,《中国文物世界》总 133 期,第 63 页。

[8] 同注[2],第 106 页。

[9] 王巍:《良渚文化玉琮刍议》,《考古》1986 年第 11 期,第 1009 页。

[10] 刘斌:《良渚文化玉琮初探》,《文物》1990 年第 2 期,第 30 页。

[11] 安志敏:《关于良渚文化的若干问题》,《考古》1988 年第 3 期,第 77 页。

[12] 张泽莹:《新时期时代晚期玉琮初探》,《出土玉器鉴定与研究》,紫禁城出版社,2001 年,第 337 页。

[13] 同注[12]。

[14] 车广锦:《玉琮与寺墩遗址》,《东方文明之光》,徐湖平主编,海南国际新闻出版中心,1996 年,第 371 页。

[15] 汤惠生:《对立与统一:原始文化中的二元逻辑》,《青藏高原古代文明》,三秦出版社,2003 年,第 459 页。

[16] 李学勤:《走出疑古时代》,辽宁大学出版社,1997 年,第 18 页。

[17] 段渝:《酋邦与国家起源:长江流域文明起源比较研究》,中华书局,2007 年,第 341 页。

[18] 同注[17]。

[19] [东汉]许慎:《说文解字》,中华书局影印,1963 年 12 月。

[20] 周玮:《良渚文化玉琮名和形的探讨》,《东南文化》2001 年第 11 期,第 60 页。

[21] 同注[20]。

[22] [南唐]徐锴:《说文解字系传》,中华书局,1998 年 12 月。

[23] 同注[7]。

[24] 同注[17],第 339 页。

[25] 崔高维校点:《周礼·仪礼》,辽宁教育出版社,1997年。

[26] [唐]段成式,杜聪校点:《酉阳杂俎·礼异》,齐鲁书社,2007年7月。

[27] 同注[25]。

[28] 同注[25]。

[29] [汉]班固:《汉书·礼乐志》,中华书局,2007年。

[30] 同注[17],第340页。

[31] 夏鼐:《商代玉器的分类、定名和用途》,《考古》1983年第5期,第455页。

[32] "六瑞"与"六器"的说法,主要见载于《周礼》。"六瑞"和"六器"虽同属礼器,但二者的名称、用料、形制、功用是完全不同的。六瑞是用于朝聘的信物,在君臣之间表爵秩等级,在邦国交往之间表示礼节和等级。其中,镇圭、桓圭、信圭、躬圭的外形都是一样的,但玉质、尺寸、纹饰不同。王执镇圭,为六瑞之首。镇,安也,所以安四方。镇圭者盖以四镇之山为饰,圭长一尺二寸。《周礼·考工记·玉人》:"命圭(帝王授予大臣的玉圭)九寸,谓之恒圭,公守之;命圭五寸,谓之信圭,侯守之;命圭七寸,谓之躬圭,伯守之。""六器"的主要功用是用以礼神。古人认为,天地间有赤、青、黑、白、玄、黄"六彩",苍璧、黄琮、青圭、赤璋、白琥、玄璜同六彩是相对应的。六器在治玉思想及要求方面不同于六瑞。

[33] 转引自周玮:《良渚文化玉琮名和形的探讨》,《东南文化》2001年第11期,第60页。

[34] 王仁湘:《琮璧名实臆测》,《文物》2006年第8期,第73页。

[35] 同注[34]。

[36] 浙江省文物考古研究所:《余杭瑶山良渚文化祭坛遗址发掘简报》,《文物》1988年第1期,第32页。

[37] 1972年,草鞋山发现的M198,琮、璧与黑皮陶贯耳壶、丁字足鼎同出,证明了琮、璧最早是良渚文化的遗物。参见南京博物院:《苏州草鞋山良渚文化墓葬》,《东方文明之光》,徐湖平主编,海南国际新闻出版中心,1996年,第1页。

[38] 同注[9]。

[39] 黄宣佩:《略论我国新石器时代玉器》,《上海博物馆集刊》第四期,上海博物馆编辑委员会编,上海古籍出版社,1987年,第154页。

[40] 同注[10]。

[41] 关于杨建芳先生的观点可以参见《玉琮之研究》,《考古与文物》1990年第2期,第57页。

[42] 同注[11]。

[43] 对于琮形镯的发展轨迹,由于不是本文叙述的重点,故在此略述,在谷建祥《人·鸟·兽与琮》以及吴荣清《良渚文化玉器分期》中对此有较为详细的阐述。《东方文明之光》,徐湖平主编,海南国际新闻出版中心,1996年。

[44] 同注[20]。

[45] 杨建芳:《玉琮之研究》,《考古与文物》1990年第2期,第56页。

[46] 汪遵国:《良渚文化"玉殓葬"述略》,《文物》1984年第2期,第25页。

[47] 同注[36],第36页。

[48] 南京博物院:《1982年江苏常州寺墩遗址的发掘》,《考古》1984年第2期,第117页。

[49] 同注[12]。

[50] 同注[12]。

[51] 同注[12]。

[52] [瑞典]柏伟能:《琮、璧功能一说》,《出土玉器鉴定与研究》,紫禁城出版社,杨伯达主编,2001年,第402页。

[53] 同注[52]。

[54] 同注[12]。

[55] 同注[12]。

[56] 同注[14]。

[57] 同注[15]。

[58] 同注[46],第23页。

[59] 张忠培:《良渚文化的年代和其所处社会阶段》一文中即采用了"玉殓葬"的说法,《文物》1995年第5期,第48页。

[60] 于锦绣:《玉与灵物崇拜》,《中国玉文化玉学论丛》,杨伯达主编,紫禁城出版社,2004年,第266页。

[61] 同注[34]。

[62] 陆建方:《蒙冤的良渚玉琮》,《苏州杂志》2001年第6期,苏州市文联主办。

[63] 同注[2],第3页。

[64] 杨伯达:《巫玉之光》,上海古籍出版社,2005年,第119页。

[65] 汪遵国:《中国文明探源与良渚文化》,《长江文化史论丛》,贺云翱主编,南京大学文化与自然遗产研究所编,中国文史出版社,2005年,第136页。

[66] 详见第三章"良渚玉琮的埋藏学及相关问题研究"之"随葬玉琮墓主性别研究"。

[67] 广东省博物馆等:《广东曲江石峡墓葬发掘简报》,《文物》1978年第7期,第7页。

[68] 蒋素华:《江苏阜宁陆庄出土的良渚文化遗物》,《东方文明之光》,徐湖平主编,海南国际新闻出版中心,1996年,第151页。

[69] 南京博物院:《1987年江苏新沂花厅遗址的发掘》,《文物》1990年第2期,第17页。

[70] 中国社会科学院考古研究所山西工作队、临汾地区文化局:《山西襄汾县陶寺遗址发掘简报》,《考古》1980年第1期,第29页;《1978——1980年山西襄汾陶寺墓地发掘简报》,《考古》1983年第1期,第35页。

[71] 许成、董宏征:《宁夏历史文物》,宁夏人民出版社,2005年,第142页。

[72] 中国社会科学院考古所:《殷墟玉器》,文物出版社,1982年,第12页,图12、13。

[73] 四川省文物考古研究所、四川省广汉县文化局:《广汉三星堆遗址一号祭祀坑发掘简报》,《文物》1987年第10期,第9页。

[74] 山东省博物馆:《山东益都苏埠屯第一号奴隶殉葬墓》,《文物》1972年第8期,第23页。

[75] 陕西省文物管理委员会:《西周镐京附近部分墓葬发掘简报》,《文物》1986年第1期,第20页。

[76] 朱章义、王方:《成都金沙遗址出土玉琮初步研究》,《文物》2004年第4期,第66页。

[77] 洛阳博物馆:《河南洛阳春秋墓》,《考古》1981年第1期,第24页。

[78] 边成修:《山西长治分水岭126号墓发掘简报》,《文物》1972年第4期,第42页。

[79] 同注[45]。

[80] 同注[45]。

[81] 中国地质科学院地质研究所:《苏南新石器时代玉器的考古地质学研究》,《文物》1986年第10期,第46页。

[82] 参考郑建:《吴县张陵山东山遗址出土玉器鉴定报告》,《文物》1986年第10期,第41页。

[83] 同注[65],第142页。

[84] 同注[81],第42页。

[85] 曲石:《关于我国古代玉器材料问题》,《文物》1987年第4期,第60页。

[86] 江松:《现代仿良渚古玉辨伪》,《收藏家》1999年第4期,第21页。

[87] 同注[2],第61页。

[88] 同注[85],第53页。

[89] 同注[6]。

[90] 南京博物院考古研究所:《江苏句容丁沙地遗址第二次发掘简报》,《文物》2001年第5期,第22页。

[91] 同注[6]。

[92] 南京博物院:《苏州草鞋山良渚文化墓葬》,《东方文明之光》,海南国际新闻出版中心,徐湖平主编,1996年,第1页。

[93] 同注[46],第23页。

[94] 南京博物院:《江苏武进寺墩遗址的发掘》,《考古》1981年第3期,第193页;同注[48],第109页。

[95] 南京博物院:《江苏吴县张陵山东山遗址》,《文物》1986年第10期,第26页。

[96] 南京博物院、昆山县文化馆:《江苏昆山县绰墩遗址的调查与发掘》,《文物》1984年第2期,第6页。

[97] 上海市文物管理委员会:《上海福泉山良渚文化墓葬》,《文物》1984年第2期,第1页;《上海青浦福泉山良渚文化墓地》,《文物》1986年第10期,第1页。

[98] 苏州博物馆、昆山县文管会:《江苏省昆山县少卿山遗址》,《文物》1988年第1期,第52页。

[99] 江苏省高城墩联合考古队:《江阴高城墩遗址发掘简报》,《文物》2001年第5期,第4页。

[100] 浙江省文物考古研究所:《浙江余姚反山发现良渚文化重要墓地》,《文物》1986年第10期,第36页;《浙江余姚反山良渚墓地发掘简报》,《文物》1988年第1期,第1页。

[101] 同注[36]。

[102] 江苏省赵陵山考古队:《江苏昆山赵陵山遗址第一、二次发掘简报》,《东方文明之光》,徐湖平主编,海南国际新闻出版中心,1996年,第18页。

[103] 浙江省文物考古研究所、余杭市文物管理委员会:《浙江余杭汇观山良渚文化祭坛与墓地发掘简报》,《文物》1997年第7期,第4页。

[104] 浙江省余杭市文管会:《浙江余杭横山良渚文化墓葬清理简报》,《东方文明之光》,徐湖平主编,海南国际新闻出版中心,1996年,第69页。

[105] 北京大学考古学系、浙江省文物考古研究所、日本上智大学联合考古队:《浙江桐乡普安桥遗址发掘简报》,《文物》1998年第4期,第61页。

[106] 安徽省文物工作队:《潜山薛家岗新石器时代遗址》,《考古学报》1982年第3期,第315页。

[107] 同注[20],第61页。

[108] 张泽莹:《浅议玉琮》,《收藏家》1995年第5期,第23页。

[109] 同注[9]。

[110] 同注[9]。

[111] 张明华:《玉琮研究的思考》,《江阴文博》2007年第1期,第3页。

[112] 薛家岗文化遗址的"新石器时代2、3期文化",代表了"薛家岗文化"的基本特征。经国家文物局保护科学技术研究所碳十四测定:"薛家岗遗址三期文化距今五千一百七十年"。参见安徽省文物工作队:《潜山薛家岗新石器时代遗址》,《考古》,1982年03期。江苏吴县张陵山良渚文化遗存的树轮校正年代为5785±240年。参见段渝:《酋邦与国家起源:长江流域文明起源比较研究》之《良渚文化标本碳14测定年代表》,中华书局,2007年。

[113] 同注[20],第61页。

[114] 杨建芳:《良渚文化玉雕研究的几个问题》,《东方文明之光》,徐湖平主编,海南国际新闻出版中心,1996年,第331页。

[115] 同注[9]。

[116] 同注[36]。

[117] 同注[20],第61页。

[118] 同注[46]。

[119] 同注[36],第36页。

[120] 同注[45],第62页。

[121] 同注[46],第23页。

[122] 同注[10]。

[123] 同注[102]。

[124] 同注[20],第61页。

[125] 同注[111]。

[126] 同注[114]。

[127] 谷建祥:《人、鸟、兽与琮》,《东方文明之光》,徐湖平主编,海南国际新闻出版中心,1996年,第391页。

[128] 同注[127]。

[129] 同注[34],第74页。

[130] 同注[20],第61页。

[131] 同注[20],第61页。

[132] 同注[20],第61页。

[133] 同注[2],第29页。

[134] 同注[102]。在此暂且采用这种称呼。

[135] 同注[46],第23页。在此暂且采用这种称呼。

[136] 同注[127]。

[137] 同注[20],第61页。

[138] 同注[114]。

[139] 巫鸿:《东夷艺术中的鸟图像》,《礼仪中的美术——巫鸿中国古代美术史文编》,三联书店,2005年,第28页。

[140] 汤惠生:《二元对立思维与史前艺术》,《青藏高原古代文明》,三秦出版社,2003年,第230页。

[141] 杨伯达:《论中国古代玉器艺术》,《古玉史论》,紫禁城出版社,1998年,第59页。

[142] 转引自汤惠生:《昆仑山神话与萨满教宇宙观》,《青藏高原古代文明》,三秦出版社,2003年,第407页,原文见富育光、孟慧英:《满族萨满教研究》,北京大学出版社,1991年;徐昌翰:《论萨满文化现象——"萨满教"非教刍议》,《学习与探索》1987年,第2期。

[143] 同注[15],第494页。

[144] 上海市文物保管委员会:《上海福泉山良渚文化墓葬》1984年第2期;《上海福泉山良渚文化墓地》,《文物》1986年第10期;黄宣佩、张明华:《上海福泉山遗址》,《东南文化》1987年第1期。

[145] 栾丰实:《良渚文化的分期与分区》,《东方文明之光》,徐湖平主编,海南国际新闻出版中心,1996年,第271页。

[146] 浙江省文物考古研究所:《反山》,文物出版社,2005年10月。

[147] 同注[36]。

[148] 同注[98]。

[149] 同注[105]。

[150] 同注[96]。

[151] 同注[95]。

[152] 同注[103]。

[153] 同注[99]。

[154] 嘉兴市文化局:《浙江嘉兴市雀幕桥遗址试掘简报》,《考古》1986年第9期;栾丰实:《良渚文化的分期与分区》,《东方文明之光》,徐湖平主编,海南国际新闻出版中心,1996年,第271页。

[155] 同注[104]。

[156] 同注[92]。

[157] 同注[94]。

[158] 同注[146],第54页。

[159] 同注[48],第109页。

[160] 同注[146],第48页。

[161] 同注[48],第109页。

[162] 同注[146],第54页。

[163] 同注[146],第48页。

[164] 同注[48],第119页。

[165] 同注[48]。

[166] 同注[10]。

[167] 同注[2],第86—91页。

[168] 刘斌:《良渚文化的发现与研究》,浙江文物网。

[169] 同注[67]。

[170] 同注[114]。

[171] 杨少祥、郑政魁:《广东海丰县发现玉琮和青铜兵器》,《考古》1990年第8期,第751页。

[172] 万良田、万德强:《江西出土的良渚文化型玉琮》,《东方文明之光》,徐湖平主编,海南国际新闻出版中心,1996年,第157页。

[173] 同注[69],第1页。

[174] 同注[68]。

[175] 吴荣清:《安徽定远县德胜村出土良渚文化遗物》,《东方文明之光》,徐湖平主编,海南国际新闻出版中心,1996年,第154页。

[176] 同注[12]。

[177] 同注[70]。

[178] 同注[71]。

[179] 中国社会科学院考古研究所山西工作队、临汾地区文化局:《山西襄汾县陶寺遗址发掘简报》,《考古》1980年第1期,第29页。

[180] 同注[71]。

[181] 同注[71]。

[182] 叶茂林:《再谈齐家文化玉器》,《中国文物报》,2006年5月10日,第6版。

[183] 同注[114]。

[184] 中国科学院考古研究所洛阳发掘队:《河南偃师二里头遗址发掘简报》,《考古》1965年第5期,第22页。

[185] 同注[45]。

[186] 同注[10]。

[187] 同注[45]。

[188] 同注[45]。

[189] 同注[146],第94页。

[190] 同注[146],第27页。

[191] 同注[105]。

[192] 同注[104]。

[193] 同注[48],第109页。

[194] 同注[105]。

[195] 同注[146],第151页。

[196] 同注[146],第207页。

[197] 同注[99]。

[198] 同注[99]。

[199] 良渚遗址群以莫角山为中心。参见刘斌:《良渚文化的发现与研究》,浙江文物网,2006年5月23日。

[200] 宋建:《良渚文化玉琮一种特殊的使用方式》,中国考古网。

[201] 详见第四章"相关问题讨论"之"玉琮功能的演变"。

[202] 同注[146],第29页。

[203] 同注[48],第114页。

[204] 同注[2],第48页。

[205] 同注[34],第70页。

[206] 同注[12]。

[207] 张忠培:《良渚文化的年代和其所处社会阶段》,《文物》1995年第5期,第48页。

[208] 同注[207],第49页。

[209] [英]科林·伦福儒、保罗·巴恩著,中国社会科学院考古研究所译:《考古学理论、方法与实践》,文物出版社,2004年,第219页。

[210] 同注[92]。

[211] 同注[36]。

[212] 同注[65]。

[213] 同注[34],第71页。

[214] 同注[12]。

[215] 同注[52],第408页。

[216] 同注[12]。

[217] 同注[14]。

[218] 董楚平:《良渚神像"鸟首龙身"说——伏羲新考》,《中国文物世界》1998年第8期,第32页。
[219] 汤惠生:《青藏高原古代文明》,三秦出版社,2003年,第489页;同见《青海岩画——史前艺术中二元对立思维及其观念的研究》,科学出版社,2001年,第229页。
[220] 同注[2],第31页。
[221] 同注[65],第135页。
[222] 林华东:《良渚文化研究》,浙江教育出版社,1998年,第372—376页。
[223] 同注[45],第64页。
[224] 同注[46],第23页。
[225] 王明达《反山良渚文化墓地初探》,《文物》1989年第12期,第48页。
[226] 同注[12],第336页。
[227] 同注[2],第49页。
[228] 杨伯达:《古玉史论》,紫禁城出版社,1998年,第59—62页。
[229] 同注[60],第286页。
[230] (法)列维-布留尔:《原始思维》,商务印书馆,1981年,第86页。
[231] 同注[60]。
[232] 安志敏:《良渚文化及其文明诸因素的剖析》,《考古》1997年第9期,第77页。
[233] 同注[65],第135页。
[234] 同注[45],第63页。
[235] 同注[141],第59—62页。
[236] 同注[2],第3页。
[237] 同注[11],第234页。
[238] 同注[9],第1016页。
[239] 四川省文物考古研究所、四川省广汉县文化局:《广汉三星堆遗址一号祭祀坑发掘简报》,《文物》,1987年第10期,第9页。一号祭祀坑出土玉石器近200件,玉器以璋、戈、凿为主,出土一件石琮,大理岩质,略残,外圆内方,两端射部外缘呈八棱形,射高0.4厘米,射径6.5厘米,通高7.4厘米。二号祭祀坑未见琮出土,参见四川省文物考古研究所、四川省广汉县文化局:《广汉三星堆遗址二号祭祀坑发掘简报》,《文物》,1989年第5期,第1页。
[240] 成都市文物考古研究所:《成都金沙遗址的发现与发掘》,《考古》2002年第7期,第9页;朱章义、王方《成都金沙遗址出土玉琮初步研究》,《文物》2004年第4期,第66页。
[241] 赵丛苍:《记凤翔出土的春秋秦国玉器》,《文物》1986年第9期,第54页。
[242] 同注[72]。
[243] 江西省文物考古研究所、江西省新干县博物馆:《江西新干大洋洲商墓发掘简报》,《文物》1991年第10期,第14页。
[244] 北京大学考古学系:《天马——曲村遗址北赵晋侯墓地第二次发掘》,《文物》1994年第1期,第

14 页。

[245] 同注[78]。

[246] 洛阳博物馆:《河南洛阳春秋墓》,《考古》1981 年第 1 期,第 24 页。

[247] 同注[34]。

[248] 同注[34],第 74 页。

附表一　良渚文化遗址出土玉琮类型学研究

器物\分期	鼎	高柄折盘豆	双鼻壶	玉琮	
第一期	反山 M20:201	反山 M18:28	高城墩 M5:24	反山 M12:93	反山 M12:98
第二期	草鞋山 M198?:2	寺墩 M3:40	寺墩 M3:39	寺墩 M3:71	寺墩 M3:5

附表二 良渚文化玉琮形制一览表

编号	形制	高	射径 上端	射径 下端	孔径 上端	孔径 下端	孔内径 上端	孔内径 下端	备注
寺墩 M3:41	AⅡ	5.1	10.3-10.4	10.0-10.2	5.6	5.8	5.6	5.8	
寺墩 M3:5	AⅡ	6.1	13.6-13.7	13.2-13.5	4.1	4.0	3.2	3.2	
寺墩 M3:29	AⅡ	6.7	10.8-10.9	10.4-10.6	5.1	5.4	5.0	5.3	
寺墩 M3:13	BⅡ	9.0	9.5-9.7	9.1-9.2	4.9	4.7	4.0	3.8	
寺墩 M3:1	BⅡ	10.8	5.7-5.8	5.3-5.4	5.2	5.0	5.2	5.0	
寺墩 M3:72	BⅡ	15.4	6.8-6.9	6.3-6.5	5.1-5.2	5.0-5.1	4.2	3.9	
寺墩 M3:35	BⅡ	16.7	7.1-7.3	6.8-7.1	5.1-5.2	5.2-5.3	5.1-5.2	5.2-5.3	
寺墩 M3:31	BⅡ	17.2	7.0-7.2	6.6-6.7	5.8	5.4	5.8	5.4	
寺墩 M3:12	BⅡ	18.1	7.9-8.0	7.4-7.5	5.7	5.8	5.7	5.8	
寺墩 M3:15	BⅡ	18.6	7.3	7.0	5.6-5.7	5.4	5.6-5.7	5.4	
寺墩 M3:17	BⅡ	18.6	6.8-6.9	6.3-6.5	4.6-4.8	4.5-4.6	2.9	3.0	
寺墩 M3:36	BⅡ	18.8	9.5	8.9-9.0	5.8	5.9	5.3	5.4	
寺墩 M3:30	BⅡ	18.9	8.0-8.1	7.5-7.6	6.4	6.3	5.5	5.4	
寺墩 M3:33	BⅡ	17.6	5.9-6.0	5.1-5.2	4.2	4.0	2.8	3.2	
寺墩 M3:25	BⅡ	18.8	7.1-7.2	6.8-6.9	5.8	5.7	4.5	4.5	
寺墩 M3:28	BⅡ	19.5	5.5-5.6	4.9-5.0	3.9	3.7	3.0	2.7	
寺墩 M3:24	BⅡ	19.4	7.2-7.3	6.6-6.7	5.6	5.2	4.3	4.0	
寺墩 M3:18	BⅡ	20.6	8.7	7.8	5.7-5.8	5.6-5.7	4.3	4.3	
寺墩 M3:20	BⅡ	22.2	7.5	6.8	5.4	5.3	4.5	4.5	

续 表

编号	形制	高	射径 上端	射径 下端	孔径 上端	孔径 下端	孔内径 上端	孔内径 下端	备注
寺墩 M3:71	BⅡ	22.4	7.7-7.8	7.1-7.2	5.8	5.7	5.7	5.7	
寺墩 M3:14	BⅡ	24.2	7.3-7.5	7.0	4.3	3.8	3.5	2.6	
寺墩 M3:27	BⅡ	24.8	6.8-7.0	6.2-6.3	5.6-6.0	4.7-5.4	5.6-6.0	4.7-5.4	
寺墩 M3:23	BⅡ	21.0	7.3-7.4	6.3-6.5	5.0	4.7	4.3	4.0	
寺墩 M3:32	BⅡ	23.7	6.3-6.4	5.6	4.7	4.5	3.6	3.2	
寺墩 M3:34	BⅡ	24.6	7.0-7.1	6.6-6.7	4.6	4.7	4.2	3.5	
寺墩 M3:11	BⅡ	33.2	8.1	7.3	6.0	5.8	6.0	5.8	
寺墩 M3:21	BⅡ	29.9	7.0-7.4	6.1-6.7	4.7	4.5	3.7	3.3	
寺墩 M3:19	BⅡ	32.6	6.7-6.8	5.9-6.1	4.7	4.7	3.8	3.2	
寺墩 M3:22	BⅡ	29.6	6.1	5.2	3.8	3.4	3.0	2.0	
寺墩 M3:26	BⅡ	36.1	6.8-7.0	6.2-6.3	4.5	4.5	2.0	2.5	
寺墩 M3:16	BⅡ	33.5	6.8-6.9	6.0-6.1	4.8	4.6	3.2	2.9	
寺墩 M4:1	BⅠ	7.2	8.5-8.6	8.3	6.8-6.9	6.7-6.8	5.9-6.1	5.9-6.1	
反山 M12:90	BⅠ	6.6	6.95-7.15	6.9-7.0	6.05	5.95	5.65		
反山 M12:92	BⅠ	6.7-6.9	7.4-7.8	7.4-7.7	6.3	6.15	5.55		
反山 M12:93	BⅠ	7.0	8.2-8.4		6.2		5.9		
反山 M12:96	BⅠ	7.5	7.85-8.1	7.9-8.2	6.15	6.1	5.3		
反山 M12:97	BⅠ	9.8-9.9	8.37-8.42	8.27-8.37	6.6	6.4	5.8		
反山 M12:98	AⅠ	8.9	71.1-17.6	16.5-17.5	5.0		3.8		

续 表

编号	形制	高	射径 上端	射径 下端	孔径 上端	孔径 下端	孔内径 上端	孔内径 下端	备注
反山 M14:179	BⅠ	4.7	8.7－9.3	8.5－9.1	6.1	5.7	6.3		
反山 M14:180	BⅠ	4.7	8.6－8.9	8.4－8.7	7.9	6.9	5.9		
反山 M14:181	BⅠ	5.7	8.7－9.1	8.6－9.0	6.4		6.2		
反山 M16:8	BⅠ	5.4	7.9－8.05	7.7－7.85	6.7	6.5	6.2		
反山 M17:1	BⅠ	6.7	7.6－8.0	7.3－8	8.0		5.9		
反山 M17:2	BⅠ	6.9	7.6－8.3	7.4－7.9			5.9		
反山 M18:6	BⅠ	3.5－3.75	7.7－8.1	7.5－7.8	6.4		5.9		
反山 M20:121	BⅠ	3.0－3.1	9.3－9.6	9.27－9.42	7.2	7.1	6.4		
反山 M20:122	BⅠ	6.8	8.4－8.65	8.34－8.57	6.2		5.65		
反山 M20:123	BⅠ	5.2	9.7－10.05	9.7－10.1	6.35		5.75		
反山 M20:124	BⅠ	9.5	8－8.37	7.92－8.1	7.1	7.0	6.5		
反山 M23:22	BⅠ	4.0	7.7－7.9	7.6－7.9	6.6		6.25		
反山 M23:126	BⅠ	4.4－4.5	7.9×8	5.2	5.0		4.3		
反山 M23:163	BⅠ	4.9	6.9－7.55	6.7－7.45	4.75		4.25		
反山 M21:4	BⅡ	11.3	6.2×6.2	5.9×5.9	3.4	3.6	2		
横山 M1:04									残成数块
横山 M2:11	BⅠ	3	9		7.6	7.5			
横山 M2:18	BⅡ	15.9	7.6	7.2	5.4				

良渚文化出土玉琮研究

续 表

编号	形制	高	射径 上端	射径 下端	孔径 上端	孔径 下端	孔内径 上端	孔内径 下端	备注
横山 M2:14	BⅡ	7.5	5.9	5.8	5.0	4.9			由一只8节长琮分割成两件
横山 M2:21	BⅡ	7.6	5.8	5.6	4.9	4.8			
草鞋山 M198Ⅰ:1	BⅡ	17.4	7.4	6.6	5.8				
草鞋山 M198Ⅱ:2	BⅡ	18.2	7.4	6.9	5.1	5.2			
草鞋山 M198Ⅰ:21	BⅡ	18.5	8.0	7.8	5.5	5.3			
草鞋山 M199:1	AⅡ	5.1	3.1		1.3	1.2			
草鞋山 M199:4	BⅡ	17.0-17.1	7.7	6.0	5.4	5.1			
草鞋山 M199:9	BⅡ	31.2	7.7	6.0	5.6	5.1			
寺墩 M5:72	BⅡ	32.4	7.6-7.8	6.9-7.2					原文未作说明
寺墩 M5:13	BⅠ	4.7-5.6			5.9	5.8			宽7.3
小卿山 M1:1	BⅠ	7.5			6.2	6.1			宽7.7
小卿山 M1:2	BⅠ	4.4	7.3		5.8				
汇观山 M2:29	AⅡ	4.3-4.4	5.2-5.6		2.2-2.5				
汇观山 M4:2	AⅡ	2.9	5.8		1.1-1.8				
汇观山 M4:1	BⅠ	4.3	8.4		5.3-5.7				
高城墩 M5:1	BⅠ	3.8	10.5		5.4-5.8				
高城墩 M5:2	BⅠ	5.2	8.2						
瑶山 M10:19	BⅠ								

续 表

编号	形制	高	射径 上端	射径 下端	孔径 上端	孔径 下端	孔内径 上端	孔内径 下端	备注
瑶山 M7:34	BⅠ	4.4	7.5						
瑶山 M2:23	BⅠ	8.8	7.8		7.7				
瑶山 M12:1-7	BⅠ								简报未作说明
张陵山 T6:1	BⅠ	5.5	上宽 7.25	下宽 7.26					
绰 1	BⅡ	6.0-6.2			6.0-5.9				
寺墩 M1:3	BⅡ	5.4	上宽 6.4	下宽 5.8	4.7				
寺墩 M1:6	BⅡ	23	上宽 6.5	下宽 5.8	4.6				
普安桥 M11	BⅠ	5.0							半截，一侧切过
福泉山 T4M6:21	BⅠ	5			6.7-6.9				厚 0.3-0.6
福泉山 T4M6:13	BⅠ	5.6	9.0	8.7	6.0				厚 0.4-0.7
福泉山 T22M5:50	BⅠ	4.7	6.7-7.0	6.7					
福泉山 T22M5:49	BⅡ	8.1	6.1-6.3	5.1-5.9					
福泉山 T15M3:26	BⅡ	8.1	6.2-6.5	6.1-6.2					由一件分割而成
福泉山 T15M3:110									

良渚文化出土玉琮研究

续 表

编号	形制	高	射径 上端	射径 下端	孔径 上端	孔径 下端	孔内径 上端	孔内径 下端	备注
横山 M2:14	BⅡ	7.5	5.9	5.8	5.0	4.9			由一只8节长琮分割成两件
横山 M2:21	BⅡ	7.6	5.8	5.6	4.9	4.8			
草鞋山 M198Ⅰ:1	BⅡ	17.4	7.4	6.6	5.8				
草鞋山 M198Ⅱ:2	BⅡ	18.2	7.4	6.9	5.1	5.2			
草鞋山 M198Ⅰ:21	BⅡ	18.5	8.0	7.8	5.5	5.3			
草鞋山 M199:1	AⅡ	5.1	3.1		1.3	1.2			
草鞋山 M199:4	BⅡ	17.0–17.1	7.7	6.0	5.4	5.1			原文未作说明
草鞋山 M199:9	BⅡ	31.2	7.7	6.0	5.6	5.1			宽7.3
寺墩 M5:72	BⅡ	32.4	7.6–7.8	6.9–7.2					宽7.7
寺墩 M5:13	BⅠ	4.7–5.6			5.9	5.8			
少卿山 M1:1	BⅠ	7.5			6.2	6.1			
少卿山 M1:2	BⅠ	4.4	7.3		5.8				
汇观山 M2:29	AⅡ	4.3–4.4	5.2–5.6		2.2–2.5				
汇观山 M4:2	AⅡ	2.9	5.8		1.1–1.8				
汇观山 M4:1	BⅠ	4.3	8.4		5.3–5.7				
高城墩 M5:1	BⅠ	3.8	10.5		5.4–5.8				
高城墩 M5:2	BⅠ	5.2	8.2						
瑶山 M10:19									

续 表

编号	形制	高	射径上端	射径下端	孔径上端	孔径下端	孔内径上端	孔内径下端	备注
瑶山 M7:34	BⅠ	4.4	7.5						
瑶山 M2:23	BⅠ	8.8	7.8		7.7				
瑶山 M12:1－7	BⅠ								简报未作说明
张陵山 T6:1	BⅠ	5.5	上宽7.25	下宽7.26					
绰 1	BⅡ	6.0－6.2			6.0－5.9				
寺墩 M1:3	BⅡ	5.4	上宽6.4	下宽5.8	4.7				
寺墩 M1:6	BⅠ	23	上宽6.5	下宽5.8	4.6				
普安桥 M11	BⅠ	5.0							半截，一侧切过
福泉山 T4M6:21	BⅠ	5.6	6.7－7.0		6.7－6.9				厚0.3－0.6
福泉山 T4M6:13	BⅠ	4.7	9.0	8.7	6.0				厚0.4－0.7
福泉山 T22M5:50	BⅠ	8.1	6.7	6.7					
福泉山 T22M5:49	BⅡ	8.1	6.1－6.3	5.1－5.9					
福泉山 T15M3:26	BⅡ		6.2－6.5	6.1－6.2					由一件分割而成
福泉山 T15M3:110									

参考文献

一、学术著作类

[1] 徐湖平主编:《东方文明之光——良渚文化发现六十周年纪念文集》,海南国际新闻出版中心,1996年。

[2] 汤惠生:《青藏高原古代文明》,三秦出版社,2003年。

[3] 汤惠生:《青海岩画——史前艺术中二元对立思维及其观念的研究》,科学出版社,2001年。

[4] 杨伯达:《古玉史论》,紫禁城出版社,1998年。

[5] 刘道荣等编:《白玉鉴赏》,百花文艺出版社,2006年。

[6] 叶舒宪:《中国神话哲学》,陕西人民出版社,2005年。

[7] 张劲松:《中国史前符号与原始文化》,北京燕山出版社,2001年。

[8] 杨伯达主编:《出土玉器鉴定与研究》,紫禁城出版社,2001年。

[9] 杨伯达主编:《中国玉文化玉学论丛》,紫禁城出版社,2004年。

[10] [法]列维-斯特劳斯:《野性的思维》,商务印书馆,1997年。

[11] [法]列维-布留尔:《原始思维》,商务印书馆,1997年。

[12] 萧兵:《中庸的文化省察》,湖北人民出版社,1997年。

[13] 中国大百科全书《考古学》编辑委员会:《中国大百科全书·考古学》,中国大百科全书出版社,1986年。

[14] 保力艺术博物馆:《保利藏金》,岭南美术出版社1999年。

[15] 李学勤:《走出疑古时代》,辽宁大学出版社,1997年。

[16] 贺云翱主编,南京大学文化与自然遗产研究所编:《长江文化史论丛》,中国文史出版社,2005年。

[17] 段渝:《酋邦与国家起源——长江流域文明起源比较研究》,中华书局,2007年。

[18] 浙江省文物考古研究所:《反山》,文物出版社,2005年。

[19] 杨伯达:《巫玉之光》,上海古籍出版社,2005年。

[20] 许成、董宏征:《宁夏历史文物》,宁夏人民出版社,2005年。

[21] 李学勤、徐吉军主编:《长江文化史》,江西教育出版社,1995年。

[22] [英]科林·伦福儒、保罗·巴恩著,中国社会科学院考古研究所译:《考古学理论、方法与实践》,文物出版社,2004年。

[23] 许成、董宏征:《宁夏历史文物》,宁夏人民出版社,2005年。

[24] 林华东:《良渚文化研究》,浙江教育出版社,1998年。

[25] 中国社会科学院考古所:《殷墟玉器》,文物出版社,1982年。

[26] 江西省文物考古研究所、江西省新干县博物馆:《江西新干大洋洲商墓发掘简报》,《文物》1991年第10期。

[27] 上海博物馆集刊编辑委员会:《上海博物馆集刊》第四期,上海古籍出版社,1987年。

[28] 巫鸿:《礼仪中的美术——巫鸿中国古代美术史文编》,三联书店,2005年。

二、学术论文与考古简报类

[1] 曲石:《关于我国古代玉器材料问题》,《文物》1987年第4期。

[2] 牟永抗:《良渚玉器三题》,《文物》1989年第5期。

[3] 刘斌:《良渚文化玉琮初探》,《文物》1990年第2期。

[4] 陈丽华:《江苏江阴高城墩出土良渚文化玉器》,《文物》1995年第6期。

[5] 上海市文物管理委员会:《上海福泉山良渚文化墓葬》,《文物》1984年第2期。

[6] 上海市文物管理委员会:《上海青浦福泉山良渚文化墓地》,《文物》1986年第10期。

[7] 常熟市文物管理委员会:《江苏常熟良渚文化遗址》,《文物》1984年第2期。

[8] 浙江省文物考古研究所:《浙江余姚反山发现良渚文化重要墓地》,《文物》1986年第10期。

[9] 浙江省文物考古研究所反山考古队:《浙江余姚反山良渚墓地发掘简报》,《文物》1988年第1期。

[10] 浙江省文物考古研究所:《余杭瑶山良渚文化祭坛遗址发掘简报》,《文物》1988年第1期。

[11] 浙江省文物考古研究所余杭市文物管理委员会:《浙江余杭汇观山良渚文化祭坛与墓地发掘简报》,《文物》1997年第7期。

[12] 四川省文物考古研究所四川省广汉县文化局:《广汉三星堆遗址一号祭祀坑发掘简报》,《文物》1987年第10期。

[13] 四川省文物考古研究所四川省广汉县文化局:《广汉三星堆遗址二号祭祀坑发掘简报》,《文物》1989年第5期。

[14] 广东省博物馆等:《广东曲江石峡墓葬发掘简报》,《文物》1978年第7期。

[15] 南京博物院:《1987年江苏新沂花厅遗址的发掘》,《文物》1990年第2期。

[16] 朱章义、王方:《成都金沙遗址出土玉琮初步研究》,《文物》2004年第4期。

[17] 王明达:《"中国良渚文化国际学术讨论会"纪要》,《文物》1997年第7期。

[18] 南京矿产地质研究所:《吴县张陵山东山遗址出土玉器鉴定报告》,《文物》1986年第10期。

[19] 中国地质科学院地质研究所:《苏南新石器时代玉器的考古地质学研究》,《文物》1986年第10期。

[20] 常州市博物馆陈丽华:《江苏武进寺墩遗址的新石器时代遗物》,《文物》1984年第2期。

[21] 南京博物院汪遵国:《良渚文化"玉殓葬"述略》,《文物》1984年第2期。

[22] 王仁湘:《琮璧名实臆测》,《文物》2006年第8期。

[23] 山东省博物馆:《山东益都苏埠屯第一号奴隶殉葬墓》,《文物》1972年第8期。

[24] 陕西省文物管理委员会:《西周镐京附近部分墓葬发掘简报》,《文物》1986年第1期。

[25] 边成修:《山西长治分水岭126号墓发掘简报》,《文物》1972年第4期。

[26] 南京博物院:《江苏吴县张陵山东山遗址》,《文物》1986年第10期。

[27] 苏州博物馆、昆山县文管会:《江苏省昆山县少卿山遗址》,《文物》1988年第1期。

[28] 南京博物院、昆山县文化馆:《江苏昆山县绰墩遗址的调查与发掘》,《文物》1984年第2期。

[29] 江苏省高城墩联合考古队:《江阴高城墩遗址发掘简报》,《文物》,2001年第5期。

[30] 北京大学考古学系、浙江省文物考古研究所、日本上智大学联合考古队:《浙江桐乡普安桥遗址发掘简报》,《文物》1998年第4期。

[31] 南京博物院考古研究所:《江苏句容丁沙地遗址第二次发掘简报》,《文物》,2001年第5期。

[32] 王明达:《反山良渚文化墓地初探》,《文物》1989年第12期。

[33] 赵丛苍:《记凤翔出土的春秋秦国玉器》,《文物》1986年第9期。

[34] 北京大学考古学系:《天马—曲村遗址北赵晋侯墓地第二次发掘》,《文物》1994年第1期。

[35] 张忠培:《良渚文化的年代和其所处社会阶段》一文中即采用了"玉殓葬"的说法,《文物》1995年第5期。

[36] 张忠培:《良渚文化的年代极其所属的社会阶段》,《文物》1995年第5期。

[37] 洛阳博物馆:《河南洛阳春秋墓》,《考古》1981年第1期。

[38] 中国科学院考古研究所洛阳发掘队:《河南偃师二里头遗址发掘简报》,《考古》1965年第5期。

[39] 夏鼐:《商代玉器的分类、定名和用途》,《考古》1983年第5期。

[40] 王巍:《良渚文化玉琮刍议》,《考古》1986年第11期。

[41] 中国社会科学院考古研究所山西工作队临汾地区文化局:《山西襄汾县陶寺遗址发掘简报》,《考古》1980年第1期。

[42] 中国社会科学院考古研究所山西工作队临汾地区文化局:《1978——1980年山西襄汾陶寺墓地发掘简报》,《考古》1983年第1期。

[43] 杨少祥、郑政魁:《广东海丰县发现玉琮和青铜兵器》,《考古》1990年第8期。

[44] 李文明:《关于良渚文化的两个问题》,《考古》1986年第11期。

[45] 安志敏:《关于良渚文化的若干问题》,《考古》1988年第3期。

[46] 安志敏:《良渚文化及其文明诸因素的剖析》,《考古》1997年第9期。

[47] 杜金鹏:《良渚神祇与祭坛》,《考古》1997年第2期。

[48] 南京博物院:《江苏武进寺墩遗址的发掘》,《考古》1981年第3期。

[49] 南京博物院:《1982年江苏常州寺墩遗址的发掘》,《考古》1984年第2期。

[50] 嘉兴市文化局:《浙江嘉兴市雀幕桥遗址试掘简报》,《考古》1986年第9期。

[51] 成都市文物考古研究所:《成都金沙遗址的发现与发掘》,《考古》2002年第7期。

[52] 安徽省文物工作队:《潜山薛家岗新石器时代遗址》,《考古》1982年第3期。

[53] 周玮:《良渚文化玉琮的型式研究》,《东南文化》2003年第3期。

[54] 萧兵:《良渚玉器"神人兽面纹"新解》,《东南文化》1992年第3、4期。

[55] 萧兵:《"琮"的几种解说与"琮"的多重功能》,《东南文化》1994年第6期。

[56] 周玮:《良渚文化玉琮名和形的探讨》,《东南文化》2001年第11期。

[57] 董楚平:《良渚神像"鸟首龙身"说——伏羲新考》,《中国文物世界》1998年第8期。

[58] 张明华:《良渚文化六十周年纪念》,《中国文物世界》1996年第6期。

[59] 陆建方:《赵陵山墓地和良渚文化的等级制度》,《中国文物世界》1996年第6期。

[60] 江松:《琮璧新考——兼论中国古代火神信仰》,《中国文物世界》1996年第9期。

[61] 陆建方:《蒙冤的良渚玉琮》,《苏州杂志》2001年第6期。

[62] 蒋卫东:《神圣与精致》,《收藏家》2005年第9期。

[63] 江松:《现代仿良渚古玉辨伪》,《收藏家》1999年第4期。

[64] 张泽莹:《浅议玉琮》,《收藏家》1995年第5期。

[65] 周南泉:《"玉琮王"探释》,《中国文物报》1990年8月。

[66] 杨建芳:《玉琮之研究》,《考古与文物》1990年第2期。

[67] 张明华:《玉琮研究的思考》,《江阴文博》2007年第1期。

中国早期文明进程中的几个问题

韩翀飞

第一章 略论中国文明的起源

近20年来,考古学界对中国文明起源的讨论十分热烈,本文想从文献和考古两方面对中国文明起源进行研究,尤其是利用考古材料对新石器时代晚期的早、中、晚三段和龙山时代的文化特征和社会形态进行研究,以阐明中国文明起源的漫长过程和发展阶段。

一 探索中国文明起源的历史过程

探索中国早期文明开始于20世纪20年代末中央研究院历史语言研究所考古组对河南安阳殷墟的大规模发掘,30年代郭沫若写出著名的《中国古代社会研究》一书,主要根据恩格斯《家庭、私有制和国家的起源》一书研究中国古代社会,50年代,主持安阳殷墟发掘的李济写出了《中国文明的开始》一书,从考古学角度探索中国文明的起源,同时梁思永发表《龙山文化——中国文明的史前期之一》一文。1952年,对郑州二里岗等处的发掘又确定了一个早于殷墟的二里岗文化,紧接着,1959年为寻找夏墟而发现的河南偃师二里头遗址,是一座规模很大的都城级遗址,而以二里头文化为代表的夏代文明的产生也不是一朝一夕之事,前面必然有一个酝酿而逐渐走向文明的过程。1977年,在河南登封王城岗发现了龙山文化的城址,1979—1980年,在同省的淮阳平粮台又出现了一座龙山文化城址。1978年前后,唐兰发表《中国六千多年的文明史》一文,1983年,夏鼐在日本作了"中国文明的起源"的学术报告,此后不久出版了《中国文明的起源》一书,明确了二里头文化至殷墟文化时期文明社会的基本特征。1983年,甘肃秦安大地湾发现一座仰韶文化晚期的特大型房屋,占地面积420平方米。从1983年开始发掘的辽宁凌源牛河梁是一处大型贵族坟山和祭祀中心,属于红山文化晚期。1986年,在浙江余杭县的良渚遗址群中,先后发掘了反山和瑶山两处贵族墓地。1986年,由于新的考古发现,引起了一场有关中国文明起源的讨论,1987年以后,对中国文明起源的研究非常活跃,1997年苏秉琦《中国文明起源新探》一书出版。近几年来,中国开始了规模宏大的文明探源工程,有些课题已研究到文明起源的详细过程。

近二十余年来,有的学者认为二里头文化时期,中国进入了文明时代,有的学者认为在龙山时代中国进入文明时代,有的学者认为距今5000年前后中国进入文明时代,也有学者认为距今6000年中国进入了文明时代。

二 "文明"的概念

1983年以前,我国学术界对"文明"一词的概念没有做过理论上的阐述,虽然大家对"文明"一词的概念有多种解释,但大家都应用恩格斯有关社会发展学说的理论。1983年,夏鼐对"文明"一词做了明确解释:即"文明"一词用来指一个社会由氏族制度解体而进入有了国家组织的阶段社会的阶段。有人提出文明最基本的几个标志:即城市、文字、复杂的礼仪和青铜铸造[1]。我认为文明的标志应为:国家、阶级、文字、礼仪和宗教等。

三 文明起源模式的探索

苏秉琦曾经用裂变、撞击和融合比喻各地文明起源的不同,他在"条块说"之后,陆续提出了中国文明起源的"满天星斗说"和"三种形式"、"三部曲"以及发展模式的"三类型"理论。张光直也注意到中国各地的新石器文化有明显的不同,他称之为区域文化,同时这些区域又有越来越密切的关系[2]。从而组成为一种相互作用圈,称之为文化互动圈,大约在公元前第三千年的龙山时代,在这个互动圈的基础上发生了中国文明的起源[3]。严文明则认为从新石器时代就已经逐步形成一种重瓣花朵式的格局,中原地区好是花心,黄河、长江流域的其他各区好比是内圈的花瓣,围绕这个圈子以外的各文化区则是外围的花瓣。文明首先发生在中原地区,其次是它周围的地区,第三层即最外层各文化区进入文明的时间甚晚[4]。

以上三种观点代表了国内外关于中国文明起源模式研究中全局性、概括性的观点。另外国外对文明起源研究也有与传统不同的观点,20世纪60年代,美国人类学家塞维期提出了"原始群"、"部落"、"酋邦"和"国家"四阶段社会进行模式,取代了传统的摩尔根的"蒙昧"、"野蛮"、"文明"三阶段的文明进行模式[5]。近几年的文明起源研究中,有些学者也采用这种观点。

四 古代文献记载中的中国文明的起源

文献记载中关于中国最古老的帝王圣贤有以下几位:

1. 有巢氏:《始学篇》曰"上古皆穴处,有圣人教之巢居,号大巢氏"。

2. 燧人氏:《尚书》大传曰:"燧人为燧皇,以火纪官,燧人始钻木取火,炮生为熟,令人无腹疾,遂天之意,故为燧人"。

有巢氏和燧人氏的年代已相当久远,不可能有文明因素的萌芽。

3. 太昊庖羲氏:《帝王世纪》曰:"太昊帝庖羲氏,风姓也,蛇身人首,有圣德,燧人氏没,庖羲代之,继天而王,首德于木,为百王先帝出于震,未有所因,故位在东方,主春像日之明,是称太昊,都陈,制嫁娶之礼,取羲牲以克庖厨,故号庖羲氏,是为羲皇,后世音谬,谓之伏羲或谓之宓羲"。司马贞《三皇本纪》曰:"昔伏羲氏……母曰华胥,履大人迹于雷泽,而生庖羲于成纪"。司马贞自注"天水有成纪县"。《左传》曰:"伏羲氏以龙纪官"。《拾遗记》曰:"《周易》云:伏羲俯仰二仪,经纶万象,至德备于冥昧,神化通于精粹,是以图书著其迹,河洛表其文,变太素之质,改淳远之化,三才之位既立,四维之义乃张,礼乐文物自兹而始。"从上述文献记载,可见伏羲可称得上是我国历史上最早的一个帝王,他不但制嫁娶之礼,而且发明了八卦和礼乐文物,他对中国古代文化的影响是巨大的。与他同时的还有女娲氏。

4. 女娲氏:《帝王世纪》云:"女娲氏亦风姓也,承庖羲制度,亦蛇身人首,一号女帝,是为女皇。"

伏羲氏所处的年代可能为距今8000—10000年之间,因为在距今7000—8000年时我国已成功发明了南北两大作物体系,即水稻和谷子,传说神农氏发明了农业,距今七八千年时应为神农氏所处的时代,神农氏是一个朝代,而炎帝是一个人[6]。

晚于伏羲的古代帝王便是炎帝和黄帝。《国语·晋语》中引晋大夫司空季子的一段话:"昔少典娶于有蟜氏,生黄帝、炎帝。黄帝以姬水成,炎帝以姜水成,成而异德,故黄帝为姬,炎帝为姜。二帝用师以相济也,异德之故也。"根据古文献记载,炎帝和黄帝应是地位相若,难分伯仲,并且关系密切。又传说黄帝与炎帝战于阪泉之野,经过长期战争黄帝取胜了,接着又打败了蚩尤,于是诸侯都尊奉轩辕黄帝为天子。黄帝建立了政权,官以云名,"置右右大监,监于万国","举风后、力牧、常先、大鸿以治民"。《世本》记载,黄帝臣"雍父作杵臼","共鼓、货狄作舟","祖颂仓颉作书"。"巫彭作医","大挠作甲子"、"伶伦作为律"。

从文献记载可以看出，黄帝建立的国家在文化、技术等方面较伏羲时代先进。炎帝、黄帝所处的时代应为考古学的仰韶文化时期[7]，其早期已出现文明的因素，伏羲所处在时代应为考古学的新石器时代早期，至今尚未发现文明的因素。

五　新石器时代晚期文明化进程

距今7000年至5000年为新石器时晚期[8]，探讨这一时期中国文明化进程非常重要，因紧接着这一时期之后的龙山时代已明显进入文明时代，文明的很多因素因在该时期早期已处于萌芽状态。

1. 新石器时代晚期早段

距今7000年—6000年，在黄河流域主要指仰韶文化半坡类型和北辛文化晚期，在长江流域主要指大溪文化早期、马家浜文化和河姆渡文化[9]。这个时期农业有了新的发展，农业在整个经济中的比重有所提高。这个时期的聚落遗址甚多，聚落的显著特点是居住区、生产区、墓葬区紧密结合在一起，他们的经济是一种自给自足的自然经济，环壕设施增多，聚落布局往往体现凝聚式和向心式特点，强调集体精神和平等原则，此时可能已出现社会分工。

河南濮阳西水坡发现了中华第一龙，西水坡M45用贝壳摆放的龙、虎、鹿、人等形象引人注目。严文明指出，"探索中国文明起源首先要从西水坡谈起"[10]。从M45的墓主人是一位男性老人，左御青龙，右降白虎，俨然是一位颇有权势的领袖人物，属新石器时代晚期早段。张光直曾把西水坡那些贝壳摆放的动物形象称之为濮阳三蹻，认为它们与后来道家所称的三蹻是相通的，墓主是原始的道士或巫师[11]。严文明认为M45的墓主人（男性老人），应该与宗教遗迹有密切关系的巫师，甚至同时也是那个墓地所代表的氏族或部落酋长[12]。说明此时宗教已处于较成熟的阶段。M45的发现有非常重大的意义，我国几千年来信仰的"龙"在6000年前已经出现，这表明当时的人们在宗教信仰方面已有自己的体系。

半坡类型陶器上的刻划符号中一部分已具备文字的原始形态。半坡类型的刻划符号在三四百公里的范围内的陶器上许多完全相同，而且刻法和所刻部分基本相同，表明这套符号在半坡类型的范围内是通行的，严文明曾把这些符号分六大类进行研究[13]，最后认为第1类表示数字，第2类表示某事物的不同性质和状态，第3类表示某类既有多种性质，又有一定数量变化的事物，第4类表示某类事物在数量上的变化，第5类为一些单体符号，第6类为复合符号，后两者分布很小，绝大多数仅见于一个遗址，当为个人记号,只有极少数人认识。在后来创造文字时应吸收这六类的某些符号,第5、6类符号当是最原始的文字。郭沫若在其名著《奴隶制时代》中认为中国汉字的起源应以半坡遗址的年代为指标,汉字的历史有六千年左右。

2. 新石器时代晚期中段

距今6000—5500年,相当于仰韶文化庙底沟期、大溪文化的中期、大汶口文化的早期、崧泽文化和红山文化早期,该时期文化特征和社会发展阶段有以下几个特点:

(1)大型房屋的出现

河南灵宝市西坡遗址在2000—2002年发现仰韶文化中期半地穴特大房址F105,室内面积204平方米[14],若包括回廊和门棚,其整体占地面约516平方米。在2004年又发现仰韶文化中期的一座半地穴特大房址F106,居住面积约240平方米,含墙体约296平方米[15]。建筑像F106、F105这样的特大房屋,需要大量的人力、物力以及高超的建筑技术和周密的组织。这两座特大房址的发现,实际上是仰韶文化中期社会结构复杂化的重要证据。F105、F106同处10万平方米的灵宝遗址的中心部位,间隔约50米,两相对应,对深入了解遗址的整体布局有重大意义。灵宝西坡两座特大房址的发现,说明仰韶文化晚期的宫殿式房址(甘肃秦安大地湾F901)在仰韶中期已有其雏形。此时,聚落已开始分化,较大的聚落约在10万平方米以上,较小的只有几万平方米。

(2)城址的出现

湖南澧县城头山古城Ⅰ期城址属大溪文化一期,距今6000年,Ⅱ期城址属大溪文化二期,距今5800年[16]。城头山Ⅰ期城址中心是一个烧制陶器的窑场,东边是房址、墓葬、祭坛和祭祀坑。Ⅱ期城址布局沿用一期的框架,只是作为宗教活动的祭坛被废弃,在祭坛上发现有大溪文化二期的墓葬和建筑遗迹。这一时期城址的特点是数量少,规模小。

(3)技术的进步和社会分工的进一步加大

这一时期在制陶技术、石器制造技术、房屋建筑技术上都较以前有发展,社会分工越来越明显,手工业正逐步从农业中分离出来。

(4)贫富分化已出现

澧县城头山城内的墓葬表明其居民已经有初步的贫富分化和社会地位的分化[17],在大汶口文化早期,大汶口遗址已出现贵族墓和明显的贫富分化[18]。

总之,新石器时代晚期中段从早段的集体意识和平等原则逐渐向私有制和不平等过渡,城址的出现意味着聚落开始分级,有中心聚落和普通聚落的差别,文明的一些因素在这一时期已处于萌芽状态。

3. 新石器时代晚期晚段

距今5500—5000年,包括仰韶文化晚期(西王村类型)、红山文化晚期、大汶口文化中期、良渚文化早期、大溪文化晚期和屈家岭文化早期,该阶段社会发生了明显的变化,主要表现在以下几个方面:

(1)农业和手工业有较大的发展

这时石铲形制多样化和轻薄化,更适于不同的翻地作业,有利于提高农业生产的效率。石器中普遍使用切割法和管钻法,石器选料更加合理,器形多样。玉器加工已具备一定的技术,红山文化后期以及同时期的许多文化中出现了玉器。制陶业也有较大的发展,部分陶器已采用先进的快轮技术。

(2)贫富分化日益明显

由于剩余产品的增多,人们对财富的意识加强,积累产品就等于积累财富,这时大小墓葬的差别更加明显也更加普遍,大墓中不但随葬品多,质地也比较好,有时还随葬一些稀有的珍贵物品,辽宁省西部凌源牛河梁发现了红山文化后期的祭祀中心和贵族墓群,从墓葬可以看出贵族墓和平民墓的差别[19]。

(3)聚落分级更加明显

由于人口大量增长,这一时期出现了面积甚大、规格甚高的中心聚落,如秦安大地湾遗址,面积达100万平方米。F901有前堂、后室和东西两厢,占地面积420平方米,是一座多间复合式建筑。这座建筑布局规整,中轴对称,前后呼应,主次分明,不仅体现了史前建筑工匠的精湛技艺,而且显示了建筑本身在聚落中的核心地位。从未搬走的器物看,有四足大陶鼎和量器,该建筑应为议事活动和宗教活动的大会堂。在聚落南北的中轴线上,还发现了F400、F405及其他大型建筑遗迹现象。拥有这些房屋的聚落,明显是高于其他聚落的中心聚落。经调查,这一时期周围有一些小遗址,它们是普通的聚落。

(4)随葬武器成为时尚

山东大汶口文化、安徽薛家岗文化和两湖地区的大溪文化晚期的墓葬中普遍用石钺随葬,说明当时十分重视武器的装备。

(5)宗教遗存大量出现

红山文化牛河梁遗址发现了女神庙、方形祭坛等遗存,女神庙是一个半地穴式的房屋,发现至少有属于五六个人体塑像和个别禽、兽塑像的残块,人体塑像有的和真人一样大,有的比真人还要大两三倍,体表圆润光洁,突出乳房和臀部,应是女性塑像[20]。宗教是文明起源中的重要因素,牛河梁发现的遗存应是比较完备的、先进的宗当为个人记号,只有极少数人认识。在后来创造文字时应吸收这六类的某些符号,第5、6类符号当是最原始的文字。郭沫若在其名著《奴隶制时代》中认为中国汉字的起源应以半坡遗址的年代为指标,汉字的历史有六千年左右。

2. 新石器时代晚期中段

距今6000—5500年,相当于仰韶文化庙底沟期、大溪文化的中期、大汶口文化的早期、崧泽文化和红山文化早期,该时期文化特征和社会发展阶段有以下几个特点:

(1)大型房屋的出现

河南灵宝市西坡遗址在2000—2002年发现仰韶文化中期半地穴特大房址F105,室内面积204平方米[14],若包括回廊和门棚,其整体占地面约516平方米。在2004年又发现仰韶文化中期的一座半地穴特大房址F106,居住面积约240平方米,含墙体约296平方米[15]。建筑像F106、F105这样的特大房屋,需要大量的人力、物力以及高超的建筑技术和周密的组织。这两座特大房址的发现,实际上是仰韶文化中期社会结构复杂化的重要证据。F105、F106同处10万平方米的灵宝遗址的中心部位,间隔约50米,两相对应,对深入了解遗址的整体布局有重大意义。灵宝西坡两座特大房址的发现,说明仰韶文化晚期的宫殿式房址(甘肃秦安大地湾F901)在仰韶中期已有其雏形。此时,聚落已开始分化,较大的聚落约在10万平方米以上,较小的只有几万平方米。

(2)城址的出现

湖南澧县城头山古城Ⅰ期城址属大溪文化一期,距今6000年,Ⅱ期城址属大溪文化二期,距今5800年[16]。城头山Ⅰ期城址中心是一个烧制陶器的窑场,东边是房址、墓葬、祭坛和祭祀坑。Ⅱ期城址布局沿用一期的框架,只是作为宗教活动的祭坛被废弃,在祭坛上发现有大溪文化二期的墓葬和建筑遗迹。这一时期城址的特点是数量少,规模小。

(3)技术的进步和社会分工的进一步加大

这一时期在制陶技术、石器制造技术、房屋建筑技术上都较以前有发展,社会分工越来越明显,手工业正逐步从农业中分离出来。

(4)贫富分化已出现

澧县城头山城内的墓葬表明其居民已经有初步的贫富分化和社会地位的分化[17],在大汶口文化早期,大汶口遗址已出现贵族墓和明显的贫富分化[18]。

总之,新石器时代晚期中段从早段的集体意识和平等原则逐渐向私有制和不平等过渡,城址的出现意味着聚落开始分级,有中心聚落和普通聚落的差别,文明的一些因素在这一时期已处于萌芽状态。

3. 新石器时代晚期晚段

距今 5500—5000 年,包括仰韶文化晚期(西王村类型)、红山文化晚期、大汶口文化中期、良渚文化早期、大溪文化晚期和屈家岭文化早期,该阶段社会发生了明显的变化,主要表现在以下几个方面:

(1)农业和手工业有较大的发展

这时石铲形制多样化和轻薄化,更适于不同的翻地作业,有利于提高农业生产的效率。石器中普遍使用切割法和管钻法,石器选料更加合理,器形多样。玉器加工已具备一定的技术,红山文化后期以及同时期的许多文化中出现了玉器。制陶业也有较大的发展,部分陶器已采用选进的快轮技术。

(2)贫富分化日益明显

由于剩余产品的增多,人们对财富的意识加强,积累产品就等于积累财富,这时大小墓葬的差别更加明显也更加普遍,大墓中不但随葬品多,质地也比较好,有时还随葬一些稀有的珍贵物品,辽宁省西部凌源牛河梁发现了红山文化后期的祭祀中心和贵族墓群,从墓葬可以看出贵族墓和平民墓的差别[19]。

(3)聚落分级更加明显

由于人口大量增长,这一时期出现了面积甚大、规格甚高的中心聚落,如秦安大地湾遗址,面积达 100 万平方米。F901 有前堂、后室和东西两厢,占地面积 420 平方米,是一座多间复合式建筑。这座建筑布局规整,中轴对称,前后呼应,主次分明,不仅体现了史前建筑工匠的精湛技艺,而且显示了建筑本身在聚落中的核心地位。从未搬走的器物看,有四足大陶鼎和量器,该建筑应为议事活动和宗教活动的大会堂。在聚落南北的中轴线上,还发现了 F400、F405 及其他大型建筑遗迹现象。拥有这些房屋的聚落,明显是高于其他聚落的中心聚落。经调查,这一时期周围有一些小遗址,它们是普通的聚落。

(4)随葬武器成为时尚

山东大汶口文化、安徽薛家岗文化和两湖地区的大溪文化晚期的墓葬中普遍用石钺随葬,说明当时十分重视武器的装备。

(5)宗教遗存大量出现

红山文化牛河梁遗址发现了女神庙、方形祭坛等遗存,女神庙是一个半地穴式的房屋,发现至少有属于五六个人体塑像和个别禽、兽塑像的残块,人体塑像有的和真人一样大,有的比真人还要大两三倍,体表圆润光洁,突出乳房和臀部,应是女性塑像[20]。宗教是文明起源中的重要因素,牛河梁发现的遗存应是比较完备的、先进的宗教遗存,在此之前应该还有一个萌芽的过程。

(6)城址的数量增加

澧县城头山城址Ⅲ期城墙属屈家岭文化早期,距今5300年,Ⅳ期城墙属屈家岭文化中期,距今5000年。屈家岭早期在城中偏西的位置发现一座夯土台建筑,其上有一座100平方米的房址,当为公共活动场所,用于聚会和议事[21]。另屈家岭文化发现的8座城址中有些始建年代可能在距今5000年以前[22]。郑州西山遗址也发现了一座仰韶文化晚期的城址,年代大约在距今5300—4800年,城内面积2.5万平方米,城门发现2座,西门内东侧有一座大型夯土建筑基础,其北侧是一个面积达数百平方的广场。另外,还发现二十余座废弃窖穴内有大量兽骨架,它们应该是祭祀活动中所用的牺牲[23]。

(7)文字的出现

大汶口文化发现陶文几件,陶文均发现于陶尊、陶缸之上,有八九种形体。唐兰认为大汶口文化陶器上的符号是汉字的远祖,因此认定汉字已有五千五百年历史[24]。

总之,距今5500年前,是一个非常重要的标志,从距今5500年以后,即新石器时代晚期晚段,中国社会的各个方面发生了明显的变化,已进入文明社会,属于初级文明阶段。

六 龙山时代已具备成熟文明的特征

距今5000—4000年为龙山时代[25],主要包括大汶口文化晚期、山东龙山文化、良渚文化中晚期、齐家文化、石家河文化和黄河中游的龙山文化。龙山时代文化特征和社会形态有以下几大特点:

1. 农业有较大的发展

农业技术大大提高,农产品的增加有力地支持了手工业的分离和许多大型土建工程的实施。在两河流域和埃及古代文明的研究中,很多人认为,美索不达米亚的冲积平原和尼罗河流域肥沃富饶的土地及发达的农业是这些地区国家出现的一个最基本的原因。良渚文化在中国最早实现了犁耕,许多遗址都已发现了石犁,还有破土器、耘田器、石镰、石刀等成套的农具。

2. 技术的进步

主要是手工业方面的成就和建筑业的进步,手工业发展主要表现在五个方面:①铜器制造业已出现,铜器的出现使以前难以达到的目的成为可能,铜器在生活中已占有一定的地位;②陶器制造业中普遍使用快轮,制造陶器的数量和技术较以前有很大的发展;③玉器制造业向大规模和高精方面发展,良渚文化的玉器制造水平相当高;④作为工艺品的漆器已经出现;⑤丝绸业有较大的发展[26]。建筑业也有巨大的进步,土坯已大量使用,用石灰涂抹墙壁和地面,夯筑技术广泛应用,使得营建大规模的城垣成为可能。技术的进步使手工业越来越专业化,手工业工人也较以前增加,同时市场上的手工业产品增加,人们的消费水平较以前提高,最终导致刺激和推动统治者扩张欲望。

3. 城址的大量出现

城防的出现应当是社会发展以及战争经常化的产物,同时也是人们防卫意识和统治者权力集中的表现。罗伯特·卡尼罗提出了国家起源的"压制理论",即战争和修筑城防工事同时加速了权力的集中,贵族阶层的地位越来越提高,他们的首领成了国王,最初的国家就这样诞生了。至今发现的龙山文化城址有四十多处[27],分布于河南、山东、湖北、湖南、四川和内蒙古等省区,可分五群或六群,分布在黄河流域和长江流域,是中国乃至整个东方比较早的一批城址。这批城址主要有:河南地区的安阳后岗、登封王城岗、淮阳平粮台等六处;山东地区的章丘龙山镇城子崖、邹平丁公等六处;内蒙古河套地区的包头威俊、阿善等十处,清水河案子塔和后城咀等五、六处;两湖地区江汉平原的天门石家河、荆门马家垸等六处,洞庭湖北部平原的澧县鸡叫城;四川地区的成都平原新津龙马古城、温江鱼凫城等五处;江浙地区的良渚莫角山、武进寺墩等三处。一些城址中有大型宫殿式建筑,如郫县三道堰古城;或者有大型夯土台基,如良渚莫角山。

4. 文字的发展

这个时期一些考古学文化的陶器上刻画了陶文,比起以前的记号更像文字,如山东丁公出土的陶片上刻画的陶文和陶寺陶文,陶寺遗址的陶片上有两个朱书文字,读为"汤文"[28]。丁公遗址出土陶文非常重要,它已经脱离了原始文字"书契权舆于图像",而是具备六书的象形变化,陶片上的文字有几个可看出是象形的,这些象形均为侧视,有的字有更复杂的构造,这很像是形声字,其结构已不简单[29]。

5. 宗教的盛行

用肩胛骨的占卜术普遍在龙山文化中出现,玉琮是显示一种独特宇宙观的非常有特色的仪式用具[30]。有些城址有明显的宗教遗迹。天门石家河城西北部发现有几个陶俑坑,出土约二百个陶塑的人抱鱼俑,同一时期的数千件动物俑可能是宗教活动用的道具,坑的旁边有一列陶质炮筒形器,还有许多圜底缸口底相套,排列成行或弧形。

城内西南部有红陶杯的堆积,其数量有10万多件,当为另外一个重要的宗教活动场所。很多人忽视了宗教在文明产生过程中的作用,宗教场所是许多礼仪中心的前身,礼仪中心是由祭司和宗教领袖照管的。龙山时代与原始宗教和祭祀相关的遗迹、遗物大量涌现,其数量、规模和分布范围较以前有较大的变化,这表明原始宗教在人们生活中占有越来越重要的地位。《国语》记载,颛顼命重、黎掌管祭天,"绝地天通",这段文献最值得注意的是,讲到颛顼绝天地通之前"民神杂糅","民神同位",可以理解为巫术在民间的普遍盛行。

6. 聚落等级化明显

良渚文化的聚落遗址大致可分为三级[31]。第一级是中心聚落遗址,可以确定的有良渚、福泉山和寺墩三处,其中尤以良渚遗址群最为突出。良渚遗址群位于浙西山地与东部杭嘉湖平原交接处,已发现的遗址和墓地有近50处(一说60多处),大致可分东西两群,东部的一群有10余处遗址,西部的一群有30余处遗址。西部以莫角山为中心。莫角山是一个人工修建的土台子,东西长670米,南北宽450米,高5—8米。莫角山西北近200米处是人工堆筑的大型坟山墓地——反山,反山贵族坟山随葬大量玉器和漆器,是良渚文化所有大墓中规格最高的。东北部瑶山有大型的祭坛和墓地。良渚遗址群的占有者很可能实际控制或统治整个太湖南部群落。寺墩遗址面积90万平方米,中间为较大的圆形祭坛,外面是墓地,墓地外围是居住址。墓地东南部发现四座大墓,仅3号墓便随葬有100多个器物,包括24件玉璧和33个玉琮,是良渚文化中随葬玉琮最多的一座墓。良渚文化的第二级聚落遗址称为次中心聚落。例如江苏吴县草鞋山和张陵山等共20余处。多数有人工堆筑的贵族坟山,墓中随葬玉器和精美的陶器。次中心聚落中的贵族坟山的埋葬制度,随葬器物等都同良渚、福泉山或寺墩十分相似,其中随葬玉礼器的种类、样式和花纹都相当一致,只是加以简化罢了。良渚文化的第三级聚落是普通的村落遗址。每处遗址有居住区和墓地,墓葬较小,随葬普通陶器和石器。这种遗址数量较多,已发现数百处。以上三个级别聚落遗址的事实说明良渚文化是少数贵族统治广大民众的阶级社会。

7. 礼制的出现

同城市、文字、金属器、礼仪建筑诸文明要素一样,应该把礼乐制度的形成视为中国进入文明时代的一项标志。

龙山时代出土的玉器、漆木器和某些特殊陶器,陶寺遗址往往有几个特点:(1)只出土于少数随葬品丰富的大型或较大的墓葬中。(2)器身本身造型精美或兼有蟠龙纹、兽面纹一类特殊纹饰。(3)从造型和纹饰看,已脱离原来的实际用途[32]。从陶寺的材料来看,龙山时代中原地区的礼器种类较多,组织比较完备,规则比较清晰,礼器制度、用牲制度与商周礼制接近的成分不少。各文化区礼器中虽尚未出现青铜器,但由陶器、漆木器、玉石器构成的完整的非铜礼器组合,恰恰体现出早期礼器的特点。良渚文化规模最大的莫角山巨型礼制建筑,其总体为300万立方米,需要大量的劳动力才能完成。由此说明国家的产生已是不可抵抗的社会发展趋势,国家既是统治阶级的工具,也适应了管理日常公共事务的需要。

8. 与河图、洛书相近的遗物出现

安徽含山凌家滩的贵族墓M4,出有玉人、玉龟和刻有方位的玉版,玉版夹放在玉龟甲之中,玉版正面刻有复杂的图案,中心部位刻有两个同心圆,小圆中心刻有一个八角图案,两圆之间以直线均分八区,每区内各刻一枚叶脉纹矢状标分指八方,外圆之外又刻四枚矢状标分别指向玉版四角。其中三条边磨出榫缘,两条短边各钻有5个圆孔,一条长边钻有9个圆孔,没有榫缘的另一长边钻有4个圆孔。玉龟由背甲和腹甲组成,龟背呈圆弧形,背上有脊,背甲两边各对钻二孔,中央钻有四孔,腹甲略呈弧形,两边与背甲钻孔相应处也钻有二孔,中央钻有一孔。玉版夹放在龟甲之中,据冯时考证,这很可能即是后代所谓的"乌龟负书出","大龟负图"的实物证据[33]。该遗址的年代经测定有两数据:距今4500+500年,4600+400年。

综上所述,新石器时代晚期中段文明的一些因素已处于萌芽状态。新石器时代晚期晚段中国社会已进入初级文明阶段,龙山时代中国社会的文明发展已趋于成熟,为以后夏商周文明的发展奠定了良好的基础。

第二章　新石器时代晚期聚落形态研究

近二十余年来,聚落考古是中国考古学界非常重要的研究课题,考古工作者从实践到理论做了不少有益的探索,特别是从新石器时代晚期到铜石并用时代的聚落考古引起学术界的瞩目。新石器时代晚期指公元前5000年—前3000年这一段历史,研究这一时期的聚落及其演变的过程非常重要,因为该时期承前启后,聚落变迁有一定的规律可循,是新石器时代聚落考古的重要环节。

一　聚落考古的研究历史和应注意的问题

聚落考古产生于20世纪30年代,当时欧洲考古学家柴尔德和苏联一批年轻学者对传统的考古方法进行批判,认为传统考古学仅仅研究文化分期、年代、起源、发展及相互关系,考古学应该努力去研究人,研究社会,苏联的年轻学者提出要用马克思主义来指导研究考古学。1934—1940年期间对特里波里文化进行了一系列考古调查与发掘,揭示了许多铜石并用时代的聚落遗址[34]。1953年,美国考古学家发表了著名的《秘鲁维鲁河谷史前的聚落形态》一书,成为聚落考古的奠基性著作。

我国在20世纪50年代学习苏联,在聚落考古方面,1954—1957年,对半坡遗址进行了大规模的考古发掘,揭示一个繁荣的母系氏族公社的聚落遗址,成为我国聚落考古开始的标志。80年代,张光直等人在北京大学讲学,全面介绍了美国聚落考古的情况,从此,我国很多地区开展了聚落考古的实践活动。1993年,《文物》杂志编辑部召集全国各地聚落考古第一线的学者一起来汇报成绩,总结经验,做了一件非常有意义的事。

进行聚落考古应注意两点:1.同一时期遗迹单位的研究。不能把不同时期的遗迹单位放在一个平面上研究。2.房址功能的研究。因为民族学住俗材料表明,原始村落的建筑相当复杂,某些哨所、谷仓、宗教建筑、公共活动建筑和男女青年社交建筑等废弃之后,其遗迹形态和曾经长期住人的房屋有很多相似之处,因此不能把所有房屋都归为住人的房屋之列。

二　新石器时代早中期聚落形态的特点

研究新石器时代晚期聚落,应先回顾一下新石器时代早中期的聚落形态。一般以公元前10000年甚至更早一些为新石器时代早期的起始年代,下限为公元前7000年,根据地域特点和出土器物的不同可分为以下几种遗存:

1. 沙苑文化:沙苑位于陕西省大荔县南部洛河流域下游地区一条狭长的沙丘地带,20世纪50年代中期曾发现并采集到3000多件石器制品。这批石器以细石器为主,磨制极少,个体细小,石质一般选用石英岩系的矿物,经济以狩猎为主,文化面貌不同于其他的有农业经济的新石器时代文化,原报告将其定为中石器时代[35]。

2. 南庄头遗址:南庄头遗址位于河北省徐水县,地处太行山东麓和华北平原之西缘。遗址面积约2万平方米,发掘的主要收获是发现了属于新石器时代早期的遗存。出土遗物有石磨盘、石磨棒、石锤和骨锥、骨箭头等,陶片共发现50余块。14C年代多在公元前8000年左右,是华北地区目前最早的新石器文化遗存。这时的居民不但会制作和使用少量陶器,而且还有家畜饲养业,很可能已出现了人工栽培的早期旱作农业[36]。

3. 南方地区的洞穴遗存:南岭及其周边的低山丘陵多为石灰岩地区,有适合古代人类住的洞穴与岩厦,因此,新石器时代早期人类继续利用它们过着稳定的生活,比较重要的有湖南道县玉蟾岩、江西万年仙人洞、广东英德青塘洞穴群、广西桂林甑皮岩和灵山滑岩洞等。该类遗存的特点是:洞穴中往往发现多处火塘。遗址面积多在一二百平方米左右,从出土的遗物来看,当时的经济主要以采集、渔猎为主。玉蟾岩遗址属湖南道县寿雁镇。20世纪90年代前期对该遗址先后进了两次发掘,揭露面积46平方米,发现了一些烧过火的灰堆,出土石、骨、角、牙、蚌等质料的器具和动物遗骨,特别是发现了少数陶质器皿和稻谷遗存。烧过火的灰堆直径一般约40—50厘米,厚10厘米左右。两次发掘所获4枚稻谷壳,经鉴定分析,是一种由普通野生稻向初期栽培稻演化的最原始的古栽培稻,是我国南方地区也是世界上年代最早的稻作农业起源证据。出土动物遗骨的种类有哺乳类、鸟禽类、鱼类和螺蚌类。年代测定为公元前13000年至公元前11000年[37]。

洞穴遗存的发掘证明,当时在洞穴内居住的人数不会很多,围绕火塘而形成的组织当是家庭,整个洞穴即为一个较为亲密的家族。

4. 贝丘遗存:主要分布于南岭以南的江河两岸及沿海一带,该类遗存的特点是大量的贝壳堆积布满整个遗址,根据这类遗址出土的文化遗存结合14C测年综合分析,有的年代可上溯到新石器时代早期(有的遗址年代可能为新石器时代中期)。豹子头遗址位于广西南宁市邕江北岸的一个高岗上,第三文化层厚约1.5米左右,出土遗物有石、蚌、骨、陶等质料的人工制品,同时还有许多动物遗骨[38]。

总之,新石器时代早期遗址面积均较小,当时的居民已实行定居,社群的规模都不大,经济多以渔猎和采集为主,早期栽培农业和家畜饲养业为辅。

新石器时代中期指公元前7000年—前5000年的文化遗存。包括长江中游的彭头山文化和城背溪文化、中原地区的磁山文化、中原偏西的老官台文化、山东地区的北辛文化、辽河流域的兴隆洼文化等。

城背溪文化的澧县八十垱遗址是目前发现的最早的一处有壕沟的聚落[39]。该聚落是由河道和环壕围墙围护起来,南北长200米,东西宽160米,总面积3万平方米。在西墙上发现了一个豁口,且此处地面铺有阶梯状的鹅卵石,当为寨门,房屋集中在西北和东北地势较高处,房屋大多为长方形和方形的单间地面建筑,且成排分布,在聚落西部200平方米的范围内发现有层层叠压、打破关系复杂的大小柱洞600个,发掘者推测是干栏式建筑,张驰则认为是高架仓房[40]。聚落中发掘墓葬百余座,大多分布在居住区的周围。

比较晚的聚落以兴隆洼文化研究得比较好。兴隆洼遗址位于内蒙古敖汉旗宝国吐乡大凌河支流的一个岗地上[41]。五次发掘面积约1万多平方米,属于兴隆洼文化时期的房址共100多座,皆系长方形或方形的半地穴式单间建筑,早中期的聚落保留最完整,房址面积一般多在40—80平方米,最大的达140余平方米,房址一律呈西北—东南走向分排布列,共8排,每排10座左右,形成单朝向多排平行布局,中部两座房子最大,面积各140余平方米,系公共活动场所。所见少数墓葬亦多在房址内,也被称为"居室葬"。兴隆洼文化白音长汗聚落为南北两个居住址紧相邻靠,各有围壕,规模相若的双体聚落,共发现房址29座,长方形或方形半地穴建筑,呈平行排列的布局形式[42]。

黄河流域新石器时代中期找不到一处保存比较完整的聚落,裴李岗文化舞阳贾湖遗址是一处历经千年之久的5.5万平方米的大型聚落遗址,所分三期文化中房址布局均呈现出成组一起的现象,早期墓葬与居址杂处,中晚期墓地与居址分离,形成单独的氏族公共墓地,且大墓地内形成若干墓群[43]。磁山文化的命名地河北武安磁山遗址,面积约8万平方米,据统计在已发现的300多个灰坑和窖穴中存放粮食的多达80个,炭化粮食堆积最厚者达2米以上,出土的粟壳朽灰如换算成新鲜粮食可达10万斤以上[44]。

总之,新石器时代中期聚落形态的特征如下:1.环壕聚落已普遍出现。2.早期尚未形成专门墓地,晚期普遍把墓地和居址分区安排,这是聚落布局上最基本和最重大的一项进步[45]。3.这一时期,聚落规模比较小,遗址面积一般较小,个别较大,超过5万平方米。

三　新石器时代晚期聚落形态研究

公元前5000年—前3000年为新石器时代晚期,可分三段。第一段:公元前5000年—前4000年,相当于仰韶文化半坡类型。第二段:公元前4000年—前3500年,相当于仰韶文化庙底沟类型。第三段:公元前3500年—前3000年,相当于仰韶文化晚期(西王村类型)。

1. 新石器时代晚期第一段

这一时期的聚落遗址甚多,经过大规模发掘的有陕西西安半坡、临潼姜寨、宝鸡北首岭、秦安大地湾甲址、敖汉赵宝沟和余姚河姆渡遗址等。聚落形态承袭新石器时代中期,且有较大变化,聚落形态种类较多,可分为以下几种类型:

(1)姜寨类型

姜寨类型的特点是环壕向心布局,环壕内居住着单独的一个氏族。姜寨报告将第一期同时使用的房屋确定为120座,这个数字有误,原报告把不少具有早晚关系的房屋统统归为"基本上属于同一时期"的房屋[46],致使整体房屋布局变得较为复杂。赵春青曾专门研究过姜寨遗址的发掘资料,认为姜寨一期并没有120座房址,他把原报告的第一期房址分为早中晚三批,原报告认为东组有房址35座,北组20座,南组38座,西北组11座,西组16座,把早中晚三批分离后,房址数如下:

早批聚落:东组房址9座,北组房址8座,南组房址14座,西北组房址2座,西组房址6座,共39座。

中批聚落:东组房址20座,北组房址10座,南组房址19座,西北组房址8座,西组房址7座,中批房址最多,共64座。

晚批聚落:东组房址6座,北组房址2座,南组房址5座,西北组房址1座,西组房址3座,晚期房址共17座。

以上将姜寨遗存的房子分批研究后,发现中批聚落是姜寨一期时发展的高潮。从大房址的位置来看,它们并非处于各组房屋的中心,而是往往位于路口,或者位于各组房屋的边缘地带,应当是公共建筑,可能出于外族人员来访和男女聚会的考虑。中型房屋没有后半部的空地,F17、F19出土大量生产工具和生活用具,说明中型房屋不是集会的场所,却很像是一个长住生活单位。小型房屋和特小型房屋功能更加复杂,其中有些可能是贮藏屋,有些可能是男女幽会的地方,有些则是长期住人的单位。姜寨的每批房址所代表的聚落可能是一个氏族,而每组房屋应当是一个大的家庭。

秦安大地湾甲组的第二期文化,即半坡类型,可分为三段,其第一段为环壕向心式聚落,第二、三段壕沟废弃,向外发展,形成无壕组合式聚落。第一段保存较好,布局较为清晰,中心为1000平方米的广场,房址以广场为中心呈扇形多层分布,广场西北边缘为一墓地(还有几座墓分布于居位区内)。聚落内发现半地穴房址37座,灶坑12座,保存较好的房址26座,其中大型房址2座(原地重建,当为1座),中型房址9座,小型房址15座。大型房址的面积为60平方米,门前即为广场西北边缘的墓地,中型房址的面积25—30平方米,小型房址的面积为15—20平方米[47]。大地湾二期一段的聚落说明该聚落是以中型房址和小型房址为主的向心凝聚式布局,大型房址基本位于广场边缘,当为公共活动场所。大地湾二期一段的整个聚落当为一个氏族。

(2)北首岭类型

此类聚落周围无壕沟,又可分为两种情况。第1种:以宝鸡北首岭遗址为代表,利用河道和陵塬作为天然屏障。第2种:以秦安大地湾二期第二、三段为代表的聚落,即原聚落壕沟废弃后基本填平,突破壕沟,向外发展,形成新的聚落形态。

宝鸡北首岭遗址,东靠金陵河,西部是更高的陵塬,中间为南北向的窄长地带,遗址5万平方米,呈长椭圆形,居住区居北,墓葬区靠南,由于有天然屏障,所以再没有挖壕沟进行防护。居住区房屋明显分为三组[48],北边一组20座房屋,绝大部分门朝南,南边一组有17座房屋,绝大部分门朝西北,西边一组有10座房屋,门都朝东,中间为广场,居住区南部为墓地。在南组房屋中有一座大房子F14,面积85.5平方米,西组房屋中有一座大房子77F3,面积88.26平方米,北组房屋无大房子。整个聚落的时代为半坡类型晚期,整体布局乃是凝聚式和内向式聚落。墓葬区的头向绝大部分朝西北,即朝向居住区,墓地不可分群,说明其死者属于同一个氏族。北首岭半坡晚期聚落的三组房屋应代表三个家族,整个聚落当为一个氏族。

大地湾第二期文化二、三段聚落,均未发现壕沟和公共墓地[49]。大地湾甲址并未全部发掘,现只能根据部分现象推测整体布局,二段聚落向西南扩展,中心广场略向南移。此段共发现房址73座,灶坑14座,其分布特点为东南部出现了以F385为中心的门向东北的一组房屋,西南部出现了门向西北的一组房屋。存存较好的房址有53座,其中大型房址 1 座,中型房址 17 座,小型房址 35 座。房址的分布特点说明该聚落可能有两个中心,这两组房屋可能只是两个中心的边缘地带。三段聚落西北部有一窑场,此段共发现房址 46 座,灶坑 20 座。保存较好的 19 座房址中,有大型房址 2 座 F207、F709,中型房址 8 座,小型房址 9 座。两座大型房址分别位于西北部和西南部,面积均为 60 余平方米,周围的中、小型房址门向均朝这两座大型房址。部分房址的门向显示出在聚落的北部、东北部、东南部还存在其他中心的迹象,可能存在 5 个中心。

大地湾半坡类型聚落形态发展过程说明:在第二、三段,由于人口的增加和环境的变化,已无须再用壕沟作为防卫设施,第二段双中心聚落和第三段多中心聚落说明这两个时期由原来第一段的一个氏族开始分化为两个和若干个氏族。

(3)赵宝沟类型

兴隆洼文化之后,经过赵宝沟文化而发展为红山文化。赵宝沟聚落依自然地势划分为两个区[50],第二区的年代早于第一区。第二区保存 6 座房址,依据残存房址的排列,仍然可以看出其顺着等高线坡度成排布局的规律,房址走向是西北—东南向,可以看清楚的有两排。第一区共发现 82 座房址,其中只清理了 11 座房址和一个灶坑,这些房屋之间均未发现打破关系,说明是统一规划的。房屋仍然顺着等高线方向成排分布,基本为东北—西南向,大致可分为 7 排,每排房址的数目不一,多者达 17 座,少者七八座。F9 是赵宝沟聚落的大型房址之一,坐落在第一区的中心位置,周围有宽敞的空地,当为公共活动场所。经发掘的 F6 排房址紧邻 F9 房址,包括 F1、F2、F4、F3、F5、F6、F7、F14、F8,其中 F6、F2 为中型房址,面积较 F9 略小,F6 位于该排中心部位。这些说明每排房址有中型房址和小型房址组成,其聚落中心为大房子 F9。每组房址群是相对独立的整体,可能属于同一个家族,整个聚落是一个氏族。

赵宝沟聚落和兴隆洼聚落有很多相仿之处:所有房址成排分布,排列规整,最大的房址位于聚落的中心部位。

(4)河姆渡类型

河姆渡文化的某些特征与新石器时代中期接近,但其绝对年代已进入新石器时代晚期早段。河姆渡遗址地处山地与平原湖沼交界地带,面积 4 万平方米。河姆渡遗址共进行二次发掘[51],在发掘区第 4 文化层发现了大片木构建筑遗迹,两次发掘所得的木构件总数有数千件。这些建筑的东北面是一片湖沼,建筑本身背山面水,建筑室内发现有大量的生活垃圾,故可以判定它们是架空的全木构干栏式建筑,上面住人,下面堆放杂物或抛弃垃圾。干栏式建筑以桩木为支柱,这些桩木可分为圆木桩、方木桩和土板桩三种,其上设梁承托地板,再在上部立柱架梁,围墙盖顶。第一次发掘区的中部和西部有排桩 13 排,可以看出有三组相互平行的基桩,因此这里至少有三栋建筑。其中一组由 4 排桩木构成,离地面 1 米,总长 23 米以上,进深 7 米,前廊过道 1.3 米,此干栏式建筑长屋应分成若干小间。第二次发掘发现有排桩 16 排,其中有 4 排位于第一次发掘的 23 米长屋的延长线上,两者可能连接,则这桩房屋的实际长度达 100 米左右[52]。

河姆渡遗址的聚落形态当为三栋干栏式建筑长屋,面山背水,这是南方丘陵、湖沼地貌的典型聚落代表。每栋长屋可能长短不一,百米长的长屋可同时居住几十至上百人,每栋长屋可能居住着一个大的家族,整个聚落为一个氏族。

马家浜文化的一些遗址如浙江罗家角和江苏常州圩墩等处都发现了干栏式建筑的木构件[53]。

（5）邱城类型

马家浜文化吴兴邱城遗址发现地面式长屋遗迹[54]。马家浜文化的遗址多分布在山坡和沿河、湖岸边稍高的岗地、土墩上,房址多为地面起建的长方形或圆形木构建筑。

邱城遗址发掘出一片长 36 米,面积 265 平方米的整硬土面,硬土面大致可分为 3 层,每层厚 0.1—0.18 米,在第 2 层硬土面上发现有间距为 3.5 米的两排整齐的长方形柱洞,柱洞间距 0.87 米,洞底垫有两块厚木板,柱径 0.2 米,四周还发现有排小沟,此房址当为平地起建的长屋。邱城长屋的发现说明马家浜文化的聚落形态较为复杂,除前述有干栏式建筑的,还有平地起建的单间和多间房屋。

总之,新石器时代晚期第一段的聚落形态体现出集体的凝聚精神和向心力,以及社会平等和统一的局面。

2. 新石器时代晚期第二段

这一时期的聚落形态的特征目前还不甚清楚,但从一些发掘和调查资料仍可以看出这 500 年聚落形态的演变过程。

大地湾第三期（庙底沟类型）聚落已不局限于二、三级阶地上,向南延伸到山脚下,整体面积可达 4 万平方米,这一时期没有发现壕沟,发掘 19 座房址,23 座灶坑,房屋可分为大、中、小三类。从现存房址的门向观察,聚落内部存在多个处于相同地位的中心[55],说明聚落内部由不同的家族组成一个氏族群落。

河南灵宝西坡遗址发现两座仰韶中期庙底沟类型的特大型房址。F105 居住面积 204 平方米[56],F106 居住面积 240 平方米[57]。F106:半地穴房址,大致呈四边形,居住面加工考究,有 7 层,总厚度 25.5cm,北墙中部有斜坡式门道,火塘正对门道,壁柱柱洞保存41个,室内柱洞有4个,外墙内面积270平方米,含墙体约296平方米。F105:半地穴房址,平面略呈弧角正方形,房基面积约372平方米,半地穴室内净面积204平方米,东墙中部有一斜坡门道,火塘位于室内东部正对门道处,墙壁柱洞共清理38个,室内柱洞4个,主室外有回廊,回廊外侧柱础坑一圈围绕于半地穴的主室四周,连同回廊和门棚,F105整体占地面积约516平方米。

F105和F106特大房址的发现说明在仰韶文化中期(庙底沟类型)半地穴房屋的结构较为复杂,西坡遗址面积约40万平方米,这两座房址位于遗址中心,相距约50米,说明西坡遗址是同时期聚落群中较为重要的,此时聚落已开始分化,较大的聚落约在10万平方米以上,较小的只有几万平方米,有中心聚落和普遍聚落的差别。

陕西渭水中游咸阳—宝鸡—长武三角形地区16个县市仰韶文化遗址调查,可以看出,仰韶文化遗址中半坡类型17处,占总数的18.3%,庙底沟类型48处,占总数的51.6%,西王村类型28处,占总数的30.1%[58]。在山西南部的调查也有类似的发现[59]。庙底沟类型的遗址面积比半坡类型明显扩大,前者最大的遗址面积超过后者数倍。

邓州八里岗仰韶文化庙底沟类型遗存中,F32、F35、F44、F36基本位于一条直线上,是4间(套)以上的长排房,说明此时汉水中游已出现套间的长排房[60]。

大溪文化的年代为公元前4300—前3285年,其中期的年代属于这一时期[61]。大溪文化的研究成果可以弥补这一时期聚落形态的空缺。在两湖地区已经在多处遗址发现了大溪文化的环绕聚落的壕沟。1995年在试掘解剖阴湘城屈家岭文化时期土城时,于土城垣下发现了大溪文化中期的一段聚落环壕,宽6米,深2米[62]。划城岗遗址的环壕最宽处在10—15米之间,残深1米左右,聚落面积不足4万平方米,这处环壕在当时开掘时的出土一般认为就地堆在壕沟的内侧,形成一道低矮的土围墙,居住区和墓葬区是严格分开的[63]。大溪文化的聚落可分两级:较大的10万平方米,如澧县城头山、荆州阴湘城,前者发现城墙,有长期固定的祭祀活动区和手工业作坊区;普通的聚落一般为数万平方米,有居住区、墓葬区和垃圾区的功能划分,聚落布局不太复杂。普遍聚落居住区的房屋有两种[64]:第一种是成排的分布,如湖南安乡县汤家岗,第二次发掘揭露南北向分东西两排的建筑群,共6座房屋;第二种是院落布局,如湖北枝江关庙山,F34、F35均为方形地面建筑,发现有明确的门向,前者向西、后者冲北,都开在很不利的方向上,因此很可能会同其他房屋一起组成集体居住的院落,F34为多灶大型房屋,当为集体用房。

大溪文化中期率先出现了城址,澧县城头山古城Ⅰ期城墙,属大溪文化一期,距今

6000年，Ⅱ期城墙属大溪文化二期，距今5800年[65]。Ⅰ期城墙使用时大多数遗迹集中在城东，城内中心为烧制陶器的窑场，东边是一片房址，房址以东是墓葬，墓葬东侧是祭坛，祭坛的南、东侧地面上有40多个祭祀坑。祭坛、祭祀坑、墓葬、房址、城墙和城壕等构成比较复杂的聚落系统。Ⅱ期城墙始建于大溪文化二期早段，整体布局沿用一期的框架，只是作为宗教活动的祭坛被废弃，在祭坛上发现有大溪文化二期的墓葬和建筑遗迹。

城头山大溪文化第一期看不到社会成员的等级化现象，但第二期的数组墓葬出现了明显的等级分化，数个小墓围绕一座大墓，这说明大墓的墓主人身份较高，可能是最初的贵族。以城头山为中心，在5公里为直径的范围内，分布有数十处大溪文化时期的聚落，最大的也不到1万平方米，当为比城头山城址低一级的聚落。城头山城址的出现可能与防水患及富裕聚落筑城以防外族入侵有关。这个古城是我国新石器时代发现的年代最早的城址，对于研究新石器时代晚期中段的社会性质有重大的意义。

长江下游的崧泽文化与庙底沟类型年代大体相当（公元前3910±245—前3230±140年）。吴江龙南遗址F3与F2，一南一北并列成排，F1与F4，一西一东并列成排，两排房址垂直分布，应是一座院落建筑群的西南角部分[66]。崧泽文化时期仍然是数百人乃是上千人的大墓地，这一点与马家浜文化相同，墓地中已可见到分区、分群的规划，且随葬品在分群的级别上有所分化，特别是崧泽文化晚期出现了南河渠、张陵山那样的大型墓地，墓地中有祭坛，墓葬中随葬肖形陶器和大批普通墓地不见的玉器[67]，说明这一时期贫富分化已开始出现。

总之，新石器时晚期第二段在以前的基础上有了较大的发展，聚落中心出现了特大型房址，在南方大溪文化出现了城址，聚落有了等级上的差别，在这一段的晚期，墓葬中有了贫富分化的现象。

3. 新石器时代晚期第三段

这一时期，经济继续发展，聚落内部和聚落之间都出现分化。根据发掘资料可分以下几个类型：

(1) 大地湾类型

大地湾乙址为代表的仰韶文化第四期（西王村类型）遗存的聚落特征非常明显，是以大型宫殿为中轴线的中心聚落形态。该遗址利用黄土高原的自然地貌，依山而建，背山面河，两侧为天然沟壑。主体部分面积达50万平方米，仅发掘遗址的一小部分面积，即五、九和十掘区。大型宫殿建筑F400、F405和F901均位于遗址中轴线上，在中轴线上还有几处尚未发掘的大型宫殿基址，这样第四期的宫殿可达6处左右。发掘区内房址层层叠压,在中轴线两侧有6个左右的居住区,居住区内文化层较厚,其余地方文化层较薄,该遗址当为中心聚落,在清水河流域还有十几处小遗址。

F901宏伟壮观,占地面积420平方米,由主室、东西侧室、后室和门前附属建筑组成。主室有直径90厘米的两个大圆柱,中央有直径2.5米的火塘,体现了史前建筑的高超技艺。F901门前有一大广场,只是尚未发掘。该宫殿因失火而毁,出土的遗物及其所在位置非常重要,西侧室门口放有两叠陶钵,每叠6个,共12个,后室靠墙处放置4个大陶缸,主室放置量器、四足大陶鼎和陶灯等,说明这座宫殿平时储藏有粮食,仅供少数人吃饭,可能是部落首领开会时在这里用餐,四足大陶鼎可能是当时的礼器或祭祀用具,量器当为整个部落的标准,是整个部落主持公道的地方,平常用作公共活动场所。大地湾乙址为清水河流域的部落中心所在地。

第四期共发掘房屋56座,除3座为大型宫殿外,有40平方米的中型房址8座和30平方米以下小型房址45座。均为平地起建,可能每个居住区内以中型房址为中心,周围有较多的小型房址,每个居住区当为一个氏族,整个聚落为一个部落。大地湾类型当为高土高原上梁峁地形大型史前聚落形态的典型代表。

(2)八里岗类型

八里岗遗址东北部和中部,发掘出仰韶文化晚期的南北三排长屋,其中中排和南排间距20米,中间是人工铺垫的空场;北排和中排的距离较近,6—10米。南边一排揭露的长度近30米,其中F21残长26米,进深7米,面阔8间(套),房屋有一大一小或一大两小间。中间一排房屋揭露的东西长度有近百米(F58、F65、F34、F30、F39),共5组套房,多为一大一小的套房,个别为多间排房。北边一排房址较零散(F66、F71、F58),有双间套房,也有多间排房[68]。

淅川下王岗遗址发掘出一座仰韶文化三期(西王村类型)的长房,全长85米,坐北朝南,进深7—8米,面阔29间。这29间基本上都是有灶的正房,正房的前面有门厅,整栋房由12个双间套房和5个单间套房组成,共17套,每套房屋均有门连通。正房的面积大小不尽相同,在长屋东南侧还有3间单室长屋,使整个长屋呈曲尺形。长屋西侧发现有19个柱洞围成的圆圈,当为干栏房屋,其功能有别于长屋,可能是附属的仓房[69]。在这排长屋的东北角后10米处发现有红烧土硬面,可能是另外一排房屋的遗迹,说明这一时期不止一排长房屋。

汉水中游这一时期,各个聚落中的房屋建筑形式基本都是双间以上的排房,这种形式亦见于同一时期的豫中地区。郑州大河村遗址位于河边漫坡岗上,面积30万平方米,以仰韶文化晚期为主。遗址中部偏西有一条古河道,把遗址分为两部分。河东聚落的居住区位于西南部的临河处,其东北为墓地。居住区分为三排:(1)北边一排 F17-F18 和 F19-F20,后两组房屋打破前者。(2)南约 20 米处有 F21。(3)再往南约 5 米处,有 5 座房址,F13、F15、F12、F11 和 F14,其中 F12、F11 叠压 F13,F14 叠压 F15。河西区聚落发掘了一排房子:F1-4、F16、F5、F10、F7、F6、F8-9,其中 F10 叠压 F5,F6、F8-9 叠压 F7[70]。

这类长屋说明当时的社会群体有多个层次的社会组织,其中最小一级的单位是单间或套间的房屋所代表的家庭组织,并有可能是包括稳定的对偶家庭在内的扩大化家庭,下王岗的长屋可能代表一个氏族。

(3)牛河梁类型

红山文化后期,社会发生很大的变化。牛河梁出现了以"女神庙"和特大型台址为中心的高级别聚落,由 20 处遗迹地点组成,中心的"女神庙"和特大型台址当为举行大规模宗教活动的场所,其余地点均为积石冢,每个地点有 2—6 个冢,每个冢中心有一座大墓,周围有若干小墓,有的还有两三座中型墓。无论大墓或小墓都随葬玉器,形成玉葬之礼。高级别聚落的居址有待进一步发现和揭示。"女神庙"位于牛河梁的第二道梁近于梁顶处,特大型台址南距女神庙北墙仅 8 米,东西南各长约 200 米,总面积 4 万平方米,台址周边用红色花岗岩立石砌边墙,并围以筒形器,三重三级,台址北还应有一座庙址。"女神庙"是一座半地穴房址,出土有人物塑像、动物塑像和陶祭器。主体建筑已可明确分出主室、侧室、前后室,形成主次分明、左右对称的布局,已具备宗庙的雏形。另遗址群西南角发现一座金字塔式巨型建筑[71]。比牛河梁聚落低一级的聚落均有积石冢,只是规模略小,数量也少,只有一两座,也随葬玉器。第三级聚落当为一般的村落遗址[72]。

(4)城头山类型

澧县城头山城址Ⅲ期城墙属屈家岭文化早期,距今 5300 年,Ⅳ期城墙属屈家岭文化中期,距今 5000 年[73]。城墙在宽度上超过了 10 米,城壕宽达 50 米,成为名副其实的护城河。屈家岭早期城内重心移到了城中偏西的部位,发现了一座夯土台建筑,其上有一座 100 平方米的房址,基槽宽 1 米,正方形,无灶坑和火塘之类的生活遗迹,当为公共活动场所,用于聚会和议事。墓葬中随葬品的多寡悬殊现象非常普遍,M425 随葬器物 103 件,而有的墓只有几件陶器。城头山城址周围的小型聚落不到 1 万平方米,应是比城头山低一级的聚落,花元塔遗址的墓葬与城头山墓葬相比,在随葬品数量和规格上要低于城头山。

郑州西山遗址发现一座仰韶文化晚期的城址,年代大约距今 5300—4800 年[74],城址平面近圆形,直径约180米,城内面积25000平方米,现存城墙约265米,墙宽3—5米,现存高度1.75—2.5米,城墙采用方块版筑法,从墙的高度来看,城隅宽于其他段城墙,墙外有壕沟环绕,城门发现2座,为北门和西门,北门宽约10米,平面呈"八"字形,东西两侧有略呈三角形的附属城台,北门外正中横筑了一道护门墙。城内发掘200余座房址,从保存较好的几座来看,似有一定规律,可分两级,即向北的一组和门向城内中心方向的一组。西门内东侧有一座大型夯土建筑基础,略呈扇面形状,东西长约14米,南北宽约8米,其周围环绕数座房址,在此建筑的北侧是一个面积达数百平方米的广场。该遗址发掘的143座仰韶晚期的墓葬,分属于两处墓地,第一处位于城外西部,第二处位于城内北部。大型袋状坑多分布于城址西北部,这类储藏窖应该集中在聚落内部的地势较高处。此外,还有20余座废弃窖穴出土了大量兽骨架,它们应该是祭祀活动中所用的牺牲。

城头山和西山城址的发现大大丰富了新石器时代晚期第三段聚落考古的资料,对研究这一时期的历史有重要的意义。

总之,新石器晚期第三段的聚落形态表明,社会分化不断加深,聚落之间的等级差别明显,出现了特大型殿堂般的建筑,以私有制为核心的社会已经形成,宗教在人们生活中的地位越来越重要,城址的规模更加壮观,已经属于初级文明社会。

第三章　龙山时代聚落形态研究

龙山时代指公元前3000—前2000年的新石器时代末期[75]。龙山时代的文化主要有:山东龙山文化,良渚文化,黄河中游的龙山文化(陶寺文化、王湾三期文化、后岗二期文化和造律台文化),渭河中下游的客省庄二期文化,渭河、黄河上游的齐家文化和长江中游的屈家岭文化晚期、石家河文化,内蒙古中南部的老虎山文化等,另外,大汶口文化晚期也进入龙山时代。

这一时期社会的各个方面发生了巨大的变化,主要表现在以下几个方面:

1. 农业有了较大的发展。许多遗址都已发现了石犁,良渚文化有破土器、耘田器、石镰、石刀等成套的农具。

2. 手工业方面的成就显著。铜器制造已出现,陶器制造中普遍使用快轮,石器制造向着大规模和高精方向发展,丝绸业也有较大的发展。技术的进步使手工业越来越专门化,手工业已从农业中分离出来。

3. 建筑业也有巨大的进步,土坯已大量使用。

4. 城址大量出现。至今发现的龙山时代的城址大约有40多处,分布于河南、山东、湖北、湖南、四川和内蒙古等省区,一些城址中有大型宫殿式建筑或大型夯土台基。

5. 聚落等级化明显,以城址为中心的聚落群可分三至四级。最高一级是中心级遗址,第二级是次中心聚落,第三级是普通的村落,有的聚落群有第四级聚落,即临时居住点。

6. 龙山时代宗教非常盛行。用肩胛骨的占卜术可以说在龙山时代普遍出现,与原始宗教有关的遗迹、遗物大量涌现,其数量、规模和分布范围较以前有较大的变化。

7. 文字有较大的发展。龙山时代一些文化的陶器上刻画或书写了陶文,如丁公陶文和陶寺陶文。

8. 礼制已经出现。由陶器、漆木器和玉石器构成的非铜礼器组合,体现出早期礼制的特点。

一 单个聚落研究

由于龙山时聚落可分为3级或4级,因此应先研究单个聚落的形态特征,再研究聚落分布与聚落之间关系。由于龙山时代经过整体大规模发掘的完整聚落很少,只能研究出房屋组合的关系,其整体的内部结构,如房屋、灰坑、手工业作坊、牲畜圈栏、宗教遗址、给排水工程、交通、墓葬和防卫设施等不甚清楚,但房屋是最复杂又最能反映社会面貌的一类遗存,研究房屋的布局及相互关系非常重要。龙山时代的单个聚落有以下几种类型:

1. 尉迟寺类型(排房式聚落)

蒙城尉迟寺遗址是大汶口文化晚期聚落遗存[76],以椭圆形围沟环绕,沟西南角经钻探有一缺口,推测为出入的通道。围沟的规模宏大,呈西南—东北方向的椭圆形,南北跨度约230米—240米,东西跨度约220米,沟宽约25米—30米,整个大汶口文化晚期建筑基址群在其怀抱之中,西南部的缺口宽约20米。围沟的功能一方面是作为防御设施,另一方面兼有防洪、排水和汲取生活用水的功能。围沟的内侧共清理出长短12排基址,这些房址以中部偏北为中心,由二组长排建筑构成,其中已发掘的一排长近40米,即2号基址和4号基址,另一排位于该排的南部,两排相距在20米左右,这两排房址为该聚落的主体建筑。在遗址清理出的长短12排建筑基址中,两间一排7处,四间一排1处,五间一排3处,六间一排1处。排房建筑遗存规划合理,错落有致,大部建筑基址呈西北—东南走向,门朝向围沟出口的方向,个别建筑基址呈东北—西南走向,房门都朝向遗址的中心方向。长排建筑基址主要位于遗址的北部,而遗址的东西两侧以短排建筑基址为主,南侧也有短排基址。建筑基址前的活动广场共发现3处,即1号基址、2号基址和11号基址前的广场,其中11号基址(F44—F48)前的活动广场面积较大,保存较好,面积达320平方米,呈扇形分布。两间一排的房址数量较多,可能居住着一个小的家庭,4—6间一排的房址可能居住着较大的一个扩大化的家庭,整个聚落当为一个较亲密的宗族。

临潼康家遗址客省庄二期文化房址分布也很有规律,成排成组的房址略呈东北—西南向排列,一排房子最多者可达30多间。若以同一平面的房址计算,遗址大约有千座房子分布,但有早晚分区建房的区别。1987年的发掘证明:第二阶段呈现出南北成排、东西成行的分布格局,这种格局一直延续到第三阶段[77]。

汤阴白营遗址属河南龙山文化晚期,聚落布局同样有一定规律,共发现63座房址,房址东西成排、南北成行,房址绝大部分都是圆形的[78]。

淮阳平粮台遗址属河南龙山文化,房址为长方形连间排房,F1平地起建,用土坯垒砌,中间立两道隔墙,分为三间,南墙各有一门,宽0.7米。F4原是一座高台建筑,台高0.72米,房内距北墙0.92米处有一条土坯垒的东西向界墙,界墙南有三道南北向隔墙将房屋隔成四间[79]。

2. 黄楝树类型(屈家岭文化院落式聚落)

淅川黄楝树遗址位于丹江与黄岭河交汇处的一个台地斜坡上,发掘出一组屈家岭文化"凹"字形庭院式建筑群落[80],由31座房屋组成,分别为长方形或方形的单间(20座)、双间(9座)和三间套(2座)三种形式。北排和东排房屋叠压打破现象较多,说明房屋经过多次重建和改建,其中北排的位置丝毫未动,东排略有错动,最南部的拐角房是F31,最北处的拐角是F10、F19(F10打破F19)。F18、F28与东排房屋垂直成三个小院,其中东部的院落最大。在这组院落的前后发现20座灰坑,有的单独分布,位于主室和房屋旁边,有些成组分布,单独的可能属于某一座房屋,成组分布的可能属于几座房屋共有。该院落共31座房屋,单间面积最大的F31,面积近30平方米,最小的如F17、F20面积不过5—6平方米,一般房屋的面积约10平方米左右,双间套房和三间套房的单室面积分别为10—20平方米和10平方米左右。室内设有火塘,个别还有两三个火塘,F15出土有石料、砺石和钻孔石芯,很可能是制造石器的作坊。

石家河遗址群中的肖家屋脊遗址和罗家柏岭遗址也有"凹"字形院落[81]。肖家屋脊遗址屈家岭文化时期的5座房址组成"凹"字形院落,罗家柏岭遗址清理了一处很大的院落式建筑群,院落现存部分大体是"凹"字形,由西北—东南向的一道院墙及其两端与院墙垂直的两套双间长屋组成,院墙长39.5米,宽1米,并有附墙柱42根,墙基槽宽0.4—0.8米,深0.3—0.5米,院墙东南端的房屋保存不好,西北端双间长屋长14米,宽4.2—5.5米,南间略小并似有两道隔墙将南间分为三小间,房屋墙壁亦为挖基槽起建,并栽有基槽内的附壁柱,附壁柱间隔0.8米,而且相对两面墙的壁柱是对称的,说明它们是架梁承重柱,这是目前石家河遗址群中发掘清理出的比较完整的一组建筑。肖家屋脊和罗家柏岭除院落式房址外,还有长方形单间和双间房,并且有多间长排房。

应城门板湾遗址发现屈家岭文化时期完整的一座房址[82],该房址为一座南朝北的四开间长排房屋,这座房子以北还有建筑,可见这里是一处建筑区,这座房屋应当是与周围的其他房屋共同组成某种形式的院落。

3. 后寨子峁类型(甘陕龙山文化聚落形态)

后寨子峁遗址位于陕西省吴堡县辛家沟乡李家河西北[83]，该遗址分布于三座连接的山梁上，遗址面积约21万平方米，一、二号山梁较小，三号山梁较大。2004年发掘面积近3000平方米，清理房址48座，时代为客省庄二期类型。遗址发现二道石围墙，石围墙壁位于一、二号山梁与三号相连的马鞍部，一号山梁与三号山梁相连部的石围墙残长35米，墙外侧壕沟不甚明显，石围墙中部偏西北处有5级台阶作为通道。二号山梁的三面临沟的山坡上发现有断断续续的石围墙，二号山梁与三号山梁相接处发现石围墙壁和围墙外明显的壕沟，石围墙残长30米，其东端留有土台级与外部相通。三号山梁未发现石围墙，可能有其他的原因。以上说明该聚落的特征是在较窄小的三面临沟的梁顶上砌石围墙和挖壕沟作为屏障，发现的48座房址位于三座山梁上，房址分布的特点是沿山坡层层而建，房址的建造方式可分为窑洞式、半地穴式、半地穴与窑洞式相结合的复合式三种。窑洞式房址的平面呈"凸"字形，由主室和门道构成，复合式房址呈"吕"字形，由前室、过道和后室组成。"凸"字形和"吕"字形房址，即窑洞式和复合式房址数量较多，占房址总数的一半。48座房址存在着明显的组群关系，如F3和F6共用一个院落，可能住着一个家庭，每组房址可能住着一个扩大化的家庭。

后寨子峁应当为陕西黄土高原上的典型聚落遗址。聚落形态和陕西的沟壑梁峁的地形特点有密切的关系，较独立的山梁形成一个较封闭的小聚落，可能代表一个较亲密的宗族。

武功赵家来发现客省庄二期文化的房址10座[84]，有长方形半地穴房址（3座）、单室窑洞和半窑洞半起墙式房址三种。窑洞式房址应有2座，平面是"凸字形"，两座窑洞南北相邻，基本平行。半窑洞半起壁式房址发现5座，这些房址也和窑洞式房址一样，东壁保存较高，达2.6米，可知是依着当时的陡坡向断壁掏进，有的在靠近洞口的前部有夯土墙，有的近洞口的洞壁筑墙加固，平面有长方形和"凹"字形两种。

常山下层类型也发现准窑洞式和半窑洞式房址。准窑洞房址有宁夏县阳坬F10[85]，顶部距地表1.5米，窑洞本身高约3.5米，底部近圆形，直径4.6米，面积16平方米，门洞进深1米，高1.6米，宽1.5米。地面先用土夯实，抹一层厚泥，表面再抹一层白灰面。整个住室的周壁和顶部烟炱很浓，灶台位于住室的前中部，和门洞相对，圆形，在灶台的西部有一条与住室相壁相连的矮隔梁，西部1.3米处有一火种坑。镇原常山遗址发现的8座房址中有6座是单室圆形土窑式和半土窑式建筑[86]。

4. 良渚文化聚落形态

①缘河而居的聚落布局[87]：龙南遗址以河道为中心，居住址分布在河的两岸高地上，第1、2层发掘1000平方米左右，发现居住址14座（其中13座位于河道两岸的高坡

上,其结构为浅地穴式或半地穴式,)灰坑 20 个,墓葬 17 座,水井 1 口,河道、路各一条。聚落内部结构的较重要的特点为祭祀活动普遍,建房、埋葬特殊死者都要举行祭活动。用于建房奠基祭祀活动的灰坑如 88H15、88H16、88H17、88H18。坑内均只出一整猪骨架,位于 F4 附近,另外 88H 坑内有牛骨和大型陶器残片,此坑南部有 88M1 当为 88M1 的祭祀坑。龙南遗址第一、二次发掘共发掘 17 座墓葬,分布在居住址的周围,一般以两三座墓为一组,可能以家庭为单位埋葬。良渚文化的普通聚落以呈江龙南遗址为代表。建筑形式有两种:第一种系浅穴式房址,共 13 座,其形状有平面方形、圆形、长方形和曲尺形,分单间或双间,屋旁有坑穴,且筑有台级坑穴,坑底残存烧火遗迹,当灶坑;第二2种为良渚文化后期清理一座干栏式建筑的局部,长度约 9 米,有三排 30 个木桩和较多条木,连同走廊在内基宽约 3.4 米。

②陵阜而居的聚落布局[88]:周围环绕水,选择高地建筑聚落,这是良渚文化最常见的居住方式。昆山绰墩遗址良渚文化时期聚落,居住址分布在祭台的周围,以平地起建的地面建筑为主。常熟黄土山遗址建筑在比较高的高地上,即海拔 4 米的土台上,房址一般为单间,大部为半地穴式。

龙山时代的另一特点是专门化遗址的出现。马家窑文化马厂类型发掘出了陶器制造场:兰州白道沟—徐家坪遗址共清理出 12 座结构相同的竖穴窑[89]。陶室的底部是生黄土,当为同时期使用的一个平面上的陶窑,其中 4 座窑在窑场北边,5 座窑在窑场的中间,2 座窑在窑场的南面,另有单独的一座窑位于窑场的东面。除东面的陶窑外,形成南北并列的三组,每一组之间都有一个灰坑,为烧窑废弃后的垃圾坑。窑室外平面略呈方形,长宽约近 1 米。在窑场内还发现一个小圆坑,内有红胶泥,坑口及地面上周围也发现有红胶泥块和夹砂红泥块及圆棒状的红胶泥小土条,当为塑陶器的地方。遗址中还发现了石研磨盘和分格的调色陶碟,二者都残留有红颜料。

二 以城址为中心的聚落群研究

龙山时代由于城址大量出现,以城址为中心形成聚落群,聚落等级化日趋明显,至今发现的城址有 40 多处。仰韶文化时期,即新石器时代晚期,城址共发现了 3 座,平面布局多为圆形,龙山时代有少量城垣建筑平面呈圆形布局结构,但大多数城址城垣平面呈长方形或方形,表明这一时期建筑城垣的水平提高。聚落形态的特征可从以下几个地区进行研究:

1. 河南境内的聚落群

河南省龙山时代聚落群以王城岗和孟庄聚落群为代表。王城岗遗址位于登封县东南县的告城镇附近,遗址面积大约为50万平方米,在王城岗遗址中部发现一座河南龙山文化晚期的大城城址,面积约为30万来方米。北城墙保存较好,残长370米,北城壕长约630米,宽约10米,西城墙残长130米,大城东面和南面的城墙与壕沟已被毁坏。值得注意的是,王城岗大城与小城有联系,小城位于大城东北部,大城和小城的夯筑方法相同,且方向大体一致。王城岗大、小城址的发现为最新研究成果,原来认为有东西两座城并存[90]。

与王城岗大致相同时期的遗址数量有限[91],均为小型聚落。在王城岗聚落群中,以毕家村遗址规模最大,约10万平方米,为单纯的龙山文化遗存,袁村遗址面积5万平方米,但含有仰韶和商代遗存,其余遗址的面积均在5万平方米以下,有的仅有数千平方米。王城岗城址与聚落群遗址大致呈扇形分布,扇形向着王城岗城址。王城岗城址处在大河交汇处的三角地带(颍河与五渡河交汇的台地上),南眺伏牛山余脉——箕山、大熊山和小熊山,西望中岳嵩山之少室山,地理位置十分重要。

孟庄城址位于辉县东南[92],坐落在一个椭圆形台地上,遗址面积达36万平方米,以龙山文化遗存为主。城址叠压了孟庄龙山的一期遗存偏早阶段的灰坑,代表了城址始建年代的上限。城址四边呈平行四边形,东城墙保存较好,长375米,北城墙复原长340米,西城墙长330米。墙体宽14米,城外开挖护城河,在东城墙中部发现了城门,城内东北部和西南部发现了房址和密集的灰坑,西南部还发现了四口小井,均为生活区。聚落群中面积超过孟庄的遗址只有新乡鲁堡遗址(48万平方米),面积在10万平方米以上的遗址有辉县苗固等6处,大多数遗址在5万平方米以下。这些遗址共有24处左右,呈近半圆形分布于孟庄城址的南侧,孟庄和鲁堡遗址位于扇形的中心部。孟庄聚落群可分三级,第一级为孟庄和鲁堡遗址,第二级为10万平方米的6处遗址,第三级为周围数量较多的小型遗址。

其他聚落群如古寨城聚落群、平粮台聚落群、郝家台聚落群均为扇形分布,即以城址为中心的扇形分布[93]。

2. 山东地区的聚落群

山东地区的聚落群以城子崖、两城镇和教场铺为代表。

①章丘城子崖聚落群,城子崖遗址早在20世纪30年代初的发掘就报道有城墙。1989年为纪念龙山文化发现60周年,对该遗址进行了发掘,龙山文化的城垣形状大致为圆角方形,唯西北角向北凸出成曲尺状,城址东西宽455米,南北最长540米,城墙下有基槽,在南北城墙各发现一门,并似有门房一类设施[94]。城子崖聚落群以城子崖

为中心,其周围遗址呈半圆形分布,因缺乏济南市历城区的调查资料,该聚落群可能并不完整,可能应为椭圆形。

②两城镇聚落群:日照两城镇遗址面积在265万平方米左右,有城墙和大型建筑设施[95]。丹土遗址位于两城镇西北4公里多处,面积33万平方米,有高出当时地表2—3米的城墙。城址规模为25万平方米,呈不规则的椭圆形,城内有大片墓地和大面积夯土台基及居住遗迹,还发现手工业作坊区。日照两城镇地区乃至日照市境内的聚落群是以两城镇遗址为中心,大致呈圆形结构分布。该地区龙山文化遗址呈等级状分布。第一级为地区中心,即两城镇遗址,为政治中心兼宗教或祭祀中心。第二级为本地区中心,面积从几万至几十万平方米,一般有城墙,文化堆积也比较厚,丹土遗址属于这一级别。第三级为一般聚落,遗址面积在数千至几万平方米,文化堆积较薄,不见城址和大型建筑遗址,也看不到玉器和蛋壳黑陶等精美的遗物。

③教场铺聚落群:教场铺龙山文化城址位于乐平县乐平铺镇教场铺村西北[96],平面呈圆角长方形,遗址面积40万平方米,城内有大小两座夯筑台址,小台面积1.6万平方米,大台面积达10余万平方米,当为大型宫殿基址。教场铺遗址周围有若干中小型聚落遗址,虽然分布并不十分均匀,但也有明显以教场铺遗址为中心大致呈圆形分布的特点。教场铺聚落群龙山文化遗址可分三级:第一级为地区中心,即教场铺遗址。第二级为次中心一级聚落,均为城址,有王集城、大尉城、乐平铺城和尚庄城等,王集城面积3.7万平方米,大尉城面积3万平方米,乐平铺城面积3.5平方米,尚庄城面积3万平方米。第三级为普通聚落。

3. 内蒙古中南部石城群

内蒙古中南部石城约20余处,主要分布在三个区域:包头市东大青山南麓、凉城县岱海附近和准格尔旗—清水河之间的黄河两岸,前两个地区聚落群区在分布上有一定规律可循。

①大青山南麓石城群[97]:共13处,在东西一线上几乎每5公里左右就有一处,且三两成组,多数遗址的台地上筑有石墙,城址一般规模较小。威俊石城址位于石城群最东端,共有三座石城址。东侧的WⅠ面积约1.8万平方米,地势较开阔,城内仅发现一座房址,东侧石墙外,有三座方形祭坛。WⅡ面积约8000平方米,在石墙内东南边缘发现5座石砌房座基址,西南边缘有一方形祭坛。WⅢ面积约1万平方米,石墙内发现十余座石砌房屋,可分为三组,未发现祭坛遗迹。阿善城址位于石城群最西端,由东西相距约250米的两个台地组成,均建有石砌城垣,城垣随地势之起伏而筑。西台地发现祭坛遗迹,由15座圆形石堆组成,其中最南端的一座最大,石堆群总长51米。

②岱海西侧石城址[98]：共4座，石城呈东北—西南向分布于岱海西侧。西白玉、老虎山和板城三座城址分布集中，大坡庙石城则分布在较远的岱海北侧。在这条线上还分布着一些可能属于龙山时代的聚落址，这些遗址尚未发现石砌的城垣。在这个聚落群中，老虎山城址规模最大，面积达13万平方米，可能为该地区的中心聚落。老虎山城墙为石砌围墙，其内部按山坡陡缓修成八级阶地，每级阶地上建有成排的房屋，二至三间为一组。该城址中部被大沟破坏，在东北部和西南部的两处较平缓的山坡上建有成群的房址。东北部的房屋面向东南，西南侧的房屋多面向东，部分面向东南。每个阶地上以组为单位的房屋可能住着一个扩大化的家庭。山顶部有一小方城，其中央最高处有建筑痕迹，当为中心建筑。石城外西南侧发现有3座陶窑，当为制陶区。墓葬在北墙内侧发现有3座，可能成片的墓地在城外。山顶上的小方城及建筑说明当时的城内有较高一级的组织，控制着整个城内的居民。

4. 良渚文化聚落群

良渚文化聚落群可分为三级[99]：第一级为中心聚落遗址，可以确定的有良渚、福泉山和寺墩三处，其中以良渚遗址群最为突出。良渚遗址群位于浙西山地与东部杭嘉湖平原交接处，分布在东西长约8公里，南北宽约3—5公里的范围内，总面积近34平方公里，大部分地方地势平坦。良渚遗址群已发现的遗址或墓地有近50处，大致可分为东西两群：东面一群位于良渚镇周围，有10余处遗址；西面的一群以莫角山为中心，主要分布在长命、瓶窑和安溪三镇之间，有30余处遗址。莫角山是一处人工修建的长方形土台子，东西长约670米，南北宽约420米，高5—8米，四边都很整齐，土台上还有3个高土墩，称作大莫角山、小莫角山和乌龟山，小莫角山南侧发现一座大型建筑基址。莫角山周围分布着一些重要遗址，西北200米处是大型坟山墓地——反山，马金口发现建筑遗迹，汇观山有祭坛和墓地，东北面瑶山有大型的祭坛和墓地。姚家墩有南北分列、东西对称的6个台子，中心部位有面积约35000平方米的长方形台子，其上有大型建筑遗迹。良渚遗址群的占有者很可能实际控制或统治整个太湖南部地区。比良渚遗址群低一级的次中心聚落有吴县草鞋山和张陵山等共20余处，多数有人工堆筑的贵族坟山，其埋葬制度、随葬器物等都同良渚、福泉山和寺墩十分相似，随葬的玉礼器种类、样式和花纹都和良渚遗址群的玉器一致，只是加以简化罢了。良渚文化的第三级聚落是普通的村落，每处遗址有居住区和墓地，墓葬较小，随葬普通的陶器和石器，这类遗址已发现数百余处。

5. 长江中游地区的聚落群

从20世纪90年代起，这个地区发现了8座城址[100]，年代皆在石家河文化晚期之前。湖南澧县城头山城址、湖北石首走马岭城址、湖北江陵鸡鸣城址、湖北江陵阴湘城址平面近圆形,湖北荆门马家院城址平面近梯形,湖北天门石家河城址面积最大,约120万平方米,平面大致呈方形。长江中游的城址多依托岗阜河流等修建,这些城址均采用堆筑法建成。堆筑是普遍见于长江流域新石器时代至商周时期的建筑技术,系用土直接铺垫,层层累积成墙体,土层不水平,墙体比较宽大,坡度较小,这与北方用木板、索具夯筑起来的城墙不同。在城垣外侧开挖比较宽大的城壕。多数情况下,城壕利用天然河道和人工开挖相结合的方法修建,集防洪、给排水和交通等多种功能于一身。

长江中游的城址中,石家河城址的发掘具有重要意义[101],该城南北长约1200米,东西宽约1100米,西垣、南垣保存较好,宽度在50米以上,现存高度约4—6米。城垣外侧的城壕平均宽度约80米。城垣平面呈平行四边形,外侧环绕的壕沟长约4800米,为我国最大的史前城址。城址北部、西部和南部地势较高,东部中央和东南部地势较低,东北角有一土城,平面呈椭圆形。城址始建于屈家岭文化中晚期,石家河文化时期最为昌盛,周围发现屈家岭文化和石家河文化遗址30余处。

调查和发掘证明石家河城址内外的不同区域存在着功能上的区分。城址中西部的谭家岭遗址进行过三次小面积的发掘,发现有叠压打破关系很复杂的房屋建筑堆积,厚2—3米,这里应为长期居住区。邓家湾遗址位于城内西北角,曾经进行过较大面积的发掘,发现有百余座墓葬的墓地。在距墓地不远的地方清理了两座圆坑,出土了数以千计的小陶塑品,造型有鱼、鸟、狗、羊、龟、猪、象和虎等,如此集中发现为第一次。附近还发现有几处套接陶筒形器和套接陶缸的遗迹,套接的陶缸上刻有钺形和高柄杯形符号,这些遗存都和祭祀有关。城内南部三房湾东面发现一个土台子,高1—1.75米,范围大约为90米×75米,堆积中有成层的黏土和红烧土,夹有红陶杯,估计红陶杯的数量在10万只以上,当为宗教活动场所。城外的四周分布着大大小小的遗址,其中经部分发掘的有肖家屋脊和罗家柏岭。肖家屋脊为完备的居民小区,发掘面积达6710平方米,发现有房屋、灰坑、排水沟、露天灶和墓葬等。

长江中游地区屈家岭—石家河文化时期聚落的等级化比较明显,可分三个等级,发现的八座古城均为区域内的中心聚落,石家河遗址群当为第一级中心聚落,面积120万平方米,这一中心意味着京山、天门一带自屈家岭文化时期开始一直就是江汉平原的文化中心。第二等级为面积8万—25万平方米的次级聚落,包括长江中游发现的其余的7座古城,面积较大者在20万—25万平方米左右,而城头山、走马岭古城位于湘北一隅,面积较小,仅8万平方米。第三等级为普通的村落,这一地区无城郭的小型聚落大量存在。

三 结语

　　尉迟寺二间一排、四间一排、五间一排和六间一排房屋的发现,对于研究当时的家庭形态有重大的意义,同样黄楝树遗址单间、双间套房和三间套房的发现具有同样的价值,可以看出当时有的家庭人口较多,而有的家庭人口较少,人口较多的家庭过婚姻生活的夫妻不止一对,有必要分间居住,说明当时的家庭形态呈现出多样化的倾向。

　　以城址为中心的聚落群的研究,证明龙山时代聚落中心已向城市化转变。城市的出现,使大批的小聚落变为乡村,城乡关系的变化意味着阶级压迫的出现。在城市刚出现时城市就对农村进行剥削和压迫,但是,城市给乡村输送技术和文化,乡村又给城市提供粮食和其他生活资源,城市和乡村是相互联系、相互依存的关系。

第四章　新石器时代宗教遗存初探

　　20世纪80年代以来，新石器时代的宗教遗存大量发现，现在，已有可能对整个新石器时代的宗教遗存进行比较全面的总结和探讨。宗教遗存的大量发现说明在新石器时代宗教已是古代人们生活中的重要部分。新石器时代的宗教比我们想象的要发达，宗教的主要内容是祭祀和巫术，是由巫师或祭司来完成的，巫师或祭司在生活中具有很高的地位。对于新石器时代的宗教的研究目前尚未形成潮流。本文对新石器时代的宗教遗存进行了粗略的描述，并总结前人的研究成果，对宗教遗存进行初步探讨。

一

　　河北易县北福地一期发现陶质面具和祭祀场[102]。在F1的填土中发现刻陶面具和面饰作品，完整或基本完整者十余件。面具原料为直腹罐残片，面积大小和真人面部相同，平面近梯形，有5个钻孔，以方便系绑，眼睛鼻子和嘴较清楚，眼睛刻透。面饰品则较小，一般在10厘米左右。面具和面饰品的图案内容有人面和兽面（猪、猴和猫科动物）。祭祀场平面近长方形，总面积90余平方米，地面系生土，较平整，其上发现陶罐、磨制石器（35件）、玉器小石雕和水晶等90余件物品，物品在平地上铺排，可分若干组，说明这些器物为有意放置，祭祀在生土地面上进行，祭祀用的器物均比较讲究。覆盖其上的填土为特别选筛，对祭祀场面的掩埋是精心策划的。北福地一期的年代为距今8000至7000年间，年代与兴隆洼文化、磁山文化、裴李岗文化相当。北福地宗教遗存的发现很重要，面具是祭祀或进行巫术时的辅助神器，戴有面具的人扮成神祇。祭祀场发现的90余件物品成组铺排，地面选择平整的生土，且填土经过特别选筛，这都说明祭祀活动较为隆重。在大地湾二期一段（半坡类型晚段）也发现20件石斧放置在5米×5米的探方T331内，石质与同时代的石斧不同，均无使用痕迹，可能也与祭祀有关。

　　兴隆洼文化发现了龙形堆石和祭祀坑。辽宁阜新查海遗址中部的聚落中心广场上发掘出了龙形堆石[103]，紧邻聚落中心的最大房址，房屋和窖穴等建筑分布于周围。

龙形堆石全长19.7米,宽1.8—2米,龙形堆石的腹部和背部出土了几件完整陶罐,南侧有墓葬和祭祀坑。该龙昂首张口,弯腰弓背,尾部若隐若现。这是中国发现的年代最早、形体最大的龙。龙形堆石发现于中央广场上,说明这里是人们经常进行祭祀活动的地方,宗教在人们日常生活中占有很重要的地位。内蒙古林西县白音长汗遗址兴隆洼文化遗存AF19内出土了石雕人像[104],该人像栽立在室内中央火膛近旁,圆雕,头部呈三角形,下端打制加工成楔形,以便安置时栽立,通高36.6厘米。另外,兴隆洼文化还发现有"居室葬",可能与祭祀活动有关。兴隆洼文化时期宗教祭祀活动主要在中央广场和室内进行。

北福地一期和兴隆洼文化的宗教遗存是比较原始的,这说明在七八千年前已经有了宗教祭祀活动。

二

河南濮阳西水坡发现了贝壳摆塑的龙虎图案[105]。西水坡M45墓室结构为竖穴土圹,墓内共埋葬4人,墓主人居于中央,身长1.84米,仰身直肢,另外3个殉人年龄较小,分别埋于墓室东西北三面的小龛内。墓主人左右两侧用贝壳精心摆放龙虎图案,蚌壳龙图案摆于人骨的右侧,状似腾飞;虎图案位于人骨左侧,似行走状。虎图案的北部有三角形蚌壳堆,在其东面,还有两根人的胫骨。M45墓主人死后有3人殉葬,而且有蚌壳摆塑的龙虎图案,说明墓主人生前的社会地位很高,有一定的权力。第二组蚌塑位于M45南侧20米处,图案有龙、虎、鹿和蜘蛛等[106],龙虎联为一体,鹿卧于虎的背上,蜘蛛摆塑于龙头的东面,在蜘蛛和鹿之间还出土了一件精致的石斧。第三组蚌塑位于第二组蚌塑南25米处,发现于灰沟中,灰沟的底部铺垫厚0.1米的灰土,蚌塑位于灰土中,图案有人骑龙和虎等,龙的背上骑有一人,虎摆塑在龙的北面,龙和虎均呈奔跑和腾飞状。在龙虎的西面还有一展翅的飞禽。另外,在龙、虎的腹下和东、西两侧还各有一堆圆形蚌塑,龙腹下的蚌塑面积较大,可能象征山川。这三组蚌塑对于研究仰韶文化的社会性质和中国文明的起源是非常重要的资料。严文明先生认为M45的墓主人(男性老人),应该是与宗教遗迹有密切关系的巫师,甚至同时也是那个墓地所代表的氏族或部落的酋长[107];M45没有随葬品,但被后岗类型的灰坑打破,说明其不能晚于后岗类型,属新石器时代晚期早段。张光直先生曾把西水坡那些贝壳摆放的动物形象称之为濮阳三蹻,认为它们与后来道家所称的三蹻是相通的,墓主是原始的道士或巫师[108],道士可以借龙虎鹿三蹻脚力,周流天下,上天入地,与鬼神往来,动物是巫师从事通天地的助手。冯时先生则认为第一组蚌塑图案组成了一幅二象北斗星象图[109],蚌塑三角形表示斗魁,东侧横置的两根胫骨表示斗杓,北斗作为拱极星有与二十八宿拴系在一起的特点,这对于研究二十八宿的起源有重大意义,三组蚌塑构成一个完整的具有原始宗教意义的升天景象,M45 的墓主人是一位掌管天文通达天地的部落首领。以上几种说法均有道理。濮阳西水坡的发现说明此时宗教已处于较成熟的阶段。M45 的墓主人是一位男性老人,左御青龙,右降白虎,俨然是一位颇有权势的领袖人物。中国古代王出于巫,政教合一是早期宗教的特点,首领是天命的唯一传达者和执行者,他们具有通天的法力。这表明当时的人们在宗教信仰方面已有自己的体系。濮阳西水坡的发现也说明四象在此时已产生,东宫苍龙和西宫白虎均有,分别代表东方和西方。

半坡遗址在2002—2005 年的发掘中,发现了半坡类型的祭祀遗迹[110],主要是石柱、陶器坑、墓葬、红烧土硬面和红烧土堆积。石柱直立于地面上,横断面为椭圆形,表面光滑,高出地面62 厘米;陶器坑位于石柱的北面,共发现5 组,每组的器形和数量都不相同,其中1 号坑有49 件小陶罐;墓葬位于石柱的南面,共发现4 座;红烧土硬面1处,位于石柱北面约3.5 米处,圆形,红烧土堆积3 处,位于石柱的西侧和北面,圆形或椭圆形堆积,可能是祭祀时用火留下的。半坡类型的祭祀遗迹主要以石柱和陶器坑为主,不同于其他类型的祭祀遗迹。

仰韶文化晚期人口大量增长,出现了面积甚大、规格甚高的中心聚落,如甘肃秦安大地湾遗址[111],面积达100 万平方米。F901 有前堂、后室和东西两厢,占地面积420平方米,是一座多间复合式建筑。这座建筑布局规整,中轴对称,前后呼应,主次分明,不仅体现了史前建筑工匠的精湛技艺,而且显示了建筑本身在聚落中的核心地位。从未搬走的器物看,有四足大陶鼎、灯和量器等,四足大陶鼎在大地湾遗址是一件特殊器物,应该是非常重要的礼器。该建筑应为中心部落的首领们进行聚会议事和举行宗教祭祀活动的场所。在聚落南北的中轴线上,还发现了F400、F405 及其他大型建筑遗迹现象。拥有这些房屋的聚落,明显是高于其他聚落的中心聚落。在F411 室内近后墙的中部居住面上,发现一幅用黑色颜料绘制成的地画,时代为仰韶文化晚期。地画绘有两个人物和一个内有动物纹饰的长方形方框,东西长约1.2 米,南北宽约1.1 米。地画的上部为两个并排而立的人物,人物头部有飘洒的头发,肩部宽平,腰部略收,左臂上弯搭于头部,右臂下垂,手持棍棒,两腿在小腿处交叉。两个人物的动作很像在舞蹈,他们可能在跳巫舞。巫师的作业包括舞蹈,长方形方框内的动物应当是祭祀时的牺牲,至于祭祀的对象可能是祖先或某位神祇,因为F411 是大地湾仰韶文化晚期的小型房址,其祭祀对象的级别应当较低。

郑州西山遗址也发现了一座仰韶文化晚期的城址[112],年代大约在距今5300—4800年,城内面积25000平方米,城址的房基底部的垫土层中,常见埋有一件和数件罐、鼎等陶器,部分陶器内有婴儿骨骼,推测是在房基垫土层上随意挖坑埋的。北门西侧的城墙墙基埋有陶鼎,底部夯层中埋有陶罐,墙体夯层中则分层埋设彩陶钵、鼎、罐等十余件陶器,其中彩陶钵内有婴儿的骨骼。西山城址的奠基遗存,说明在建筑房屋和夯筑城墙墙基前需要举行有特殊宗教意义的祭祀活动。西安半坡遗址也有类似的遗存,个别房址地面下埋有盛满粟粒及盖着透空器盖的陶罐,均为奠基时留下的祭祀遗存。另外,西山遗址还发现20余座废弃窖穴,内有大量兽骨架,它们应该是祭祀活动中所用的牺牲。

仰韶文化的时代是传说中的黄帝、炎帝时代[113]。此时的宗教如果按传说来看,已有了原始的道教,传说黄帝问道于崆峒山的广成子。张光直先生认为濮阳西水坡的宗教遗存是后来道家所称的三蹻,墓主是原始的道士或巫师,这就把道教的历史提前到6000年前。原始道教注重通天地,认为道士死后可以升天。

三

东北的红山文化发现了祭坛和女神庙。辽宁喀左东山嘴的祭祀遗存地点选择在开阔河川和大山山口的梁顶。基址由大型方形基址和小型圆形基址组成[114]。大型方形基址四周均用石块砌成,其上有竖立或倒塌的大型石柱,北部两翼有石墙基,南部两翼有东西两处石堆,在总体布局上,按南北轴线分布,注重对称,有中心和两翼的主次之分。大型方形基址南约15米,有石圈形台址,直径2.5米,周围以石片镶边,石圈内铺一层大小相近的小河卵石。石圈形台址南约4米,有几个圆形石基址,可辨出三个相连的圆形基址,其中有两个尚有轮廓,近椭圆形。该遗址出土有陶塑人像群,可分为大型塑像和小型塑像,大型塑像姿态固定,盘腿,正坐,双手交叉于腹部。小型塑像出土于石圈形台址旁边,为孕妇的体形特征。遗址还出土特殊的陶器和兽骨等遗物,特殊的陶器以无底筒形器最多见,当为祭祀用具。东山嘴的祭祀遗存是具有相当规模的宗教遗存,说明红山文化的宗教形态已相当完善。俞伟超先生认为大型方形基址是祭祀地母(土地神)的场所[115],用石柱来象征地母。云南西盟佤族有祭祀"老母猪鬼"的活动[116],祭祀活动完后,即立一两块青石,时间长了,青石成堆,人们再用小石块砌成一个圆圈,将立石围起来,就形成了祭坛。东山嘴的大型方形祭坛上的立石也同样是在祭祀时留下的,每次祭祀时立一石柱,久而久之,石柱成堆。现在看来祭祀的神灵地位可能比地母要高,因为其位置居于主要地位,祭祀的神灵要比前面圆形祭坛所祭祀的神灵地位要高,应为祭祀古代人们心目中较高级的神灵,该神灵可能是部族的保护神。圆形祭坛周围发现裸体孕妇塑像,可能是祭祀生育神的场所。

在河北滦平县金沟屯遗址出土了石雕人像[117],该遗址位于滦河的一条小支流旁的开阔地,属红山文化晚期遗址。石雕人像有立坐盘膝举手等姿势,较大的雕像高34厘米,眉目清秀,足底端近圆锥形,以便于立于土中;较小的雕像高6厘米,盘腿而坐或举手,表情非常原始。

辽宁牛河梁红山文化遗址发现了女神庙、祭坛、积石冢等遗存[118],女神庙是一个半地穴式的房屋,由一个多室和一个单室两组建筑构成,多室建筑为主体建筑,位于北部,单室建筑系附属建筑,位于南部。在建筑中发现的人物泥塑造像多成碎块,有基本接近真人大小的,也有相当于正常人两三倍的人体塑件。造像有头、肩、臂、乳房和手等残块,体表圆润光洁,均具女性特征。除人物造像外,还有动物塑像,为神化了的猪龙和禽的形象。人体造像的塑造需经过搭骨架,选择黄土并加工,塑造彩绘等工序,这与现在塑造神像的方法已比较接近。遗址还出土了陶制祭器,有无底筒形器、豆形器盖和圜底钵等,其中无底筒形器是红山文化最主要的祭祀用陶器,最常见的是成片状叠压在坛、冢积石底下或夹杂在积石中间,能够复原成完整器的少见[119]。女神庙是我国神庙殿堂最早的形态,它以主室为中心,形成一个多单元的对称布局,女神塑像的发现意义重大。牛河梁积石冢则是石砌的坛内排列石棺墓,积石冢的墓主人身份等级有显著差别,可能已经进入阶级社会。牛河梁红山文化积石冢在1—2平方公里的范围内多达十余处,而且女神庙地处中心最显著的地方,积石冢则环绕四周,说明女神崇拜在红山文化非常重要。人们在这里祭祀神灵,而且把该地区作为墓葬区,时代属红山文化后期。牛河梁地区方圆近百平方公里范围内不见居住遗址的迹象,说明这里是红山文化时期举行宗教和祭祀活动的中心。

红山文化的宗教处于较发达且比较成熟的阶段。早在兴隆洼文化和赵宝沟文化时期已有石雕人塑,兴隆洼文化发现了龙形堆石,赵宝沟文化发现了石头堆遗迹,后者可能是大型建筑的基址。喀左东山嘴遗址的祭坛和牛河梁遗址的坛、庙、冢都说明红山文化的宗教比较流行。人们去东山嘴祭祀生育神和部族保护神,又去牛河梁朝拜女神,偶像崇拜在人们心目中的地位已相当高。

四

湖北天门石家河城西北部邓家湾发现重要的宗教性遗迹[120],邓家湾遗址是一处从屈家岭文化到石家河早中期的墓地,墓地的东边发现有与宗教有关的遗迹。在屈家岭文化时期,发现两个小土台,可能是祭坛,其中一个的中部有被火烧过的石头,周围的灰烬中有火烧过的骨头,还有石斧和彩陶杯。在这两个小土台的北面有一片排列有序的扣碗和盖鼎,旁边有小孩骨架;南面有很多筒形器的残片。邓家湾在屈家岭文化时期是一处重要的宗教活动场所,陶筒形器是进行宗教活动的道具,这个宗教活动场所与同时期的墓地几乎重合,应当是进行墓地祭祀的遗迹。这种墓地祭祀的遗存早在大溪文化就有发现,湖南城头山古城 I 期城墙时的聚落发现了大溪文化时期的祭祀遗存[121],这个时期的遗迹主要集中在城东,祭坛、祭祀坑、墓葬、房址、城墙和城壕等构成复杂的聚落系统,不过规模较小。祭坛在城内的地面上建造起来,在祭坛南侧和东侧的地面上,分布有40余个祭祀坑,祭坛西面有较多的墓葬,墓葬的西面是房址和陶窑。

在石家河文化时期,邓家湾的宗教活动场所显得更加重要。这时的宗教活动场所是经过平整的场地,在场地上摆放大量的陶缸,还有数量极多的陶偶和陶塑动物,这些陶偶和陶塑动物还大量地出自灰坑和洼地。陶偶数以百计,绝大多数头戴浅沿帽,身着细腰长袍,其姿态多数为跪坐抱鱼式。同时的数千件的动物俑可能是宗教活动用的道具。邓家湾石家河时期的宗教性遗存,可能和某种祭祀活动有关。大批陶缸代表丰盛的祭祀物品,成百上千的红陶杯应当是一种祭器,而大量的陶塑动物是祭祀时用的牺牲,抱鱼跪坐的陶偶代表祭祀者的形象。这种祭祀遗迹只在石家河古城有发现,说明这种宗教活动具有独占性和垄断性。城内西南部三房湾有红陶杯的堆积,其数量约10万多件,当为另外一个重要的宗教活动场所。大规模宗教场所的发现为研究屈家岭—石家河文化的社会发展水平和意识形态提供了非常重要的资料,屈家岭—石家河文化的宗教遗存与仰韶文化、红山文化不同,屈家岭时期的墓地祭祀和石家河时期在平整的场地上进行的宗教活动具有自己的特征。

安徽含山凌家滩遗址发现了崧泽文化晚期至薛家岗文化的宗教遗存。第三次发掘凌家滩墓地中心发现了一处祭坛[122],呈不规则的圆角长方形,面积600平方米,居于最高处。祭坛的第一层表面发现了3处祭祀坑和4处积石圈,祭祀坑平面形状均为长方形,在1号坑内发现几件陶器。积石圈用石块围成一圈,平面近圆形或长方形。另外,在祭坛表面还散布有若干块无明显分布规律的大石块,原祭坛表面可能有建筑,现已毁。在祭坛的东南方发现一片红烧土遗迹,面积40平方米,可能是埋葬或祭祀时用火的地方。凌家滩遗址出土了大批精美的玉器,数量多,品种丰富,造型独特,器类有钺、斧、戈、玦、璧、环、璜、镯、人、龙和鹰等,这些玉器可能是祭祀时沟通神灵的法物。凌家滩遗址的墓葬均围绕祭祀遗迹分布,而且祭坛面积相当大,说明宗教活动非常发达。第五次发掘07M23出土了200件玉器[123],其中三件玉龟形器和玉签组合而成的占卜工具非常重要,出土时玉签放置在玉龟形器中,这说明凌家滩遗址的居民已经熟悉掌握用玉龟、玉签占卜的方法,这种占卜方法与钻灼肩胛骨、龟甲的方法不同。另外,早年发掘的87M4出土的玉版放置在玉龟腔体内,玉版正面刻有复杂的图纹,中心部位刻有两个同心圆,圆中心琢刻一个四方八角图像,玉龟背甲和腹甲共钻有十余个孔,这很可能与传说中的"河图洛书"有关[124]。

五

良渚文化的宗教遗存非常丰富,一直是学术界研究的热点。聚落遗址大致可分为三级。第一级是中心聚落遗址,可以确定的有良渚、福泉山和寺墩三处,其中尤以良渚遗址群最为突出。良渚遗址群位于浙西山地与东部杭嘉湖平原的交接处,已发现的遗址和墓葬有50余处。如果良渚文化是一个国家,良渚遗址群应当是它的首都。反山贵族坟山随葬大量玉器和漆器,是良渚文化所有大墓中规格最高的[125]。反山M12:98玉琮上雕刻的神徽很具有代表性。第一种神徽位于四个正面的直槽内,上下各有一神徽,神的脸面作倒梯形,头上戴羽冠和帽,上肢形态为耸肩,平臂,弯肘,五指叉向腰部,下肢为蹲踞状,脚是三爪鸟足,胸腹部有威严的兽面纹,整个神徽高3厘米,宽约4厘米。第二种位于转角中轴线向两侧展开区,为简化的神徽。这两种神徽应是良渚人崇拜的对象。简化的神徽见于良渚文化的各处大墓中,而"神徽"的原形即第一种神徽,仅出于瑶山和反山,而且见于琮、钺、璜、牌、三叉形器、冠状器和柱形器等大件玉器上。良渚文化式神人兽面之叠合,是当时的一种礼仪制度,是为了通天所供奉的神祇。袁德星先生认为这个神祇就是原始天尊,在仪式中或许有更大的画像,悬挂在广场上,以供部落成员膜拜[126]。邓淑萍先生则认为神徽是神、祖、动物三位一体,是"巫蹻符号"或"神祇祖先的像"[127]。牟永抗认为神徽是头戴羽冠的英俊战神,或兽神的人形化[128]。冯时先生认为神徽是北斗星君——天神太一[129]。人兽合一是原始宗教神的最大特点,《山海经》所记载的神大部分是这样。

东北部瑶山有大型的祭坛和墓地[130]。遗址位于小山顶上,祭坛遗迹平面呈方形,边长约20米，占地面积400平方米，位于山顶之上，海拔35米，山顶较为平缓。祭坛由内外三重组成，最里面的一重为一座红土台，偏于东部，平面近方形；第二重为灰色土，在红土台四周挖凿一圈围沟，围沟内填土为灰色斑土；第三重位于第二重的西、北、南三面，为黄褐色斑土筑成的土台，台面的西、北边缘各发现一道由砾石叠砌的石墈，石墈侧面为土质护坡，系褐色斑土，较为坚硬，估计石墈原来四周都有，东、南两边已不存在。祭坛所用的几种颜色的土都是经过特别筛选的，可以想象当年为建筑该坛，古代人经过精心策划。祭坛的主要用途是祭祀神灵，而巫觋是这里的主角，他们是神权的代言和执行者。祭坛的南半部发掘出12座墓葬，从地层关系看，墓葬打破祭坛，可能是使用了相当一段时间后才埋人的，但墓葬正好位于坛上，且位于南半部，墓葬随葬品的多寡以近祭坛内重者最丰，墓主人可能有等级上的差别，此时祭坛可能还在使用，发掘报告说墓主人可能是祭司。在良渚遗址群的瓶窑镇汇观山遗址发掘了一处与瑶山大小相若形状相似的祭坛遗址，顶部系凿平风化岩石并铺以三层相套的土，北部缺口有石头护坡，东西两边坡下有在石头上开凿的排水沟，沟外稍低处又凿成平台。祭坛也被作为贵族墓地，因破坏严重只清理了四座大墓，随葬有玉器、陶器和较多的石器，其规格比瑶山低一等。

　　福泉山遗址位于上海市青浦县重固镇，是一长方形大土台，也发现贵族坟山和祭祀场所[131]。福泉山的中心部位是一处阶梯形的祭坛，周边用土坯镶砌，西南角埋一口大陶缸，祭坛上撒满介壳末，地面和砌边的土坯被烧得通红，说明祭祀时大量使用火。遗址的北部有一大坑，中间设有一圆形土台，坑中堆满灰烬，可能是另外一处祭祀场所。类似的遗存在江苏省昆山县赵林山遗址也有发现，该遗址北部有一人工堆筑的大土台，上面发现60余座墓葬，墓地的南部有用土坯砌筑的祭坛，也被火烧得通红。寺墩遗址位于江苏省常州市武进县，面积90万平方米，中间可能是较大的圆形祭坛，外面是墓地，墓地外围是居住址。墓地东南部发现四座大墓，仅3号墓便随葬有100多个器物，包括24件玉璧和33个玉琮，是良渚文化中随葬玉琮最多的一座墓。

　　良渚文化的土筑高台墓地高出地面数米，显得很壮观，墓地旁有祭坛，这是同时期其他文化没有的。良渚文化祭坛的发现说明当时已经有了祭司和巫师，他们的地位较高，处于统治地位，而广大的底层的人们则处于被统治的地位。

　　玉器在中国古代文化中占有特殊的地位，现知早在新石器时代中期已经有少量玉玦等装饰物，新石器时代晚期略有发展，到铜石并用时代，随着宗教的大发展和贵族阶层的出现，玉器制作得到大的发展。良渚文化的玉璧、玉琮是非常重要的器物，《周礼·春官·大宗伯》："以苍璧礼天，以黄琮礼地"。玉璧器体扁平，中心对钻小圆孔，自古以为是祭天的器物。玉琮外方内圆中空，其高矮大小不一，良渚文化的玉琮小者仅高3—4厘米,大者高近50厘米,琮体常等距分为若干节,表面常常饰以动物面纹,且多出土于墓葬中。大约自公元前3000年始,中国疆域的大部分地区普遍出现了璧、琮等礼器。西部省份如宁、甘、晋、川出土的玉琮多为素面,个别有简单的纹饰,但与东边良渚式的垂直堆叠面纹的玉琮不同。张光直先生认为琮是巫师贯通天地的法器[132],是以沟通天地为业的巫师的象征。现在看来,璧和琮具有多种功能,既是祭祀时用的法器,又有殓尸防腐的作用(《周礼·典瑞》记载"疏璧琮以敛尸"),同时又是部族方国间交聘馈赠的礼器[133]。良渚文化"玉殓葬"随葬琮、钺的墓存在三种情况:第一种既随葬琮又随葬钺者,其身份当为既掌握宗教祭祀权,又掌握军权的人;第二种只随葬钺,其身份当为仅掌握军权的人;第三种只随葬琮,其身份当为只掌握宗教祭祀权的人。这三种身份的确立对于研究良渚文化宗教与政治的关系很重要。

在西北的齐家文化也发现了祭祀遗存,甘肃永靖大何庄遗址发现石圆圈遗迹5处[134],均利用天然的扁平砾石排列而成,在它们的附近分布着许多墓葬,圈的旁边有卜骨或牛、羊的骨架,这种现象应该与宗教信仰有关,当时在埋葬死者时进行祭祀占卜等宗教活动。

用肩胛骨的占卜术可以说在北方的龙山文化中普遍出现,有些遗址还发现祭祀坑。宗教场所是许多礼仪中心的前身,礼仪中心是由祭司和宗教领袖照管的。龙山时代与原始宗教和祭祀相关的遗迹、遗物大量涌现,其数量、规模和分布范围较以前有较大的变化。"国之大事,在祀与戎"(《左传·成公十三年》),这表明宗教在人们生活中占有越来越重要的地位。《山海经》中关于神的记载共45处,累计116种神,多数神为人形或人面,其中人兽合一的占绝大多数[135]。《国语·楚语》记载,少皞氏统治衰败后,家家都用"巫史",滥于祭祀,民神平等相处,帝颛顼命令叫"重"和"黎"绝天地通,这就恢复了旧有的常态。这段文献可以理解为"绝地天通"之前巫术在民间的普遍盛行,但这个时期只限于少皞氏统治末期,"绝天地通"之后巫术与政治结合,产生特权阶级时代[136]。

综上所述,新石器时代的宗教遗存非常丰富,从地域上看,宗教遗存多分布在中国的东方和南方,从早到晚诸文化的宗教遗存各有特色,具有原始宗教的特点。燕山南北地区由广场龙崇拜、室内石雕人像祭祀发展为山顶上的祭坛和女神庙偶像崇拜,中国宗教的偶像崇拜当从此发生;黄河流域由石柱和陶器坑祭祀发展为在遗址中心的宫殿中进行宗教活动,濮阳西水坡的乘龙虎升天遗存非常重要,房屋奠基活动则从早到晚都有;长江流域由大溪文化的小规模祭坛祭祀发展为良渚文化的大型高台上的祭坛祭祀。北方地区晚期多庙堂式宗教,南方则从早到晚多围绕墓地的祭坛,信巫鬼,重淫祀[137]。

注 释

[1] 陈星灿:《文明诸因素的起源与文明时代——兼论红山文化还没有进入文明时代》,《考古》1987 年第 5 期。

[2] 苏秉琦:《中国文明起源新探》,(香港)商务印书馆,1997 年。

[3] 张光直:《中国相互作用圈与文明的形成》,《庆祝苏秉琦考古五十五年论文集》,文物出版社,1989 年。

[4] 严文明:《中国史前文化的统一性与多样性》,《文物》1987 年第 3 期。

[5] 陈淳:《中国文明起源刍议》,《中国社会科学院古代文明研究中心通讯》第 2 期,2001 年 7 月。

[6] 严文明:《炎黄传说与炎黄文化》,《农业发生与文明起源》,科学出版社,2000 年。

[7] 黄怀信:《仰韶文化与原始华夏族—炎黄部族》,《考古与文物》1997 年第 4 期。

[8] 严文明将距今 5500 年后定为铜石器时代,这里因为仰韶文化的整体不被拆裂,采用任式楠的观点。

[9] 新石器文化年代对照表,采自任式楠:《长江黄河中下游新石器文化的交流》,《庆祝苏秉琦考古五十五年论文集》,文物出版社,1989 年。

[10] 严文明:《略论中国文明的起源》,《文物》1992 年第 1 期。

[11] 张光直:《濮阳三蹻与中国古代美术上的人兽母题》,《文物》1988 年第 11 期。

[12] 同注[10]。

[13] 严文明:《半坡类型刻划符号的分类和解释》,《文物天地》1993 年第 6 期。

[14] 河南省文物考古研究所等:《河南灵宝西坡遗址 105 号仰韶文化房址》,《文物》2003 年第 8 期。

[15] 中国社会科学院考古研究所河南一队等:《河南灵宝市西坡遗址发现一座仰韶文化中期特大房址》,《考古》2005 年第 3 期。

[16] 郭伟民:《城头山城墙、壕沟和营造及其所反映的聚落变迁》,《中国社会科学院古代文明研究中心通讯》第 6 期,2003 年 8 月。

[17] 湖南省文物考古所:《澧县城头山古城址 1997 年—1998 年度发掘简报》,《文物》1999 年第 6 期。

[18] 山东省文物考古研究所:《大汶口续集》,科学出版社,1997 年。

[19] 辽宁省文物考古研究所:《牛河梁文化遗址与玉器精粹》,文物出版社,1997 年。

[20] 同注[19]。

[21] 同注[16]。

[22] 张绪球:《屈家岭文化古城的发现与初步研究》,《考古》1994 年第 7 期。

[23] 国家文物局考古领队培训班:《郑州西山仰韶时代城址的发掘》,《文物》1999 年第 7 期。

[24] 唐兰:《从大汶口文化的陶器文字看我国最早文字的年代》,《光明日报》1977 年 7 月 14 日。

[25] 严文明:《龙山文化与龙山时代》,《文物》1981 年第 6 期。该文认为 BC2600—BC2000 年为龙山时代,今采用张光直把整个公元前第三千纪称为龙山时代,见张光直《中国相互作用圈与文明的形成》,《庆祝苏秉琦考古五十五年论文集》,文物出版社,1989 年。

[26] 严文明:《东亚文明的黎明——中国文明起源探索》,《农业发生与文明起源》,科学出版社,2000 年。

[27] 严文明:《东方文明的摇篮》,《农业发生与文明起源》,科学出版社,2000年8月。

[28] 罗琨:《陶寺陶文考释》,《中国社会科学院古代文明研究中心通讯》第2期,2001年7月。

[29] 《专家笔谈丁公遗址的陶文》中李学勤发言,《考古》1993年第4期。

[30] 同注[3]。

[31] 严文明:《良渚文化与文明起源》,《农业发生与文明起源》,科学出版社,2000年。

[32] 高炜:《龙山时代的礼制》,《庆祝苏秉琦考古五十五年论文集》,文物出版社,1989年。

[33] 冯时:《中国天文考古学》,社会科学文献出版社,2001年。

[34] 严文明:《聚落考古与史前社会研究》,《走向21世纪的考古学》,三秦出版社,1997年。

[35] 安志敏等:《陕西朝邑大荔沙苑地区的石器时代遗存》,《考古学报》1957年第3期。

[36] 保定地区文物管理所等:《河北徐水县南庄头遗址试掘简报》,《考古》1992年第11期;郭瑞海等:《从南庄头遗址看华北地区农业和陶器的起源》,见严文明等主编《稻作陶器和都市的起源》,文物出版社,2000年。

[37] 张江凯、魏峻:《新石器时代考古》,文物出版社,2004年。

[38] 同注[37];广西壮族自治区文物工作队:《广西南宁地区新石器时代贝丘遗址》,《考古》1975年第5期。

[39] 湖南省文物考古研究所:《湖南澧县八十垱新石器时代早期遗址发掘简报》,《文物》1996年第12期;裴安平:《澧县发现最早的聚落围壕与围墙》、《中国文物报》,1994年12月4日第1版。

[40] 张驰:《长江中下游地区史前聚落研究》,文物出版社,2002年。

[41] 中国社会科学院考古研究所内蒙古工作队:《内蒙古敖汉旗兴隆洼遗址发掘简报》,《考古》1985年第10期;《内蒙古敖汉旗兴隆洼聚落遗址1992年发掘简报》,《考古》1997年第1期。

[42] 内蒙古文物考古研究所:《内蒙林西县白音长汗新石器时代遗址发掘简报》,《考古》1993年第7期。

[43] 河南省文物考古研究所:《舞阳贾湖》,科学出版社,1999年。

[44] 佟伟华:《磁山遗址的原始农业遗存及相关问题》,《农业考古》1984年第1期。

[45] 任式楠:《我国新石器时代聚落的形成与发展》,《考古》2000年第7期。

[46] 赵春青:《也谈姜寨一期村落中的房屋与人口》,《考古与文物》1998年第5期。

[47] 郎树德:《甘肃秦安大地湾遗址聚落形态及其演变》,《考古》2003年第6期。

[48] 严文明:《仰韶房屋和聚落形态研究》,《仰韶文化研究》,文物出版社,1989年。

[49] 同注[47]。

[50] 中国社会科学院考古研究所:《敖汉赵宝沟》,中国大百科全书出版社,1997年。

[51] 浙江省文管会等:《河姆遗址第一期发掘报告》,《考古学报》1978年第1期。

[52] 同注[40]。

[53] 严文明:《近年来聚落考古的进展》,《考古与文物》1997年第12期。

[54] 同注[40]。

[55] 同注[47]。

[56] 河南省文物考古研究所等:《河南灵宝西坡遗址105号仰韶文化房址》,《文物》2003年第8期。

[57] 同注[15]。

[58] 中国社会科学院考古研究所渭水队:《渭水流域仰韶文化遗址调查》,《考古》1991年第11期。

[59] 中国社会科学院考古研究所山西工作队:《晋南考古调查报告》,《考古学集刊》第6集,1989年。

[60] 同注[40]。

[61] 黄河长江流域诸文化年代分期表,采自任式楠:《长江中下游新石时代文化的交流》,《庄祝苏秉琦考古五十五年论文集》,文物出版社,1989年。

[62] 荆州博物馆:《湖北荆州市阳湘城遗址1995年发掘简报》,《考古》1998年第1期。

[63] 同注[40]。

[64] 同注[40]。

[65] 同注[16]。

[66] 同注[40]。

[67] 同注[40]。

[68] 同注[40]。

[69] 白寿彝主编:《中国通史》第二卷,上海人民出版社,1994年。

[70] 同注[48]。

[71] 辽宁省文物考古研究所:《牛河梁红山文化遗址与玉器精华》,文物出版社,1997年。

[72] 同注[53]。

[73] 同注[16]。

[74] 同注[23]。

[75] 任式楠:《我国新石器时代聚落的形成与发展》,《考古》2000年第7期;张光直:《中国相互作用圈与文明的形成》,《庆祝苏秉琦考古五十五年论文集》,文物出版社,1989年。

[76] 中国社会科学院考古研究所:《蒙城尉迟寺——皖北新石器时代聚落遗存的发掘与研究》,科学出版社,2001年。

[77] 半坡博物馆:《陕西临潼康家遗址第一、二次试掘简报》《史前研究》,1985年第1期;陕西省考古研究所康家考古队:《陕西临潼县康家遗址发掘简报》,《考古与文物》1988年第5、6期合刊;《陕西省临潼县康家遗址1987年发掘简报》,《考古与文物》,1992年第4期。

[78] 安阳地区文管会:《汤阴白营河南龙山文化村落遗址发掘简报》,《考古学集刊》第3集,1983年。

[79] 河南省文物研究所:《河南淮阳平粮台龙山文化城址试掘简报》,《文物》1983年第3期。

[80] 长江流域规划办公室考古队河南分队:《河南淅川黄楝树遗址发掘报告》,《华夏考古》1990年第3期。

[81] 同注[40]。

[82] 同注[40]。

[83] 国家文物局主编:《2004年中国考古重大发现》,文物出版社,2004年。

[84] 陕西省考古研究所:《武功发掘报告——浒西庄与赵家来遗址》,文物出版社,1988年。

[85] 庆阳地区博物馆:《甘肃宁夏县阳垀遗址试掘简报》《考古》1983年第10期。

[86] 中国社会科学院研究所泾渭工作队:《陇东镇原常山遗址发掘简报》,《考古》1981年第3期。

[87] 丁金龙:《良渚文化居住址与聚居》,《中国社会科学院古代文明研究中心通讯》第4期,2002年8月。

[88] 同注[87]。

[89] 甘肃省文管会:《兰州新石器时代的文化遗存》,《考古学报》1957年第1期。

[90] 同注[83]。

[91] 钱耀鹏:《中国史前城址与文明起源研究》,西北大学出版社,2001年。

[92] 同注[91]。

[93] 同注[91]。

[94] 山东省考古研究所:《城子崖遗址又有重大发现,龙山岳石周代城址重见天日》,中国文物报,1990年7月26日第1版;张学海:《试论山东地区的龙山文化城》,《文物》1996年第12期。

[95] 中美两城地区联合考古队:《山东日照市两城地区考古调查》,《考古》1997年第4期。

[96] 张学海:《试记山东地区的龙山文化城》,《文物》1996年第12期。

[97] 韩建业:《中国北方地区新石器时代文化研究》,文物出版社,2003年。

[98] 同注[97]。

[99] 同注[40]。

[100] 赵辉、魏峻:《中国新石器时代城址的发现与研究》,《古代文明》第1卷,文物出版社,2002年。

[101] 同注[40]。

[102] 同注[83]。

[103] a. 辛言、方殿春:《查海遗址1992-1994年发掘报告》,《辽宁考古文集》,辽宁民族出版社,2003年;
b. 陈国庆:《燕山南北地区史前原始宗教的形成与发展》,《考古与文物》2008年第2期。

[104] 内蒙古自治区文物考古研究所:《白音长汗——新石器时代遗址发掘报告》,科学出版社,2004年。

[105] 濮阳市文物管理委员会等:《河南濮阳西水坡遗址发掘简报》,《文物》1988年第3期。

[106] 濮阳西水坡遗址考古队:《1988年河南濮阳西水坡遗址发掘简报》,《考古》1989年第12期。

[107] 同注[10]。

[108] 同注[11]。

[109] 同注[33]。

[110] 何周德:《论仰韶文化的祭祀——从半坡遗址发现祭祀遗迹谈起》,《西部考古》第1辑,纪念西北大学考古学专业成立五十周年专刊,三秦出版社,2006年。

[111] 甘肃省文物考古研究所:《秦安大地湾——新石器时代遗址发掘报告》,文物出版社,1996年。

[112] 同注[23]。

[113] 黄怀信:《仰韶文化与原始华夏族——炎黄部族》,《考古与文物》1997年第4期。

[114] 郭大顺、张克举:《辽宁喀左县东山嘴红山文化遗址发掘简报》,《文物》1984 年第 11 期。

[115] 俞伟超、严文明等:《座谈东山嘴遗址》,《文物》1984 年第 11 期。

[116] 同注[115]。

[117] 同注[115]。

[118] 辽宁省文物考古研究所:《辽宁牛河梁红山文化"女神庙"与积石冢发掘简报》,《文物》1986 年第 8 期。

[119] 刘国祥:《红山文化无底筒形器的考古发现及其功用》,《中国文物报》1994 年 9 月 11 日。

[120] 严文明:《邓家湾考古的收获》,《考古学研究》(五),科学出版社,2003 年。

[121] 同注[16]。

[122] 安徽省文物考古研究所等:《安徽含山县凌家滩遗址第三次发掘简报》,《考古》1999 年第 11 期。

[123] 安徽省文物考古研究所:《安徽含山县凌家滩遗址第五次发掘的新发现》,《考古》2008 年第 3 期。

[124] 同注[33]。

[125] 浙江省文物考古研究所:《浙江余杭反山良渚墓地发掘简报》,《文物》1988 年第 1 期。

[126] 袁德星:《通天的管道——四方八面论玉琮 – 神人兽面纹》,《故宫文物月刊》第 83 册。

[127] 邓淑萍:《由"绝地天通"到"沟通天地"》,《故宫文物月刊》第 67 册。

[128] 牟永抗:《良渚玉器上神崇拜的探索》,《庆祝苏秉琦考古五十五年论文集》,文物出版社,1989 年。

[129] 同注[33]。

[130] 浙江省文物考古研究所:《余杭瑶山良渚文化祭坛遗址发掘简报》,《文物》1988 年第 1 期。

[131] 同注[31]。

[132] 张光直:《谈"琮"及其在中国古史上的意义》,《文物与考古论集——文物出版社成立三十周年纪念》,文物出版社,1986 年。

[133] 林华东:《从良渚文化看中国文明的起源》,《文明的曙光——良渚文化》,浙江人民出版社,1996 年。

[134] 中国科学院考古研究所甘肃工作队:《甘肃永靖大何庄遗址发掘报告》,《考古学报》1974 年第 2 期。

[135] 同注[128]。

[136] 张光直:《中国古代王的兴起与城邦的形成》,《中国考古学论文集》,三联书店,1999 年。

[137] 童恩正:《中国北方与南方古代文明发展轨迹之异同》,《中国社会科学》1994 年第 5 期。

峡江汉墓初步研究

李一全

前　言

　　峡江地区主要包括西起重庆，东至宜昌，长江及其支流流经的区域。该地区北靠大巴山山麓，南依云贵高原北缘，是中国东部与西部的重要结合部之一，它是沟通四川盆地和江汉平原的咽喉地带。在这个地区主要是丘陵山地，极少平原，形成独特的峡谷地貌，对古代人类生存生活产生了深刻的影响。

　　1992年4月3日，全国人大七届五次会议正式通过了兴建三峡工程的决议，自1997年开始，在三峡库区地下文物抢救保护规划的基础上，经国务院三峡工程建设委员会审批，国家文物局正式将1087处文物点列入保护计划，其中地下文物点723处（湖北省217处，重庆市506处），规划发掘面积187万平方米，勘探面积1600万平方米，至此，我国历史上规模最大的抢救性考古发掘工作正式拉开帷幕。从1997年至今，峡江地区出土了大量从旧石器时代至宋元时期的考古资料，其中也包括大量的汉代墓葬考古资料。

　　三峡工程建设展开后，峡江地区发掘汉墓数量大为增加，忠县崖脚墓地、丰都汇南墓地、巫山江东嘴墓地、巫山麦沱墓地、万州安全墓地等都是其中规模较大，出土随葬品丰富的墓地，不仅为峡江汉墓研究提供了丰富的实物资料，而且在埋葬习俗、社会背景、文化艺术等方面也提供了宝贵的资料。伴随着汉墓发掘数量的增加，对于峡江地区汉墓的研究也越来越受到重视，对于汉墓资料中的个别现象或随葬品作附加解释的基础性研究工作日渐增多，另外关于峡江地区局部区域的墓葬分期研究、墓地丧葬习俗研究以及关于随葬物品的研究成果也不断涌现。但是，随着该地区汉墓资料的迅速积累和不断翻新，对汉墓的专题性研究和综合性研究则显得相对滞后，目前研究工作只是在考古发掘后对资料的初步整理，缺乏对峡江汉墓的系统性研究，对以研究实物资料努力复原历史的考古学来说，建立该地区的汉墓考古学文化序列，对汉墓进行综合性研究与专题性研究意义更为深远。

　　与其他地区相比较而言，峡江汉墓在其考古学文化序列上还不是很清楚，甚至在发展脉络上出现了断层。三峡工程开始后大量汉墓的发掘为弥补这种断层提供了契机，从目前发表的材料看，时代上该地区从西汉初年至东汉晚期延续整个两汉时期的墓葬均有发现；在区域上从重庆开始至宜昌结束的长江流经的所有区域都有两汉时期的墓葬被发现；在墓葬形制上该地区的墓葬也呈现丰富多样的特征；随葬品方面，数量众多,类型齐全;以上几项说明该地区已经具备了建立峡江汉墓考古学时空框架的条件。而通过梳理该地区发现的汉墓资料,进行墓葬的分期断代研究,建立起该地区的考古学时空框架,才能对汉墓的丧葬习俗、反映的社会生活、包含的文化因素等各个方面进行深入研究。

分期与断代是开展考古学研究的基础,进行分期与断代在考古学研究中则要倚重于类型学和地层学这两个考古学研究的最基本的方法,它们是研究遗迹和遗物相对年代及变化规律的有效手段。同时,对于历史时期的考古学来说,丰富的文献资料也是可以利用的一项重要手段。因此本文采用考古学的地层学及类型学研究方法,对所搜集的峡江汉墓材料进行分析比较,利用墓葬之间的叠压、打破关系并结合文献断定其相对早晚关系,找出其发展变化的趋势,对汉墓中的随葬品进行类型学研究,整理出该地区的考古学文化序列。

峡江地区汉墓的墓葬形制在西汉时期主要以竖穴土坑墓为主,到了东汉时期则流行带有墓道和甬道的砖室墓,这种发展趋势与全国各个地区的发展趋势基本相同,反映出该地区汉代文化逐渐纳入中原文化的大格局之中。而该地区发现的悬棺葬和崖墓、岩坑墓等墓葬形制则有很强的地方性文化因素,反映了在文化大融合中的独特性。

峡江地区汉墓中的随葬品发展也有着一条清晰的脉络,在西汉中期以前墓葬多种文化因素并存,墓葬中除了具有中原文化特色的器物外,还有一些受楚文化因素影响的器物存在,而其中更具特色的是墓葬中表现出的受当地巴文化传统影响的器物,如随葬器物中的铜兵器、陶器与战国晚期巴人的器物都有很多相似之处。西汉中期以后随葬品中的地方文化因素越来越少直至完全消失,在随葬器物组合上与其他地区已经大同小异,由早期的礼器组合逐渐发展为以仓、井、灶以及各种陶俑为主的模型明器组合,反映出全国大一统的汉文化因素已渐渐占主导地位。

通过对峡江地区汉墓资料的整合,对其不同时期墓葬形制、随葬品的变化进行综合考察,通过对其墓葬形制和随葬物品进行的类型学研究,本文将峡江地区的汉墓分为西汉初年,西汉前期、中期、后期,新莽时期,东汉前期、中期、后期八个时期,并对八期中在随葬器物与墓葬形制中发生的变化进行分析研究。在这种研究的基础上,分析表现在墓葬形制和随葬物品差异上的文化因素,进一步探讨这种文化因素产生的源起,并初步探讨两汉时期在生死观上发生的变化。

第一章 峡江汉墓的发现与研究

长江,是我国的第一大河,源自青藏高原,在流经四川盆地接纳了雅砻江、岷江、嘉陵江后一路开山劈岭,夺路奔流,形成了以雄伟壮丽闻名于世的长江三峡。狭义的三峡地区是瞿塘峡、巫峡、西陵峡的总称,它西起重庆市奉节县,东至湖北省宜昌市。而广义的三峡地区则指的是从重庆以东至湖北宜昌以西的长江在该区段所流经的区域,包括涪陵、丰都、忠县、万州、云阳、奉节、巫山、巴东、秭归等市县,两岸山势密集,重峦叠嶂,将长江紧紧束缚于其中,也常常被人称为峡江地区。

峡江地区是华夏民族较早开发的地区之一,历史源远流长,自古就有着灿烂的文化传统,峡江两岸留下了无数的历史文化遗存。巫山人、大溪文化、巴蜀文化在我国历史发展长河中占有重要的篇章。汉代作为我国重要的历史时期,幅员辽阔,国祚长久,留下了大量的文化遗物与遗迹。作为其统治地区一部分的峡江地区,也发现了较多与汉代相关的各种文化遗迹遗物,而遍布长江两岸的汉代墓葬即是其中最主要的遗迹之一。

峡江地区汉墓的发现与研究是伴随着我国考古学的发展而逐渐发展的。纵览峡江汉墓的发现和研究历史,它大体经历了20世纪初期——40年代末期的初始研究阶段,50年代至80年代末的发展研究阶段,90年代至今的大规模发掘和研究的深入阶段三个时期。

一 20世纪初期至20世纪40年代末期

20世纪初期,该地区汉代墓葬的调查与发掘同这一阶段我国其他地区的考古发掘与调查相同,大都是由外国人和传教士来进行的。

1906年,日本人鸟居龙藏至中国西南地区考察彝族的生活情况时,对长江流域发现的大量"石洞"十分重视,多次深入调查。经过比较研究,他认定这种石洞是汉代的一种墓葬形式。川中石洞为古代墓葬之说,逐渐得到中外学者的认同,并由此引发了一场对四川石洞的考察热潮[1]。

1914年,法国人色伽兰等组织了四川考古队,沿嘉陵江和岷江调查崖墓,并根据这次调查情况著《中国西部考古记》,对崖墓及相关的石刻艺术品进行描述与研究[2]。

1937年秋,前国立中央大学农学院在重庆沙坪坝开辟农场时,发现一座汉墓,得二石棺,上有画像。同时,还有陶俑、陶鸡、铜镜等物出土。一枚铜镜上有铭文:"元兴元年(公元105年)五月壬午。"对此,常任侠先生曾专门著有《重庆沙坪坝出土之石棺画像研究》一文。另外,他还和金毓黻等在重庆附近的上清寺、曾家岩、化龙桥、沙坪坝、盘溪、庙溪嘴、柏溪等地,发现多处汉代崖墓、砖墓和石阙等,并撰有《重庆附近发现之汉代崖墓与石阙研究》一文。所发现的部分崖墓中有纪年题记,如"永寿四年(公元158年)六月十七日……作此冢","延熹五年(公元162年)二月十九日","熹平四年(公元175年)","熹平五年(公元176年)十月十八日","光和三年(公元180年)"等[3]。

20世纪40年代初期,郭沫若、卫聚贤等曾多次在重庆江北区的春生花园、培善桥、盘溪等地进行调查发掘,出土"延光四年(公元125年)"、"昌利富贵"、"任文"等文字汉砖多方。另外,他们还在盘溪苏家院子附近调查清理出一座汉代石室墓。其墓室后壁有伏羲、女娲及楼台建筑的画像石刻[4]。

该阶段对汉墓的发掘比较零星,在方法上也不太科学,区域集中在重庆及周边地区,主要是对一些砖室墓和一些崖墓所做的清理工作。该阶段后期主要是一些迁往重庆的历史学家、考古学家所做的工作,是对科学意义的考古工作的初步探究与追求,在当时还是有一定的影响力。

二 20世纪50年代至80年代末

新中国成立后,百业待兴,伴随着各地轰轰烈烈的基本建设考古工作进入了一个快速发展的时期,汉墓的发掘上也取得了很大成绩,这一阶段的峡江地区也清理了大量的汉墓。

20世纪50年代初,西南博物院为配合城市建设进行了一些抢救性考古发掘,在重庆市区清理了一些残墓。

1954—1955年,前西南博物院、四川省文物管理委员会在巴县冬笋坝进行了三次清理发掘,清理出了一批战国至西汉时期的墓葬,出土了一批铜兵器、陶器、印章等随葬品[5]。

1956年,万县西山公园发现汉代砖室墓一座,发现时已被残,出土遗物不是很多[6]。

1957年,在重庆市化龙桥发现砖室墓一座,出土随葬品有陶俑和"五铢"钱、"货泉"等等[7]。

1957年,在重庆江北区龙溪镇蛮子堡,重庆博物馆调查清理了一座大型石室墓,出土有青龙、白虎、朱雀、玉兔等画像石[8]。

1958年,四川省长江三峡水库文物调查队在奉节县白帝城草堂河调查时发现两座悬棺葬[9]。

1971年至1981年,为配合葛洲坝水利工程建设,湖北省博物馆和宜昌市博物馆先后在宜昌的前坪和后坪进行规模较大的考古发掘,发掘战国至东汉时期墓葬数百座,出土铜、铁、陶、石等各类器物600余件[10]。

1971年,奉节县文化馆在风箱峡崖壁上清理两座残存的悬棺葬,清理出铜剑、铜斧、带钩、铜钱等器物,年代为西汉前期[11]。

1978年至1979年,恩施地区博物馆在巴东官渡公社和车上公社清理发掘墓葬十四座,其中一座墓内出土墓砖纪年为"永元十三年……"[12]。

1975年,重庆市博物馆和合川县文化馆在合川沙坪乡发掘了一座大型石室墓,出土了一批画像石[13]。

1978年3月,重庆市南岸区梅棠溪马鞍山,清理墓葬两座,出土各类随葬器物50多件[14]。

1980年7月至8月间,四川大学历史系考古专业对巫溪荆竹坝崖葬群进行了考察,并搭梯攀崖清理了其中第18号棺,通过调查与清理认为该墓群为西汉时期的崖墓群[15]。

1980年,四川文物管理委员会在涪陵三堆子清理东汉砖室墓4座,出土胡人俑、青瓷器、摇钱树等器物[16]。

1982年,四川省文物管理委员会在涪陵县黄溪公社点易大队清理东汉晚期崖墓一座,出土了一批青瓷器和釉陶器[17]。

1982年,四川省文物管理委员会和涪陵县文化馆对涪陵县黄溪公社点易大队三队基建时发现的两座古墓葬进行清理。这两座墓均为长方形竖穴土坑墓,保存状况较好,从其出土器物判断应为西汉初年墓葬[18]。

1982年11月至1983年2月,重庆市博物馆在市中区临江支路进行的基建工程中,发现一处西汉时代的墓地,共清理汉代土坑墓5座。其中M3出土器物丰富,墓葬规模较大,形制较为特殊,很可能是巴郡郡一级官员或家属墓葬[19]。

1983年,四川省文物管理委员会及开县图书馆在开县红华村清理崖墓2座,清理出陶俑、瓷器、铜器等随葬器物,并推断墓葬年代为东汉晚期[20]。

1984年,长办库区处红花套考古工作站对宜昌前坪包金头长江三峡工程设计科研基地的基建施工中发现的墓葬进行清理工作。在清理工作中,共清理东汉早期至东汉晚期的砖室墓和石室墓25座,墓葬中出有"延光四年七月(公元125年)"纪年砖及铜器、铁器、陶器等一批随葬器物[21]。

这一阶段汉墓的考古发掘数量大为增加,地域上重庆、涪陵、忠县、万县、开县、巫山、奉节、宜昌等长江自西向东流经的区域都有或多或少的墓葬被发现,墓葬的种类上包括了土坑墓、砖室墓、石室墓、崖墓、悬棺葬等各种墓葬形制。

20世纪50年代至80年代末,峡江地区的汉墓数量虽然不少,但是在对汉墓的研究上相对比较滞后,缺乏综合性的研究。在峡江汉墓的研究上主要集中于画像石、出土器物、墓地的时代和性质等几个方面。另外,对悬棺葬和崖墓的研究的热情也高于一般汉墓的研究。

画像石研究方面如黄晓东的《四川汉代画像文化初论》,从四川汉代文化与中原文化的区别和差异出发,揭示四川汉代文化的特点,在此基础上梳理出四川汉代画像文化的基本情况,阐发四川汉代画像文化的基本特征,进而折射出四川汉代文化的精神风貌[22]。

墓葬相关遗存的研究方面,徐文彬在《四川汉阙建筑艺术》一文中,对四川包括重庆地区发现的汉阙进行了研究[23]。

在悬棺葬和崖墓的研究方面,研究成果比较丰硕,陈明芳在其《悬棺葬研究综述》[24]和《我国南方地区悬棺葬与崖洞葬之比较研究》[25]两篇文章中对我国悬棺葬研究的历史、研究中存在的不同观点及其有待深入研究的问题进行了探讨与回顾,并对悬棺葬和崖洞葬从文化内涵、族属、年代及两者之间的关系等几个方面进行了比较研究。陈丽琼的《长江三峡的悬棺葬》一文对于三峡发现的悬棺葬进行分述,并对其族属问题进行了探讨[26]。罗二虎的《四川崖墓的初步研究》对四川及重庆地区的崖墓进行了研究[27]。

三 20世纪90年代初至今

90年代初期,全国人大通过了有关长江三峡工程的决议,并在国家文物局的安排部署下,组织湖北、四川、重庆文物部门对库区文物进行调查。1994—1995年期间,组织全国三十余家文物考古、古建筑、人类学等研究机构和大专院校,进一步在峡江地区展开文物的复查、调查和试掘工作[28],其中也发现并试掘了一定数量的汉代墓葬与遗址。

1997年三峡考古发掘开始了实施阶段,来自全国的近百家单位,上千名专业人员,上万名工作人员奋战在三峡考古工地上,截止到2003年6月1日二期水位蓄水,已完成135米水位下的发掘面积187万平方米,勘探1200余万平方米[29]。在已经完成的考古发掘项目中,两汉时期的墓葬被大量发现,其中比较重要的有如下一些地点:

巫山麦沱汉墓群,位于巫山县巫峡镇高塘村,墓地东西长500余米,南北宽约250米,部分墓葬已遭盗毁,经调查和勘探发现墓葬69座。墓葬形制上包括土坑墓、砖室墓、石室墓等几种类型,出土金、银、铜、铁、陶等各类随葬器物近千件,时代从西汉中期一直延续至东汉晚期。其中的M11出土有"永元十五年"、"永元十三年"纪年砖,M40为夫妻同穴合葬墓,为研究峡江地区的汉墓发展提供了重要的参考资料。尤为一提的是M47,它是一座保存较完好而且规格较高的墓葬,这在三峡地区发掘的东汉墓葬中是不多见的,墓中不仅出土了一批反映墓主人财富的金、银、铜、漆器以及精美的釉陶器,还出土了一批反映墓主人地位、身份的陶俑以及陶楼房模型,不仅丰富了三峡地区汉墓的考古资料,有些还填补了空白[30]。

巫山江东嘴墓群,位于巫山县巫峡镇江东嘴村,面积超过75000平方米。墓地在多年来的建房、修路及农田改造过程中遭到一定程度的破坏,盗掘更是对该墓地造成严重毁坏。1998年中国文物研究所、吉林大学考古系在该墓群清理墓葬25座,出土各类遗物259件组。在该墓群发掘的5座土洞墓是峡江地区比较少见的[31]。

中国历史博物馆在云阳故陵镇进行发掘,发现了一批从战国直至唐代时期的墓葬,其中两汉时期墓葬12座[32]。

万州安全墓地位于万州小周镇安全村,发现各类墓葬数十座,其中汉代墓葬10座,墓葬形制上有刀形和长方形,时代多为东汉时期墓葬。葬俗上为多人合葬的家族墓,其中M1中发现骨架多达9具,为研究峡江汉墓的丧葬习俗提供了宝贵的资料[33]。

忠县崖脚墓地的发掘中发现汉代墓葬7座,其中土坑木椁墓5座,砖室墓2座,出土随葬品较为丰富,除陶器外,还有铜鼎、壶、钫、铜镜、钱币等。钱币中有数十枚秦半两,在峡江地区也是不多见的[34]。

巫山瓦岗槽墓地清理汉代墓葬21座,包括西汉早期土坑墓、西汉晚期石板土洞墓、"盒子砖"墙体的券顶墓以及东汉时期刀形砖室墓等。而其中的"盒子砖"墓独具特色,在峡江地区其他地方还未发现[35]。

丰都汇南墓群位于丰都新县城区内,1992年,四川文物考古研究所在进行三峡工程淹没区文物调查时确认为墓群,1993—1994年,四川文物考古研究所对该墓群进行过初步发掘。1997年开始,对该墓群进行的发掘中,发掘汉墓20余座,时代从西汉中期延续至东汉晚期,出土文物较为丰富,发现的一批西汉彩绘陶俑为过去少见,东汉夫妻披衣俑细腻传神,均是不可多得的精品。在墓葬形制上,该墓地所发现的西汉晚期至东汉早期的土坑墓,是对过去材料缺环的补充[36]。

此外,在涪陵镇安、万州上河坝、松岭包等墓地均有两汉时期墓葬出土。

除了上述已发表的汉墓材料外,更多的两汉时期的墓葬材料尚在发掘和整理之中。随着三峡水位的升高和移民工作的进行,将会不断有新的发现和新的材料来充实峡江汉墓的研究工作。

从20世纪90年代初期开始,伴随三峡地区考古发掘的开展与深入,对于峡江汉墓的研究也取得了较为丰硕的成果。

何志国的《四川西汉土坑木椁墓初步研究》一文对包括重庆地区发现的西汉土坑木椁墓进行分期,探讨墓葬和随葬品的演变规律,进行墓葬分类、划分等级,并分析其与周边地区西汉墓葬的关系;《四川地区王莽时期墓葬》一文则总结四川地区王莽时期墓葬的特点,并与西汉晚期和东汉初期的墓葬做了对比[37]。

在悬棺葬研究方面,陈明芳的《中国悬棺葬》是这一时期关于悬棺葬研究的集大成之作。该书从历史文献学、考古学、民族学、民俗学、体质人类学、宗教学和语言学等角度对悬棺葬俗进行多方面的考察,对悬棺葬的起因、文化内涵、演变、地理分布、族属及其宗教底蕴等问题作了详细的论述,展现了悬棺研究领域的最新成果[38]。

墓葬分期的研究方面,雷兴军、罗宏斌将巫山东周两汉墓葬分为八期十二段,其中的第三期至第八期为西汉初年至东汉晚期阶段,并进一步对墓葬中反映的文化因素进行了分析[39]。王力军对丰都地区的两汉至南朝墓葬进行了分期,其中的第一期和第二期属于两汉时期,又将第一期分为两段,年代为西汉至东汉初年,将第二期分为三段,年代从东汉早期至东汉晚期[40]。

李大营、肖贵田对峡江地区发现的合葬墓的内容和性质进行讨论,并进而与其他地区的合葬墓进行比较,指出该地区在墓葬形制、安置死者方式、并穴合葬等几方面的不同,并由此总结出峡江地区合葬墓的特点[41]。

在出土器物的研究方面,巫山出土的铜牌饰吸引了较多研究者的注意,刘弘对巫山出土的铜牌饰中的人物身份进行了辨别[42];丛德新、罗志宏收集了巫山地区的铜牌饰材料,详细介绍了牌饰上图像的内容,并对其所表达的意义进行了初步的探讨[43]。

郑君雷在收集了峡江地区西汉墓的材料后,通过对西汉墓葬的墓葬形制、随葬器物进行类型学研究,将西汉墓葬分为五期,分析了峡江地区西汉墓葬中的文化因素,并对其社会历史背景进行初步探讨,分析了巴文化融入汉文化的过程[44]。

综上所述,峡江汉墓的发现与研究在众多学者的努力下已经取得了一定的成绩。但总体上看,对于峡江地区汉墓的研究力度和深度上还大大不够,研究的内容也比较零星琐碎。目前对于日益增多的峡江汉墓资料,研究主要集中于汉墓的基础性研究,偏重于对资料的罗列或对个别现象或随葬品附加解释,缺乏对资料的深入整理和系统考察。即使是这样,仍然有大量新的资料得不到及时披露。另外,该地区汉墓的考古学文化序列还不完整,虽然墓葬发现数量不少,延续时间也较长,但对于整个地区的墓葬分期明显薄弱,仅有一些局部区域的分期,缺乏全局性的研究,该地区汉墓的时空框架还未能建立。

随峡江汉墓资料的不断丰富,发掘数量的日益增多,建立峡江地区的汉墓分期序列已迫在眉睫,同时对峡江汉墓的综合性研究和专题性研究是研究行进的方向,通过墓葬中的考古学证据对当时社会背景、社会意识形态和宗教信仰、文化变迁等方面进行研究,以此从更高的层次上来解读和重建已逝社会,将是今后墓葬研究的趋势所在。

第二章　峡江地区汉墓的基本形制分析

峡江地区地跨重庆、湖北两省,随着三峡工程的深入进行,在这一地区发现了大量的汉代墓葬材料。本文所选取的墓葬材料除了以往在重庆和湖北宜昌所进行的零星发掘材料外,主要是三峡工程建设开始后陆续见诸于各种报道的材料,另外还有一些自己参加三峡地区考古发掘时所接触的材料。这些材料几乎包括了该地区的涪陵、丰都、忠县、万州、云阳、巫山、秭归、宜昌等各个地点。

峡江地区的汉代墓葬种类齐全,主要的墓葬形式有土坑墓、砖室墓、洞室墓、石室墓、岩坑墓、崖墓、悬棺葬等类型。以下将对峡江地区汉墓的各个类型分别讨论,墓葬材料主要源自于该地区墓葬数量较多,出土物品较为丰富的一些墓葬,如巫山麦沱墓地、巫山瓦岗槽墓地、丰都汇南墓群、巫山琵琶洲遗址、巫山江东嘴墓地、云阳故陵楚墓、秭归柳林溪、秭归庙坪、宜昌前坪等地点。

一　土坑墓

土坑墓是三峡地区常见的一种墓葬形式,发现数量较多。土坑墓一般是竖直向下开挖墓室,然后在墓室内放置棺椁,墓葬规模大的棺椁齐全,小规模墓葬则仅仅放置木棺,也有的墓葬既无棺也无椁。有的墓葬底部有二层台,或生土二层台或熟土二层台。个别墓葬棺椁下部有青膏泥及垫木发现。

三峡地区的土坑墓,从其平面形状看,主要有长方形、刀把形、"凸"字形三种,我们依其平面形状将其分为A、B、C三型。长方形土坑墓是没有墓道的土坑墓,而刀把形和"凸"字形则是带墓道的土坑墓。土坑墓在大小形制上会有一些变化,而且这种变化体现出一种年代的变化,因而我们根据墓葬的大小情况将其具体划分。

A型　无墓道土坑墓,数量较多。根据其墓室长宽比例可分为三式。

Ⅰ式　墓室为长方形,其长宽比例在2∶1左右或大于2∶1。典型墓葬有涪陵黄溪M1、M2,涪陵镇安M3,巴县冬笋坝M60、M63、M73,忠县崖脚BM17等等。如涪陵黄溪点易 M1 坑长 3.96、宽 2.46、深 1.42 米（图一）。

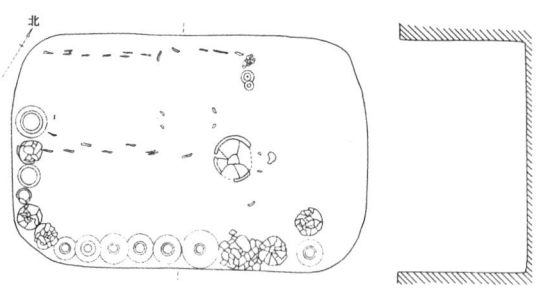

图一 涪陵黄溪点易 M1

Ⅱ式 墓室为宽方形或方形，长宽比例通常在 1∶1 左右。根据二层台的有无可分为Ⅱa 式和Ⅱb 式两种。典型墓葬如丰都汇南墓群 M7，巫山麦沱 M40、M31，忠县崖脚 AM3、BM22 等等。

Ⅱa 式 墓室底部有熟土或生土二层台。丰都汇南 M7，该墓为近方形竖穴墓，墓口距墓底深 4.9、长 6.3、宽 4.9 米。直壁，四壁规整，经拍打修整。距墓口深 3.4 米为熟土二层台，二层台宽 0.7、高 1.5 米（图二）。

Ⅱb 式 墓室底部无二层台。忠县崖脚 AM3 为竖穴土坑，墓向 40 度。口大底小，墓口残长 3.89、残宽 3.0、残深 1.50 米，墓底长 3.57、宽 2.72 米，墓底距地表 4.45 米（图三）。

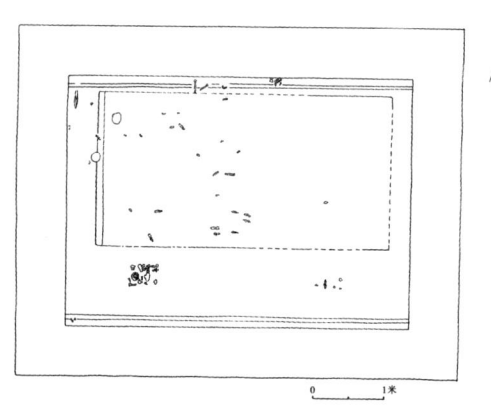

图二 丰都汇南 M7

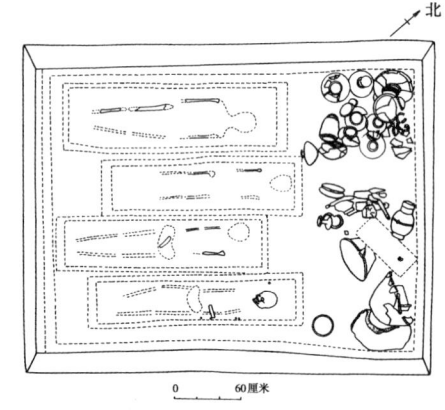

图三 忠县崖脚 AM3

Ⅲ式 墓室为宽方形或方形，墓室底部铺垫石板或石块。如巫山瓦岗槽 M10、丰都汇南墓群 M26、秭归柳林溪 M9 等等。汇南墓群 M26 为方形竖穴土坑，方向 338 度，保存完好。坑壁较直，为较规则的长方形，坑壁经拍打修整。墓口长 4.26、宽 3.8 米，墓底用表面相对平整、形状不规则石块铺就，石块厚约 0.08—0.1 米，四边排列整齐，铺成后墓底平整（图四）。

B 型 刀字形土坑墓。墓室仍以方形为主，有墓道，由于墓道偏于墓室一侧，而使墓葬整体平面呈"刀"形。根据墓底铺砖石状况可分为两式。

Ⅰ式 墓底无铺砖。前坪 M10、巫山江东嘴 M18、万州大地嘴 M6、麦沱 M41 均属于该类型。江东嘴 M18 墓室和墓道均呈方形，整个墓的平面近似刀形。墓道位于墓室南壁偏西侧,长1.4,宽1.6米。墓壁斜度较大,底端有二层台。墓口长3.2、宽3.2米,墓底长2.48、宽2.16米(图五)。

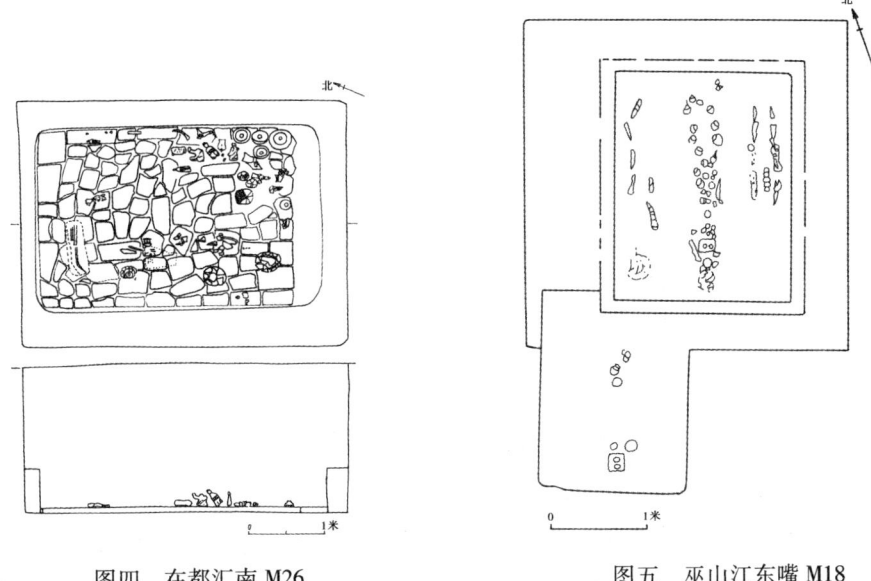

图四 在都汇南 M26　　　　　　图五 巫山江东嘴 M18

Ⅱ式　墓底铺砖或石。云阳故陵 M14 属于此类型。云阳故陵 M14,墓道为长方形斜坡状,墓道长2.68、宽1.28—1.42米,墓室近似方形,墓底长3.40、宽3.28米,墓底四周有熟土二层台,墓底铺石板(图六)。

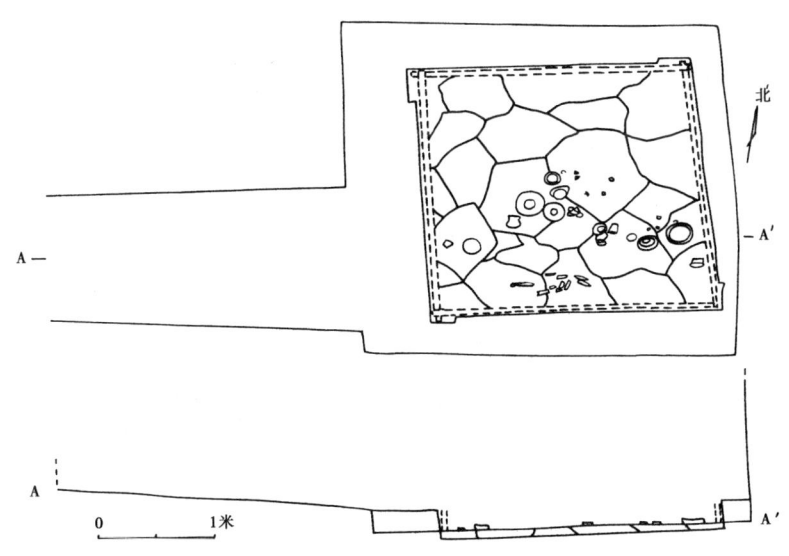

图六 云阳故陵 M14

C型　"凸"字形土坑墓。发现数量相对较少,墓道基本位于墓室正中,使墓葬平面呈"凸"字形。依据墓底铺砖情况可分为两式。

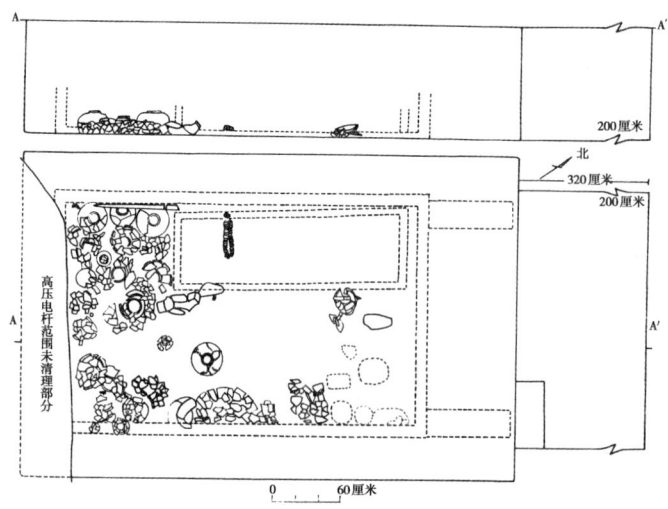

图七 忠县崖脚 BM10

Ⅰ式 墓底无铺砖现象，墓室呈长方形或方形。重庆临江支路 M3、忠县崖脚 BM10、万州大地嘴 M4 属此类。忠县崖脚 BM10 由墓道和墓室两部分组成，墓向 32 度。墓道在墓室东北部，墓道为竖穴土坑，口底大小相等，长 3.20、宽 2.30 米，底部较平，与墓室处于同一水平；墓道连接墓室处一侧有一生土隔梁，将墓道与墓室分开。墓室为长方形竖穴土坑，直壁，东西两边比墓道宽 0.30 米。墓室长 4.60、宽 2.90、残高 1.20 米（图七）。重庆临江支路 M3 是墓室为横长方形的带墓道的竖穴土坑木椁墓，墓道位于墓坑的东面，斜坡状，与墓坑东侧垂直相交，墓道中心线大致对准墓坑东侧正中，现存墓道残长约 5.0 米，底平面近墓坑处宽约 3.0 米，前端宽约 2.7 米。墓道口略大于墓道底，墓道底高出墓坑底约 0.26 米。墓道接近墓坑偏北一带，堆积有大量白膏泥，厚度从 0.2—0.35 米不等。墓坑呈长方形，南北长 9.1、东西宽 4.5 米（图八）。

Ⅱ式 墓底有铺砖或铺石现象。在墓室底部铺有石块，或在墓底四周铺放扁平鹅卵石。丰都汇南 M18、万州大地嘴 M5、

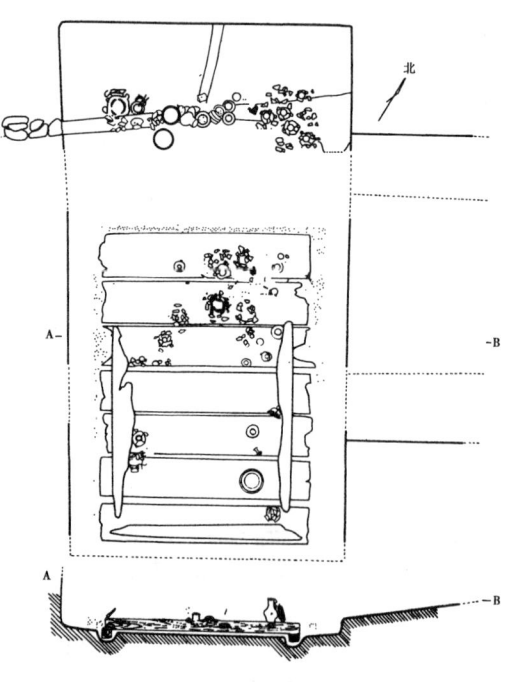

图八 重庆临江支路 M3

秭归庙坪 M6、M12、M25 等归属此类。丰都汇南 M18 墓口略大于墓底,坑壁近直,墓口长 5.5、宽 4.6—4.8 米,墓底长 5.4、宽 4.5—4.7 米。墓室西部为长方形斜坡墓道,墓道长 5.45 米,西端略窄,宽 1.3 米,东端与墓室相接处宽 2.05 米,坡度为 31 度。墓道南壁近直,北壁斜直,斜坡上发现有不规则脚窝 4 个,墓道与墓室相接处用不规则石块封门,其间夹有少量绳纹砖,石块大小、厚薄不均(图九)。

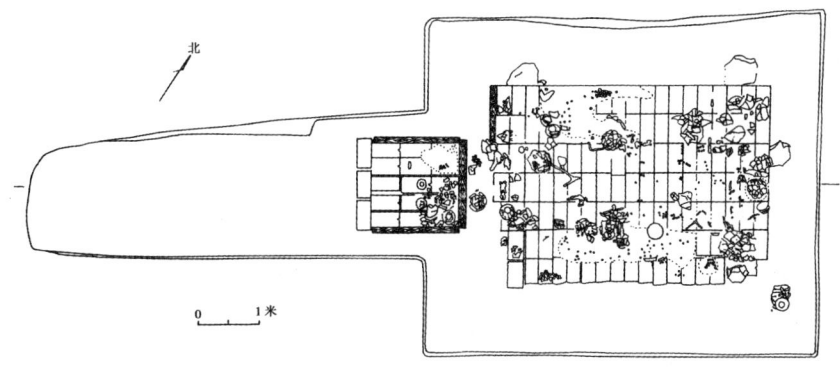

图九 丰都汇南 M18

二 砖室墓

砖室墓是汉代新出现的一种墓葬形式,在东汉时期尤其流行。在所发掘的汉代墓葬中所占比例较大。砖室墓的构建方法是先挖出墓道和墓室的土圹,然后用砖紧贴土坑壁砌筑墓室及甬道,再在上面夯筑封土堆。墓内用砖多为长条形青灰色砖,三峡地区的墓砖壁砖上往往有菱形花纹、几何纹或铭文等纹饰,也有一些其他花纹,墓底多用素面砖或碎砖,墓顶部则用楔形字母砖环环相扣建成。砌筑方法以横平错缝为主,再结合丁平、丁立等方法。砖室墓可分为单室、双室、多室等,在峡江地区发现最多的是单室墓,双室墓少量发现,多室墓数量极少。依据砖室墓的平面形状将其分为四型。

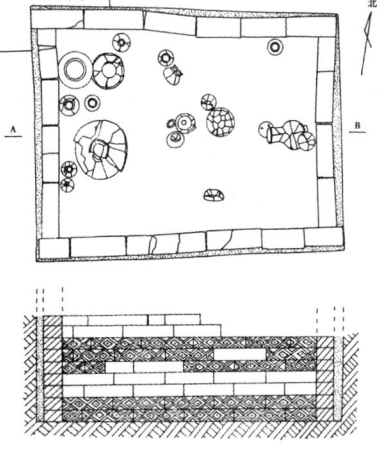

图一〇 万州瓦屋 M32

A 型 长方形单室墓。由土坑墓道和墓室组成。依墓底铺砖状况将其分为两式。I 式 墓室呈方形或长方形,墓底无铺砖。万州安全墓地 M5、万州瓦屋墓地 M8、M32 属于此类。如万州瓦屋墓地 M32(图一〇),长方形竖穴土圹砖室墓,长

2.75,宽2.05—2.20米,无铺底砖,墙砖错缝平铺,且正反无规则,局部墙砖纹饰不一,墓砖为粗菱形格纹,中有一乳丁纹。

Ⅱ式　长方形墓室,墓底铺砖。丰都汇南 M24、万州庙湾 M4、万州上河坝 M1、万州松岭包 M9、宜昌前坪 M109 属于该类。如丰都汇南 M24 为长方形斜坡墓道,长方形单室墓,长 2.4、宽 1.08 米。墓壁由菱形几何纹、三角几何纹子母扣花边砖错缝叠砌,墓底横排平砌。双层封门(图一一)。

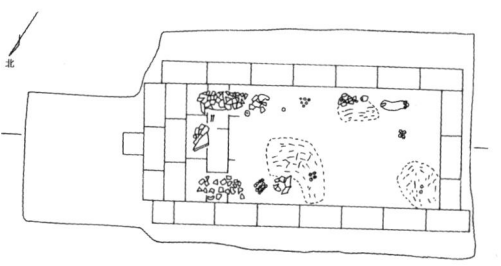

图一一　丰都汇南 M24

B 型　刀形单室墓。整个墓葬由墓道、甬道、墓室三部分组成,甬道偏于墓室一侧,墓室与甬道平面形成"刀"形。墓室形状包括方形和长方形两种。巫山瓦岗槽 M9、M21,万州松岭包 M1、M7,万州安全墓地 M4、M18、M19、M26、M27,巫山双堰塘 M701、M703、丰都汇南 M16 等等属于该型。巫山瓦岗槽 M9 为长方形带甬道的单室墓,甬道长 1.75、宽 1.00 米,墓室长 7.12、宽 2.00 米,墓底铺砖,墓砖有模印几何纹(图一二)。

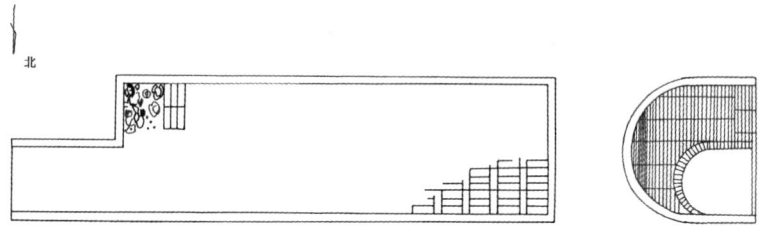

图一二　巫山瓦岗槽 M9

万州安全墓地 M18 为斜坡式墓道,墓道口宽 1.05、尾部宽 1.70、长 2.70 米。甬道东西长 2.40、南北宽 1.40 米。券顶为单砖券。砖为长条形子母砖。墓室平面呈长方形,东西长 2.65、南北宽 3.26 米。墓室北壁挤压向内倾斜,成一弧形,南壁受挤压向外倾斜,形成南壁外凸。墓室及甬道墙壁均用长条形子母砖单砖平砌而成。条形砖侧面模印有菱形方格纹。甬道、墓室地面也用长方形条砖平铺,砖上无花纹(图一三)。

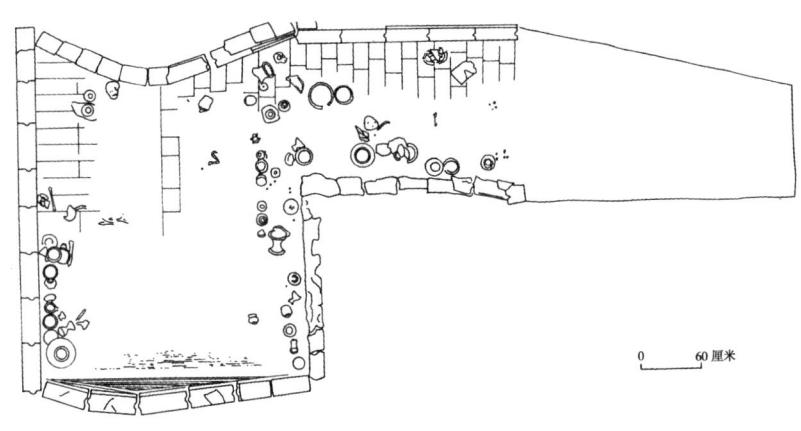

图一三 万州安全墓地 M18

C 型 "凸"字形单室墓。由墓道、甬道、墓室三部分组成,甬道居于墓室中部。墓室一般为长方形或方形。巫山琵琶洲 M3、云阳故陵 M8、宜昌前坪 M113,涪陵三堆子 M4、万州松岭包 M8 等属于该型。如万州松岭包 M8,墓道与墓室皆为长方形,墓壁用长方形模制花纹砖平铺错缝铺就,地砖为长方形砖横列平铺。墓室长 2.90、宽 2.68 米,墓道长 2.31、宽 1.80 米(图一四)。

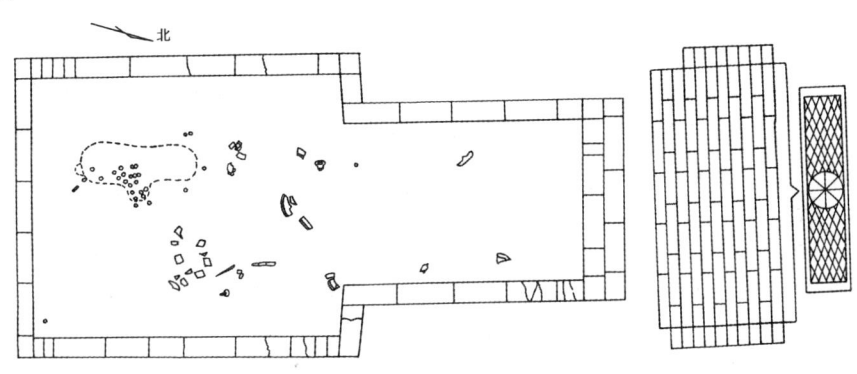

图一四 万州松岭包 M8

D 型 双室墓。发现数量较少,墓葬一般由墓道、甬道、前室、后室四部分组成。巫山瓦岗槽 M12、宜昌前坪 M111 属于此类型。宜昌前坪 M111 结构较为复杂,为长方形竖穴岩坑带斜坡墓道砖室结构双室墓,墓室由墓道、前室、后室组成,前室用几何花纹砖砌成砖室,东西长 2.9、南北宽 2.4 米。该墓无甬道,墓道通过墓门直接与前室相连,后室为竖穴砂岩长方形墓室,未用砖砌壁。长 2.94、宽 2.1 米,前后室之间有过道,后室略高于前室。巫山瓦岗槽 M12 为双室墓,由墓道、前室、后室四部分组成,前室呈长方形,后室较小,略低于前室(图一五)。

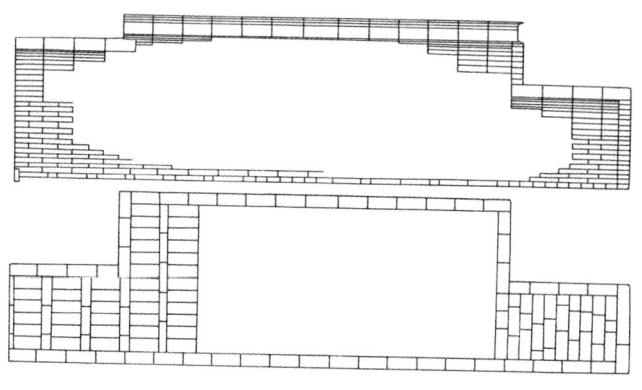

图一五 巫山瓦岗槽 M12

三 石室墓

石室墓也是三峡地区较为常见的一种墓葬形式,构筑方法与砖室墓相同,先挖土圹,然后用大石条垒筑墓室,顶部用石块做成券顶。根据石室墓的形状可将其分为四型。

A 型 长方形石室墓,发现数量不多,仅在秭归庙坪发现,庙坪 M6、M12、M25 属于此种类型。墓葬规模较大,墓底四周铺放扁平卵石,这种做法不见于三峡其他地区的墓葬材料,较为独特。墓葬中的扁平卵石摆放规则,高低错落有致,有的土坑壁可见木柱痕,墓室内用石块有意地分隔成多间。如庙坪 M6,长方形竖穴土坑,直壁,平底。墓底残长 6.05、宽 2.00 米。墓底近墓壁北、西、南侧铺有一周扁平卵石,其东壁不见石块。墓室中央南北向铺有一排扁石,把墓室分成东西两部分。扁石近圆形,大小不等(图一六)。

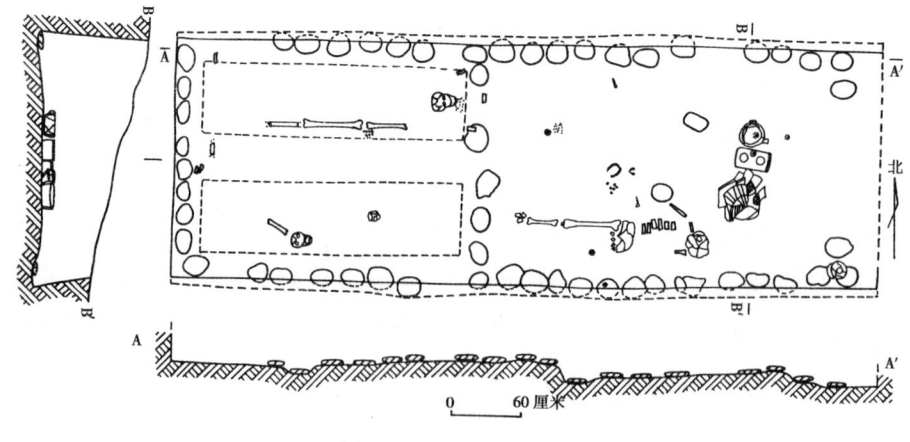

图一六 秭归庙坪 M6

B型　刀形石室墓。石块垒筑的甬道偏于墓室一侧。巫山跳石M1、巫山麦沱M33、巫山双堰塘M702、M706,云阳故陵M23属于此种类型。巫山双堰塘M702为刀形石砌单室墓,全墓外长5.9米。其中墓室部分外长3.95、内长3.42米,外宽2.2、内宽1.74米;甬道外长2.0、内长2.28米,外宽1.46、内宽0.9—0.96米;墓室和甬道周壁均用经简单加工的天然岩石块铺砌而成,墓底铺垫稍小的鹅卵石(图一七)。

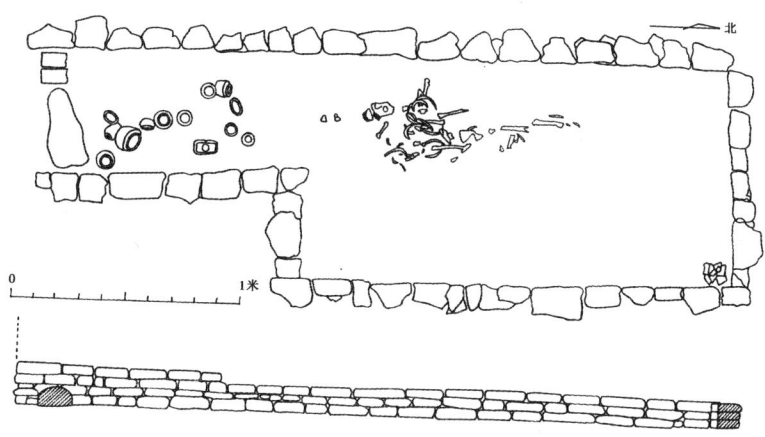

图一七　巫山双堰塘M702

C型　"凸"字形石室墓。甬道位于墓室中部,平面形状呈"凸"字形。巫山麦沱M22、巫山双堰塘M704、巫山江东嘴M15、秭归柳林溪M4、秭归庙坪M48、M77属于此种类型。如秭归柳林溪M4结构为土圹石室券顶墓,由墓室、甬道、墓道三部分组成,墓室长2.48、宽1.76米。墓墙用石块叠砌,墓底用小石块铺垫。甬道为长方形,长1.20、宽1.80米,甬道口用石板封门(图一八)。

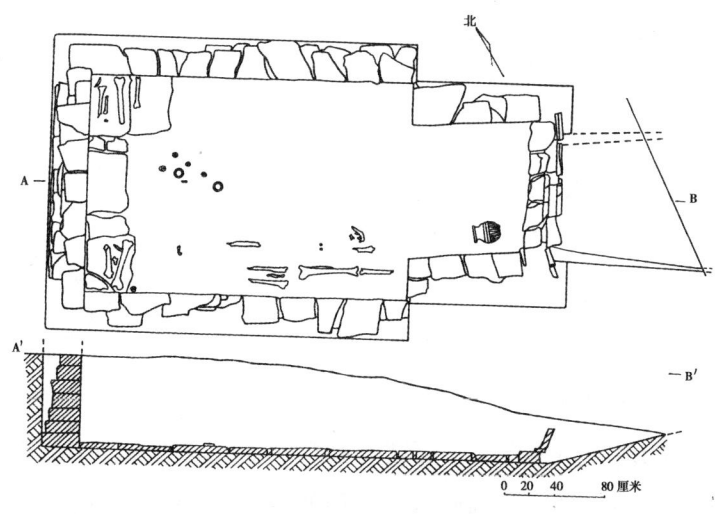

图一八　秭归柳林溪M4

D型　双室墓。发现数量较少。如涪陵三堆子M2,由墓道、甬道、前室、后室等部分组成。墓室顶部和左右墓壁以长0.5—1.56、宽厚0.2米的楔形条石和长方形石条竖券平砌而成。甬道低于前室略高于后室,前室高2.1、长3.0、宽2.48米;后室低于前室,高1.4、长1.7、宽1.5米(图一九)。

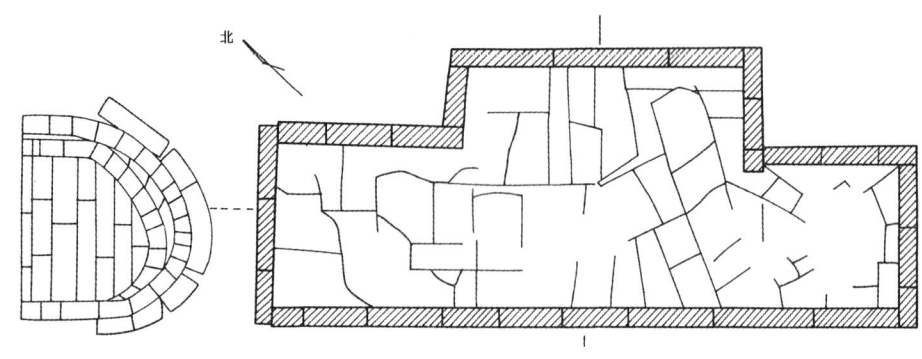

图一九　涪陵三堆子M2

四　土洞墓

土洞墓又称洞室墓,在三峡地区也偶有发现。一般是先竖直挖斜坡墓道,然后向内挖出弧顶洞穴作墓室。有的墓葬在其墓室底部铺有不规则石板,或在洞室中砌筑墓壁。根据这种差别,我们将其分为两式。

I式　长方形土洞,斜坡墓道。巫山江东嘴M12、M13属于此种类型。巫山江东嘴M12为斜坡式墓道,长方形墓室,墓平面呈"凸"字形。墓道口长4.5、宽0.9米,墓室长4.4、宽3.2米(图二〇)。

II式　长方形土洞,斜坡状墓道,在墓室底部铺石或砖,或在洞室内修筑墓壁,进行进一步加工。巫山麦沱M29、巫山瓦岗槽M19属于此类。以巫山麦沱M29为例,该墓墓室为洞穴,斜坡墓道及平底

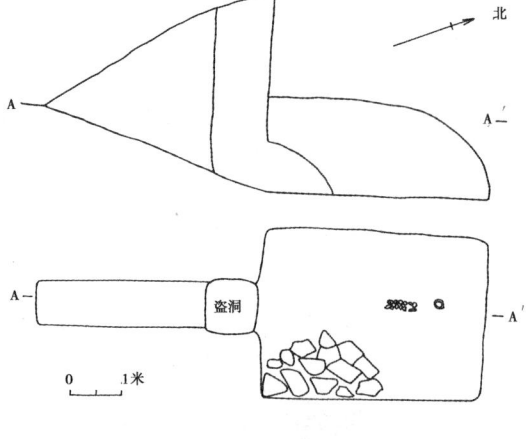

图二〇　巫山江东嘴M12

甬道为竖穴土坑。构筑方式为先在一高坡前竖直挖成斜坡墓道和平底甬道,然后平甬道底向高坡内挖弧顶洞穴,最后在洞穴内以花纹墓砖砌墓壁,并铺底。在墓室前端横挖一条排水沟,右侧墓壁底部留一小孔以排水。其结构分三部分:斜坡墓道、平底甬道

和弧顶墓室。墓道长2.9、宽1.0米,甬道与墓道平面呈"凸"字形连接,长2.6、下宽1.5米,墓室土洞长6.2、宽2.0米,砖壁高1.4米,错缝平砌(图二一)。

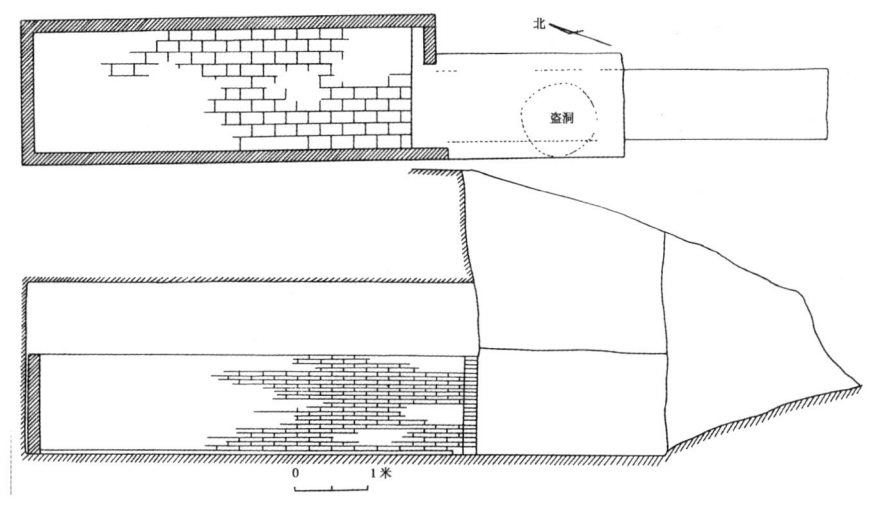

图二一　巫山麦沱M29

五　其他墓葬形制

1. 岩坑墓

岩坑墓在构建方法上与土坑墓有相似之处,区别仅仅在于岩坑墓是在岩石上开凿而成,形制上以竖穴岩坑为主。秭归卜庄河M2、M3、宜昌前坪M91、M101、云阳李家坝M10、M37等都属于此类墓葬。

2. 崖墓

崖墓一般是在山崖或岩层中开凿洞穴为墓室,其规模大小不一。在峡江地区崖墓比较盛行,一般有狭长墓道,墓室有单室、双室之分。分布于重庆、涪陵、忠县等地。

3. 悬棺葬

悬棺葬是将死者的棺木放置于人迹罕至的悬崖绝壁之上,棺木的放置方式因时因地而有不同,或利用岩壁间的裂隙之处架设棺木;或在岩壁上凿孔,楔入木桩,以支托棺木;或利用天然岩穴及人工凿穴,盛放棺木。棺木多为独木凿成,呈长方形,也有少数用船形棺者。葬式有的是一次葬,有的是二次葬,即待死者肌肉腐朽后,将骨殖收入棺内,再送到悬崖上去。峡江地区悬棺葬的时代最早可至战国时期,晚至南北朝时期。

4. 特殊墓葬形式

除了以上描述的几种墓葬形式,在三峡地区还有一些发现数量较少或构筑方式较为独特的墓葬形式。如瓮棺、"盒子"砖墓等等。

瓮棺葬是以瓮为葬具,然后放置于竖穴土坑内。在峡江地区偶有发现。如秭归柳林溪 W2 坑口平面为圆形,弧壁,圜底。坑口直径 0.39、深 0.23 米。葬具为饰绳纹的夹砂灰陶瓮。

比较特殊的砖室墓有巫山瓦岗槽的"盒子"砖墓,该墓地的 M2、M5、M16、M17 均属此型。形制上与其他砖室墓无太大区别,仅仅是在墓葬用砖上有区别。如 M5 为长方形墓室,无甬道,墓门开在墓的一端,墓顶因倒塌情况不明。墓长 5.3、宽 1.6、高 1.3 米,以"盒子"砖砌墓四壁,长方形砖铺地。"盒子"砖长 0.26、宽 0.13、厚 0.11 米,剖面呈"工"字形。墓室后部略高于前部,用一排横向排列的"盒子"砖相隔,部分陶器、铁剑等摆放其上。从目前资料看,这种墓葬仅发现于巫山。

第三章 峡江汉墓随葬品形制分析

  峡江汉墓中出土的随葬品种类繁多,器类齐全。从其功能上分可分为礼器、日用器、兵器等等;从其材质上分可分为陶、铜、铁、琉璃等等。铜器在汉代墓葬中也占有一定比例,汉代铜器在种类和器型上发生了很大变化,汉代早期墓葬中出土铜器仍有铜礼器的味道,在后期墓葬中实用铜器逐渐代替了铜礼器,而且在种类上日渐衰微。陶器是汉墓随葬品中的主要器类,从其器型和功能我们可以将其分为三类:第一类是仿铜礼器,如鼎、豆、壶、盒、钫等,这类器物延续了战国遗风,一般只出现于西汉早期墓葬中,随时代发展越来越少;第二类是生活用器,如罐、釜、盆、钵等等,这类器物在两汉墓葬中数量极多,器型也极其复杂;第三类是随葬明器,如仓、灶、井、楼阁、陂池、各式人俑以及猪、羊、狗、鸡等诸多动物偶像,这类器物的出现与流行从西汉中晚期开始,东汉极为盛行。下面将重点挑出一些延续时间长、种类较多的随葬品对其进行形制与类型学分析。

一 铜器典型器物分期

  1. 铜鼎 根据腹部特征分为两型。
  A 型 圆球形腹,矮蹄足。如云阳李家坝 M10:18,腹较浅,上腹饰凸弦纹一道。蹄足较矮。护耳外撇。子母口,有盖,盖上有三桥形纽。通高 15.6 厘米,最大腹径 19.8 厘米。
  B 型 器腹呈方形,蹄足。如宜昌前坪 M105:6,器身扁圆,曲形耳稍外撇,矮兽蹄足,子口略敛,半球形盖,盖上有 3 个轭形纽。通高 15.8 米,腹径 19 厘米。
  2. 铜钫 根据腹部及足部变化分为三式。
  Ⅰ式 器型较瘦削。如涪陵黄溪点易 M2:16,方口方唇,有领,肩有铺首衔环双耳,
  方形高足。盖为覆斗形,饰有四纽。口径 11.6、腹径 19.6、足径 14.2 厘米,通高 43.6 厘米。

Ⅱ式　整体器型变化不大,腹部微鼓,圈足微外撇。如宜昌前坪 M108:2,方口,方腹外鼓,方圈足外撇,覆斗形盖,盖上有四个对称的鸟形纽,腹部有两个对称铺首衔环。通高 33 厘米,腹径 16 厘米。

Ⅲ式　腹部圆鼓,足部外撇角度大。如万州上河坝 M3:1,方形侈口方唇,鼓腹,方圈足,足壁外撇,腹部有两个环形纽。通高 34.4 厘米、口径 12、底径 13.8、腹径 20 厘米。

3. 蒜头壶　依其颈部特征分为两式。

Ⅰ式　颈部瘦长。如涪陵黄溪点易 M2:17,矮直口,蒜瓣形,瘦长颈,上有凸棱一周,鼓腹略扁,圈足。口径 3.6、腹径 21.6、底径 12 厘米,通高 36.8 厘米。

Ⅱ式　颈部变粗。如宜昌前坪 M97:7,壶口呈蒜头形,瘦长颈微粗,颈部饰凸弦纹一道,扁圆腹,圈足。通高 29 厘米。

4. 铜壶　根据器身及口部形状分为两型。

A 型　据颈部变化可分为三式。

Ⅰ式　短颈,低圈足。如前坪 M10:10,颈较短,带盖,肩饰对称铺首衔环,圆腹,圈足外撇直收,球面形盖,盖上有环纽。通高 26 厘米。

Ⅱ式　颈部变长。如重庆临江支路 M3:7,口微侈,束颈,鼓腹,圈足。口沿外一周宽带纹,肩、中腹及下腹各一道三弦带纹,肩部二铺首衔环。盖作子口套合,顶部曲隆,上立三鸟形纽。通高 40.4 厘米,口径 12.9 厘米。

Ⅲ式　长颈微束。如巫山麦沱 M47:69,盂状口,长弧颈,溜肩,扁鼓腹,平底。八棱形高圈足。腹饰三组瓦棱状弦纹及对称铺首。下底有十字铸棱。口径 12.1、腹径 24 厘米,通高 29.9 厘米。

B 型　直口。如忠县崖脚 AM3:31,口领斜直,溜肩鼓腹,圈足。腹上部有对称的铺首衔环,下铸出"巨封"二字铭文,肩腹饰三组各两道凸起的箍带。高 30.8 厘米,腹径 22.2、口径 11.0、底径 12.6 厘米。

5. 铜鍪　根据腹部特征分为两型。

A 型　鼓腹,双耳,依其腹部及双耳变化分为三式。

Ⅰ式　双耳,一大一小,鼓腹,圜底。如涪陵黄溪点易 M2:18,侈口,高领,鼓腹,圜底。腹部有凸棱一周,大耳饰辫索纹,小耳素面。口径 16.8、腹径 17.4、高 13 厘米。

Ⅱ式　双耳大小相同。如巫山麦沱 M29:4,敞口,弧领,深腹,圜底。上腹部饰对称辫索纹双耳,肩下有两周弦纹。口径 15.8 厘米,高 16 厘米。

Ⅲ式　双耳大小相同,位置略偏上。如万州松岭包 M4:16,侈口,方唇,弧颈,肩微折,鼓腹,圜底。颈部有对称双耳,腹部饰两道凸弦纹。口径 20.8、腹径 22.4 厘米,通高 19.6 厘米。

B 型　折腹,双耳。依其腹部及耳部变化分为三式。

Ⅰ式　双耳,一大一小。如宜昌前坪 M10:11,侈口,颈较长,肩微折,圜底近平。肩上有大小环耳各一。通高 11.4 厘米。

Ⅱ式　双耳大小相同。如重庆临江支路 M4:1,侈口,束颈,鼓腹,圜底近平。颈肩相接处有两耳。口径 15 厘米,通高 14.9 厘米。

Ⅲ式　双耳大小相同,垂腹。如宜昌前坪 M109:3,敞口,折肩,垂腹,平底,肩部饰对称环耳两个。口径 16.6、腹径 18.8 厘米,通高 17.5 厘米。

6. 铜釜　根据器型的腹部、底部等特征分为四型。

A 型　根据口沿、足部变化分为二式。

Ⅰ式　直口较高,底部有小矮足。如涪陵黄溪点易 M1:1,高领,肩部与腹部分铸而成。肩部有铺首衔环双耳,平底上有 4 只乳丁足和十字形纹饰。口径 12.4、腹径 22.8、底径 12 厘米。

Ⅱ式　直口短,平底。如秭归卜庄河 M3:5,釜身扁圆,平底直口,腹中部有一周宽突棱,肩部有两个对称的铺首衔环,底部饰有几何形纹。口径 12、腹深 24、底径 12 厘米,通高 32.8 厘米。

B 型　依其口沿及双耳变化分为三式。

Ⅰ式　环状双耳,底部有三足。如涪陵黄溪点易 M1:2,侈口、高领、鼓腹,小平底。底有乳丁足 3 只。肩上有辫索纹耳。口径 15.6、腹径 28、底径 8 厘米。

Ⅱ式　口微敞,双耳位于腹径最大处。如涪陵易家坝 M2 铜釜,直口,平沿侈唇,长颈斜肩鼓腹,立耳三足。通高 14 厘米,口径 12.2、腹径 18 厘米。

Ⅲ式　敞口,底部小矮足。如重庆水泥厂崖墓出土的铜釜,鼓腹,平底,下有 4 只小足。口沿部有立耳一对,并饰有鸟纹。器内底部铸有鱼纹一对。通高 14.5 厘米,口径 17、底径 7.5 厘米。

C 型　依腹部变化分为三式。

Ⅰ式　敞口,垂腹。如涪陵黄溪点易 M2:19,侈口,鼓腹微垂,平底,有辫索纹环形耳一对。口径 29、底径 20、腹径 34.2 厘米,高 17 厘米。

Ⅱ式　垂腹微鼓。如重庆临江支路 M4:5,斜沿外折,敛口,鼓腹,圜底,上腹一凸弦纹,二对称索辫耳。通高 18 厘米,口径 28.5 厘米。

Ⅲ式　侈口,宽折沿,鼓腹下垂。如巫山双堰塘 M703:2,圆唇,宽折沿,大侈口,束颈,溜肩,肩铸对称辫索状耳一对,圆腹,圜底略平。通高 17.1 厘米,口径 21.2、腹径 25.2 厘米。

D 型　侈口,圜底。如巫山麦沱 M38:18,仰折沿,鼓腹,盆形圜底,口径 19 厘米,高 9.8 厘米。

7. 铜洗　根据足部、腹部、颈部特征将其分为四型。

A 型　底部有三足。可分为二式。

Ⅰ式　侈口,微束颈,低三足。如涪陵黄溪点易 M1:3,平口,鼓腹,圜底。底部有乳丁状足 3 只,肩有凸棱 2 周。腹部有铺首衔环双耳。口径 27.2、腹径 26.4 厘米,高 13.2 厘米。

Ⅱ式　敞口,深腹。如巫山麦沱 M29:5,敞口,仰折沿,腹壁较直,下腹斜曲,腹较深,底微内凹,有三个乳突状小足,腹饰对称牛头状铺首。口径 24.8 厘米,通高 11.5 厘米。

B 型　圈足。可分为二式。

Ⅰ式　弧腹,低圈足。如宜昌前坪 M14:18,侈口,平沿,腹较深,侧饰铺首衔环二。通高 14 厘米,腹径 31 厘米。

Ⅱ式　平沿,弧腹微鼓,低圈足。如重庆临江支路 M3:4,平沿,敛口,圈足,腹部饰二铺首衔环,上腹及下腹各一道三弦带纹。口径 41 厘米,残高 15.6 厘米。

C 型　根据颈部及腹部变化分为三式。

Ⅰ式　侈口,微束颈,鼓腹。如重庆临江支路 M4:2,束颈,鼓腹,二铺首大目斜眉衔环,小平底微凹。通高 ll 厘米,口径 25 厘米。

Ⅱ式　敞口,束颈,鼓腹。如巫山麦沱 M22:8,敞口仰卷沿,圆腹较浅,底微凹,肩有对称牛头状铺首,肩及上腹有数道弦纹。口径 24 厘米,高 11.8 厘米。

Ⅲ式　敞口,束颈,鼓腹微折。如宜昌前坪 M109:14,深腹略鼓,侈口,平底内凹,腹部饰一对铺首衔环及两道弦纹,口径 20.8 厘米,高 9.6 厘米。

D 型　根据口沿变化分三式。

Ⅰ式　口微侈,圆鼓腹,平底。如前坪 M105:9,深腹,小平底,腹部有对称的铺首衔环两个,侈口,尖唇,高 11.5 厘米,腹径 22 厘米。

Ⅱ式　侈口,平折沿,深腹,底微凹。如重庆临江支路 M2:5,侈口,鼓腹,上腹近直,小平底微凹。二铺首曲眉细目,环较小。中腹饰一道宽带纹,带正中一周凸弦纹。口径 23 厘米,通高 12 厘米。

Ⅲ式 敞口,斜折沿,下腹微鼓,大平底微凹。如巫山双堰塘 M705:8,方唇,宽沿外折,大侈口,腹微鼓,大底平略内斜。器腹饰凸弦纹和凹棱,并对称饰饕餮兽面衔环铺首一对。通高 11.8 厘米,口径 25.2、腹径 22.8、底径 15.2 厘米。

另外汉墓出土铜器还有铜兵器、铜镜、铜勺、铜泡等等。铜兵器在峡江地区早期汉墓中常有出现,从风格看,传承于当地战国晚期墓葬,相较前述铜器,在墓葬中所占比例较小。铜镜是中原地区汉代墓葬中经常出现的随葬品种,因其特征明显,流行时段较为明确,也常被作为墓葬断代的一个依据,而峡江地区的铜镜无论从数量还是种类上都远远逊于中原地区,由于出土数量较少,在此未作分期。

二 陶器典型器物分期

1. 陶鼎 根据其腹部不同分为两型。

A 型 圆形腹。依据其腹部变化及足部变化分为五式。

Ⅰ式 器身扁圆。如云阳李家坝 M10:9,鼓盖,盖上有三个鸟形纽。子母口,护耳外撇,蹄足较高。腹径 22.5 厘米。

Ⅱ式 器身圆弧。如宜昌前坪 M43:3,蹄足略残,方形护耳外撇。腹径 18.8 厘米,通高 14 厘米。

Ⅲ式 圆弧腹。如云阳李家坝 M37:35,泥质橘红陶,外施透明釉,矮蹄足,护耳外撇,球形盖,盖顶 3 个桥形纽。通高 22 厘米,腹径 27 厘米。

Ⅳ式 斜弧腹,蹄足短且向腹部收缩。如巫山江东嘴 M15:5,器耳及足为贴附,子口微敛,圆唇,圜底,弧顶盖上有三个半环耳,长方形附耳在口沿外侧,三蹄形足略直。口径 15.4、腹径 19.4 厘米,高 17 厘米。

Ⅴ式 器足矮,如万州庙湾 M3:5,酱红釉。盘口,方唇,鼓腹,平底,兽足,沿上两附耳。口径 9.6、腹径 12.8 厘米,通高 12 厘米。

B 型 方形腹。依腹部变化分为四式。

Ⅰ式 腹部呈方形且较深。如忠县崖脚 BM10:15,钵形盖,盖上对称分布三环纽,鼎身子母口,双附耳,扁腹,圜底,三蹄足,腹施一周凸棱。高 16.6 厘米,最宽 29、口径 17.6、壁厚 0.4 厘米。

Ⅱ式 方形腹,蹄足较矮。如巫山江东嘴 M20:15,器身为轮制,三足及器耳为贴附。子口内敛,方唇,扁腹,平底,有弧顶盖,长方形附耳在腹中部,三蹄形足外撇,盖上有纽已残。口径 15.9、腹径 18 厘米,高 15.2 厘米。

Ⅲ式　方形腹，底部平。如宜昌前坪M111:1，子母口，两耳外侈与腹部圆滑相接，圆鼓腹较浅，平底微内凹，三足外撇。通高11.2厘米，口径12.4厘米。

Ⅳ式　口微敛，三足低矮。如宜昌前坪M2:2，器身如敛口钵，三足低矮。通高12.2厘米。

2. 陶盒　根据器身、器底及器盖形状可分为两型。

A型　器身近椭圆状，平底，盖浅腹深。

Ⅰ式　椭圆形器身，子母口，平底，斜弧腹，平顶。如宜昌前坪M36:2，盒身扁圆，平底，球面形盖。通高11.2厘米。

Ⅱ式　器型规整，子母口，平底，弧腹近直，器顶假圈足纽。如秭归卜庄河M5:1，器体矮胖，子母口，底部附有假圈足，盖上有假圈足形纽。口径14.5厘米，通高10.4厘米。

B型　器身近似方形或长方形，低圈足，器盖与器底近似对开，盖顶圈足与盖底圈足同宽。

Ⅰ式　器身呈长方形，微弧，子母口，底部和顶部矮圈足。如云阳李家坝M10:5，盒身与盒盖为子母口扣合，盒身为矮圈足，上腹饰两道凹弦纹。盒盖为圈足纽，顶部和近口部各饰两道凹弦纹。腹径21.6厘米，通高15.5厘米。

Ⅱ式　方形器身，腹近直，底部和顶部圈足，底部圈足略高。如云阳李家坝M37:18，盒身与盒盖为子母口扣合，盒身为矮圈足，上腹饰三道凸弦纹。盒盖为圈足纽。口径18厘米。

3. 陶盆　根据器身、口沿、颈部区别分为三型。

A型　敞口，深腹。依其腹部及口沿变化分为三式。

Ⅰ式　宽平沿，深腹，圜底。如秭归卜庄河M3:1，口微敛，宽沿方唇，深腹，腹壁较直，圜底。腹部饰宽凹弦纹，下腹及底部交错绳纹。口径24.7厘米，高20厘米。

Ⅱ式　深腹，沿微卷，平底。如忠县崖脚BM10:17，卷沿外斜，深腹微鼓，平底，肩施一周凸棱，腹施细绳纹。口径29.8、底径15.4厘米，通高18.4厘米。

Ⅲ式　敞口微内敛，深腹，底微内凹。如万州上河坝M3:2，口微敛，圆唇，宽沿，微束颈，腹部斜收，平底，底稍内凹。口径38.4、底径20厘米，通高21厘米。

B型　器型较小，敞口，束颈，平底。可分为三式。

Ⅰ式　方唇，窄沿，圜底。如巫山麦沱M49:22，口微敛，斜弧腹，圜底。口径11.6厘米，通高5.4厘米。

Ⅱ式　方唇，卷沿，平底。如忠县崖脚BM22:18，侈口，卷沿外翻，束颈，折肩，斜腹微鼓,平底,素面。口径27、腹径26.4、底径13厘米,通高10厘米。

Ⅲ式　方唇,短束颈,小平底。如万州松岭包M3:1,直口,平沿,方唇,颈短直,鼓肩,腹斜收,小平底,素面。口径23.6、底径8厘米,通高9.2厘米。

C型　敞口,斜直腹,大平底。可分二式。

Ⅰ式　沿微卷,斜直腹。如忠县崖脚BM22:75,敞口,卷沿,斜直腹,平底,腹施横向划线纹。口径39.2、底径25.2厘米,通高15.4厘米。

Ⅱ式　窄平沿,腹微鼓,平底。如万州安全M18:15,敞口,平沿,尖圆唇,斜直腹微鼓,平底。口径25、底径14.8厘米,通高11.2厘米。

4.陶甑　依其器腹、口沿等特征分为五型。

A型　敞口,深腹,箅孔密集。可分为四式。

Ⅰ式　折沿,深腹,腹斜直微弧。如巴县冬笋坝M26陶甑,宽折沿,颈部微凹,平底,底部箅孔密集。

Ⅱ式　斜直腹,凹底。如云阳李家坝M37:25,口微敛,尖沿,圆唇,斜腹,内凹底,箅孔较多。口径34.8、底径15厘米,通高16.5厘米。

Ⅲ式　斜腹微鼓,凹底。如丰都汇南M21:40,敞口,外翻沿,上腹近直,平底微凹,底部箅孔10个。沿下一周凸棱,腹部拍印网格纹组成的菱形纹。口径39.6、底径21厘米,通高23.4厘米。

Ⅳ式　窄平折沿,凹底。如万州安全M12:47,敞口,折沿,深腹,腹斜弧,凹底,底部箅孔密集。口径36、底径15.6厘米,通高19厘米。

B型　器型较小,敛口,平底。分为三式。

Ⅰ式　圆唇,钵状。如巫山麦沱M31:9,口微敛,弧腹,平底,底部有6个箅孔。口径7.6厘米,通高4.8厘米。

Ⅱ式　圆唇,腹弧收。如宜昌前坪M15:46,敛口,上腹直,下腹斜收成小平底,底部6个箅孔。通高7.7厘米。

Ⅲ式　圆唇,下腹微折。如万州松岭包M7:13,口微敛,沿向外圆凸,圆唇,上腹斜直,下腹斜收,平底,底部有14个箅孔。口径11.4、底径4.6厘米,通高4.6厘米。

C型　方唇,斜直腹。如巫山瓦岗槽M16:10,敞口,方唇,斜直腹,平底,底部6个箅孔。口径12.8厘米,通高6厘米。

D型　敛口,圜底。可分为二式。

Ⅰ式　斜弧腹,圜底。如巫山江东嘴M14:6,圆唇,微敛口,小圜底。底部9个箅孔。口径9.2厘米,通高4.2厘米。

Ⅱ式 窄沿微斜,圜底。如秭归庙坪 M47:4,尖唇,口微敛,斜弧腹,圜底,底部7个箅孔。

E型 无沿,腹较浅,圜底。如云阳李家坝 M37:12,敛口,方唇,浅腹,圜底,底部3个孔。口径14.5厘米,通高4厘米。

5.陶壶 根据壶身、器底不同分为分四型。

A型 敞口,长颈,鼓腹,圈足。可分为五式。

Ⅰ式 长颈,鼓腹微下垂,圈足较低。如忠县崖脚 BM17:3,覆钵形盖,无纽,与壶身子母口相合。壶身长束颈,溜肩,鼓腹,圈足。腹上部贴塑四个对称的环形耳,素面。口径12、腹径22.4、底径11.1厘米,通高29厘米。

Ⅱ式 长颈,鼓腹,高圈足。如云阳李家坝 M37:60,口微敛,长颈,鼓腹,壶身两侧各有一铺首衔环,盖为子口,顶上三个乳突纽,高圈足。口径16.5厘米,腹径26厘米。

Ⅲ式 盘口,扁鼓腹,圈足微外撇。如巫山琵琶洲 M3:15,高领,盘形口,方唇,溜肩,垂腹,高圈足。肩饰对称铺首衔环。口径14.6厘米,通高30.9厘米。

Ⅳ式 盘口,长颈较直,扁圆腹。如万州安全 M5:12,盘口,筒颈,扁圆腹,高圈足。腹上饰弦纹四道,并有对称铺首衔环。口径14、腹径23、底径14厘米,通高31.2厘米。

Ⅴ式 盘口微敞,长颈,高圈足。如秭归庙坪 M103:1,盘口较敞,高束颈,溜肩,鼓腹微折,颈部饰三道弦纹,腹部饰对称铺首衔环。口径17、腹径26.5厘米,通高32.8厘米。

B型 敞口,颈部相对较短,腹部饱满,圈足低。可分为四式。

Ⅰ式 宽肩,扁腹低垂,低圈足。如巫山江东嘴 M20:17,侈口,厚方唇,曲颈,器体较矮,低圈足。器身饰多周弦纹,肩腹结合部有对称环耳。口径11.5、腹径19.6厘米,高20厘米。

Ⅱ式 敞口,溜肩,腹部饱满低垂,低圈足。如巫山麦沱 M22:10,敞口,厚方唇,卷沿,长弧领,溜肩,鼓腹微折,矮圈足外撇,肩有对称双纽饰,肩及上腹饰数周凹弦纹。口径16.2厘米,高29厘米。

Ⅲ式 口微敞,短颈,垂腹,低圈足。如宜昌前坪 M49:6,方唇,低束颈,溜肩,低圈足,肩部二贯耳。通高24厘米。

Ⅳ式 盘口,束颈,鼓腹,圈足极低。如巫山双堰塘 M703:1,方圆唇,曲沿,大盘口,短领,溜肩,肩塑对称双鼻纽,圆腹,矮圈足。肩腹饰弦纹。口径17.4、腹径26.4厘米,高27.9厘米。

C型 敞口,短领,鼓腹,最大腹径偏上,平底。分为三式。

Ⅰ式　敞口,溜肩,鼓腹。如宜昌前坪 M33:2,直口,领近直,鼓腹,平底。腹上部有环形耳二。通高 24.5 厘米。

Ⅱ式　口近直,直领,平底微凹。如秭归卜庄河 M5:2,口微侈,尖圆唇,直颈,鼓肩,底微内凹。下腹及底部饰交错绳纹。口径 10.2 厘米,通高 18 厘米。

Ⅲ式　侈口,束颈,鼓腹,低圈足。如万州安全 M1:33,侈口,圆唇,束颈,溜肩,腹下斜收,浅圈足。颈、肩饰弦纹。口径 14.4、腹径 22.2、底径 13 厘米,通高 20.4 厘米。

6. 陶仓　依其腹部及足部特征分为三型。

A 型　筒状腹较深,有三足。

Ⅰ式　深腹,下腹较宽。如宜昌前坪 M15:40,廪形,深腹,腹饰绳纹四周,仓门在下,三足外撇。通高 39.5 厘米。

Ⅱ式　筒形腹较深,上腹宽于下腹。如宜昌前坪 M111:33,筒形,底有三柱状足外撇,小口直唇,圆肩,平底,腹下近底部有一方形仓口,腹身饰弦纹。通高 20.8 厘米。

Ⅲ式　筒形腹,上腹宽于下腹,腹身较细。如宜昌前坪 M18:1,酱色釉,敛口,筒形,近底处有圆形仓口,底部三个熊状足。通高 27.3 厘米。

B 型　圆筒形仓腹,仓下有立柱,呈高栏建筑式风格。可分为四式。

Ⅰ式　筒形腹近直,底部有足。如宜昌前坪 M35:5,仓体圆筒形,正面有门和阶梯,仓盖为四阿式屋顶形,仓下有四立柱。通高 31 厘米。

Ⅱ式　筒形腹斜直,器型较扁。如巫山江东嘴 M20:2,盆形,斜壁,平底,中部设扁方形仓门,门下刻画出阶梯,顶部弧形盖,盖上有鸟形纽,底部四足。通高 18.6 厘米。

Ⅲ式　筒形腹微弧,斜收至底。如宜昌前坪 M111:34,大敞口,腹微斜收,平底,三柱状足内拐,腹上部有一方形仓口,仓口两边有一周绳纹。口径 16.4 厘米,通高 16 厘米。

Ⅳ式　筒形腹近直,足部外撇,器型简约。如秭归卜庄河 M1:13,圆筒状,敞口,方唇,平底,底部附 4 个圆柱状足,并略外撇。仓腹部刻划一个呈"田"字形的格窗。口径 20 厘米,通高 20 厘米。

C 型　筒形腹,平底。可分为四式。

Ⅰ式　直腹,器型扁方。如重庆临江支路 M5:5,敛口,平沿,颈微束,折肩,斜直壁,平底,最大径在底部。器身三周凹弦纹。口径 14.5 厘米,通高 14.7 厘米。

Ⅱ式　腹部微弧。如宜昌前坪 M103:1,仓体圆筒形,口微敛,平底,有盖,最大腹径偏上。通高 24 厘米。

Ⅲ式　腹部微鼓,最大径在腹中部。如云阳李家坝 M37:5,敛口,圆唇,折肩,腹微鼓,平底。上腹饰凹弦纹。口径14、腹径19厘米,通高18.8厘米。

Ⅳ式　鼓腹。如大地嘴M9:31,折沿,卷唇,敛口,束颈,小平肩,筒形腹,平底。口径15、腹径21、底径15厘米,通高19厘米。

7. 陶灶　依其灶眼分为二型。

A型　单灶眼,根据形状变化分为三式。

Ⅰ式　平面呈方形。如重庆临江支路M5:6,四壁微外凸,四边等长,火门开于前壁正中,略呈梯形,火门不及底,灶面一圆形大火眼,其右后角有一通风口,周围三支钉。面宽32.5厘米,通高14厘米。

Ⅱ式　平面长方形,四角微圆。如巫山瓦岗槽M16:14,长方形灶面,火眼位于灶面正中,呈方形,并有小圆形通风口,半圆形火门,火门不及底。长19.5、宽11.5厘米,通高8.2厘米。

Ⅲ式　平面长方形,较规整。如秭归卜庄河M1:12,长方形灶面,灶面中部有一火眼,一端有一小圆形通风口,侧面有一圆形火门。长24、宽12.4厘米,通高5.6厘米。

B型　双灶眼,根据其形状又可分为两个亚型。

Ba型　平面呈长方形,可分为四式。

Ⅰ式　长方形,四角微弧。如巫山麦沱M32:3,长方形,圆弧形火门悬置于一长侧与灶眼相对,侧边下部有竖绳纹。长23.2、宽13厘米,通高7.5厘米。

Ⅱ式　长方形较规整。如巫山麦沱M40:99,长方形,两灶眼正中后部有一圆形通风孔,圆弧形火门,火门不及底。长30.8、宽19、高7厘米。

Ⅲ式　长方形,灶后有火墙。如宜昌前坪M18:15,施绿釉,长方形,灶面一大一小两个圆形灶眼,火门呈长方形,灶后壁有火墙。长27、宽13.2、高10.5厘米。

Bb型　平面呈曲尺形,可分为两式。

Ⅰ式　曲尺形灶面,圆形灶眼居于一侧,有火墙。如宜昌前坪M41:14,双圆形灶眼,后缘有火墙。长27、宽23、高8.8厘米。

Ⅱ式　曲尺形灶面,无火墙。如宜昌前坪M103:8,双圆形火眼,单火门,后缘无火墙。长24、宽20、高9.5厘米。

8. 陶釜　依其口沿及腹部变化分为三式。

Ⅰ式　矮领,垂腹。如涪陵黄溪点易M2:32,高领,鼓腹,圜底。肩腹部施绳纹及弦纹。口径14.4、腹径28厘米,通高23.2厘米。

Ⅱ式　束颈,垂腹。如重庆临江支路M5:9,侈口,束颈,肩腹分段不明显,圜底。肩下满施粗绳纹。口径12厘米,通高13.2厘米。

Ⅲ式　敞口,束颈低,垂腹,最大腹径接近底部。如忠县崖脚 BM22:110,敞口,折沿,鼓腹下垂,圜底。腹及底部施绳纹。口径 14.9、腹径 18.3 厘米,通高 13.9 厘米。

Ⅳ式　大敞口,束颈,圜底。如瓦屋 M48:29,敞口外侈,圆唇,束颈,垂腹,圜底近平,腹饰乱绳纹及底。口径 26、腹径 26 厘米,通高 15.6 厘米。

9. 陶熏炉　据其形状可分为二式。

Ⅰ式　盘状底。如云阳李家坝 M37:16,上部山形,柱状柄,盘状底座。座盘直径 28.8 厘米,通高 30 厘米。

Ⅱ式　倒扣浅盘底。如丰都汇南 M21:12,盖面山形,柱状柄,柄部内曲,较短,浅盘状座。底径 8.4 厘米,通高 14.6 厘米。

10. 陶罐　根据口沿、器身及底部区别分为六型。

A 型　根据口沿及腹部变化分为四式。

Ⅰ式　腹微鼓,大平底。如涪陵黄溪点易 M2:29,直口,方唇,腹壁较直,大平底。口径 11.6、底径 21.2 厘米,通高 11.6 厘米。

Ⅱ式　矮束颈,鼓腹,平底。如重庆临江支路 M2:2,小口微侈,卷唇,束颈,颈肩相接处微凹,鼓腹,平底,肩部饰两圈凹弦纹。口径 11.3 厘米,通高 16 厘米。

Ⅲ式　矮束颈,腹部圆鼓。如忠县崖脚 BM22:82,口微侈,卷沿,圆肩,斜圆腹,平底,肩腹饰间断绳纹和弦纹。口径 12、底径 13.5 厘米,通高 13.5 厘米。

Ⅳ式　圆肩微折。如丰都汇南 M29:21,口微侈,尖圆唇,束颈,上腹微鼓,下腹弧内收,平底。口径 8.8、底径 11.8 厘米,通高 14 厘米。

B 型　根据颈部及腹部变化分为三式。

Ⅰ式　束颈,鼓腹。如云阳李家坝 M10:14,高领,平折沿,最大腹径在肩部,凹圜底。口径 12.3 厘米,通高 15.5 厘米。

Ⅱ式　束颈较高,凹底。如巫山琵琶洲 M6:1,高领,直口,尖唇,鼓腹,凹底。器腹及器底拍印交错绳纹。口径 13.4、底径 7 厘米,通高 17.5 厘米。

Ⅲ式　曲束颈,折腹,平底。如巫山江东嘴 M5:1,微侈口,尖圆唇,平折沿,曲颈,折肩,斜弧腹,平底。口径 9.8、腹径 15.2 厘米,通高 12.8 厘米。

C 型　根据口沿、颈部等变化分为四式。

Ⅰ式　束颈低矮,肩微折。如涪陵黄溪点易 M2:30,圆唇,短颈,鼓腹微折,平底。口径 12.4、底径 12.8 厘米,通高 16.4 厘米。

Ⅱ式　矮束颈,圆鼓腹。如巫山麦沱 M32:5,三角翻沿,尖唇,圆肩,扁鼓腹,小平底微凹。口径 6.7 厘米,通高 7.4 厘米。

Ⅲ式　矮束颈,沿外翻。如忠县崖脚 AM3:42,口微侈,圆唇,束颈,鼓肩,斜圆腹,平底。口径 11.4、腹径 16.4、底径 8.6 厘米,通高 12 厘米。

Ⅳ式　侈口,溜肩。如万州安全 M5:6,侈口,卷沿,束颈,扁圆腹,小平底。口径 10.2、腹径 11.6、底径 7.7 厘米。

D 型　根据肩部变化分为三式。

Ⅰ式　微侈口,矮束颈,鼓腹斜收。如涪陵黄溪点易 M2:23,圆唇,短颈,平底,器身最宽处在肩腹交接处。口径 16、底径 20 厘米,高 31.2 厘米。

Ⅱ式　侈口,鼓腹斜收。如重庆临江支路 M1:3,尖唇,侈口,束颈,鼓腹,平底。口径 16.5 厘米,通高 19.5 厘米。

Ⅲ式　口近直,鼓腹斜弧收。如丰都汇南 M21:48,直口,圆唇,束颈,下腹斜收,平底微内凹。口径 11.2、底径 12.4 厘米,通高 20 厘米。

E 型　根据肩部变化分为二式。

Ⅰ式　口近直,鼓腹斜收。如忠县崖脚 BM17:5,浅直口,方唇,平沿,鼓肩,斜圆腹,平底。最大腹径偏上。口径 10.6、腹径 15.6、底径 8.8 厘米,通高 12.3 厘米。

Ⅱ式　口微敛,鼓腹微折斜收。如巫山麦沱 M40:3,敛口,斜肩斜直腹,平底。口径 7.4 厘米,通高 13 厘米。

F 型　根据底部、肩部及口沿变化分为三式。

Ⅰ式　平沿,鼓肩。如万州胡家坝Ⅱ M2:3,直口,方唇,平沿,圜底。口径 11.2、腹径 18.4 厘米,通高 15.6 厘米。

Ⅱ式　直口,鼓腹弧收。如云阳李家坝 M37:3,高领,束颈,平折沿,束颈,微折肩,鼓腹,圜底。口径 12.8、最大腹径 21.8 厘米,通高 15 厘米。

Ⅲ式　小口,斜肩较宽。如万州安全 M1:21,侈口,圆唇,短束颈,宽斜肩,腹下弧收,圜底。口径 10、腹径 29.7 厘米,通高 17.2 厘米。

11. 陶俑

陶俑在汉代晚期墓葬中占有相当数量,主要有人物俑和动物俑两大类,人物俑有庖厨俑、农夫俑、歌舞俑、侍俑等等,种类繁杂;动物俑有鸡、羊、狗、猪以及镇墓俑等。虽然陶俑在汉墓随葬品中占比例较大,但其在时代上器型变化不大,故不做类型分期研究。

除了上述类型的陶器种类,在汉墓中还有陶勺、陶灯、陶匜、陂池、陶井、陶钵等随葬品类型,这些器物器型结构上相对简单,器型变化细微,所以也未做类型学分析。

第四章 峡江汉墓的分期与年代

如前两章所述,峡江汉墓在墓葬形制以及器物的种类、型式、组合的发展演变有着比较清晰的脉络,通过对其墓葬形制和随葬器物的类型学研究,可以对峡江墓葬进行编年分期。

一 分期

第一期:以云阳李家坝 M10、前坪 M36、涪陵黄溪点易 M1、M2、涪陵镇安 M3 为代表。墓葬形制以 AⅠ式土坑墓、长方形岩坑墓为主。器物类型铜器有 A 型和 B 型铜鼎、Ⅰ式钫、AⅠ式铜鍪、AⅠ式、BⅠ式和 CⅠ式铜釜,一些墓葬中还有铜矛、铜钺等兵器。陶器数量一般不多,器型有 AⅠ式陶鼎、AⅠ式和 BⅠ式陶盒,Ⅰ式陶釜、AⅠ式、BⅠ式、CⅠ式、DⅠ式陶罐等。

第二期:以丰都汇南 M7、宜昌前坪 M10、秭归卜庄河 M3、忠县崖脚 BM17 等为代表。在墓葬形制上有少量长方形土坑墓,AⅡa 式的土坑墓逐渐代替了 AⅠ式土坑墓,即由原来的长方形或长条形墓发展为宽方形墓,岩坑墓的发展趋势也同土坑墓相同,流行长宽差别不大的方形岩坑墓。随葬器物上第一期流行的 A 型铜鼎、Ⅰ式钫、Ⅰ式铜壶、AⅠ式铜鍪、CⅠ式铜釜等器物变化不大,铜矛、铜钺等兵器仍占一定比重。陶器中 AⅠ式和 BⅠ式陶盒、AⅠ式陶壶、Ⅰ式陶釜、AⅠ式、BⅠ式、CⅠ式、DⅠ式陶罐等器物形态上变化不大,并继续流行。另外,新出现 BⅠ式铜鍪、AⅡ式陶鼎、FⅠ式罐、AⅠ式深腹盆等器物,个别墓葬中还出现 BⅠ式仓。

第三期:包括忠县崖脚 BM10、巫山麦沱 M31、重庆临江支路 M3 等墓葬。墓葬形制上有 AⅠ式和 AⅡ式土坑墓、长方形和宽方形岩坑墓。新出现"凸"字形的 CⅠ式土坑墓。随葬器物陶器的种类与数量有所增加,铜器的数量减少。铜器中的 A 型和 B 型铜鼎、Ⅰ式蒜头壶等器物明显减少或不见,常见铜器类型有 BⅡ式铜鍪、AⅡ式铜壶、铜洗的数量与类型有所增加,流行 BⅡ式、CⅠ式、DⅡ式铜洗,铜釜中不见 A 型铜釜,CⅡ式铜釜较为流行,有少量 BⅡ式铜釜,另外还有鐎尊、薰、灯、耳杯等器物。铜器中的铜矛、铜钺等兵器已近乎绝迹。陶器中鼎、盒数量仍然较多,AⅡ式鼎、AⅠ式和 BⅠ式陶盒在墓葬中较为常见,陶盆以AⅡ式为主,数量较多,新出现BⅠ式陶盆,陶甑以AⅠ式居多,BⅠ式偶见。陶罐中AⅡ式、BⅠ式、CⅡ、DⅡ式所占数量较多,EⅠ式、FⅠ式陶罐相对较少。BⅠ式陶仓数量大为增加,在该期比较流行,新出现CⅠ式陶仓。另外,该期新出现灶、井等器物类型,AⅠ式、BaⅠ式和BbⅠ式等陶灶类型都有所发现,陶井也是经常出现的器物类型。

第四期:代表性墓葬有巫山麦沱M40、秭归柳林溪M9、巫山江东嘴M18、云阳故陵M14、巫山瓦岗槽M19等。墓葬形制上变化多样,土坑墓中AⅡ式仍占一定数量,新出现墓底铺砖石的AⅢ式土坑墓,新出现的BⅠ式土坑墓和CⅠ式土坑墓数量相对较多,BⅡ式土坑墓也有发现。岩坑墓以宽方形和长方形为主要形式。土洞墓是该期新出现的又一种类型,发现数量不多,主要分为Ⅰ式和Ⅱ式两种类型。随葬器物上与前期形制基本相同,铜器中以铜鍪、铜洗、铜釜等实用型较为常见,铜鼎、蒜头壶等礼器少见,铜钫偶出。其中Ⅱ式铜钫、AⅡ式铜壶、AⅠ式和BⅡ式铜鍪、CⅡ式铜釜、CⅠ式和DⅡ式铜洗在墓葬中较为常见,BⅡ式铜釜数量极少,BⅡ式铜洗该期基本未见。陶器中仓、灶、井等器物种类进一步增加,器物种类丰富多样,陶鼎、陶盒等器物类型数量进一步减少,流行AⅡ式和BⅡ式陶鼎、AⅡ式陶盒,BⅠ式陶盒数量减少,陶盆、陶釜、陶罐等器物基本承袭了前期特征,变化不大。陶甑数量与种类有所增加,除了AⅠ式和BⅡ式陶甑外,新增加C型和DⅠ式两种类型;陶壶中AⅠ式数量发现较少,CⅡ式陶壶数量较多,新出现BⅠ陶壶。仓、灶、井仍是该期比较流行的器物,陶灶在形制上逐渐趋于简化,主要有AⅡ式、BⅡ式和CⅡ式等类型;陶仓的种类更加丰富,BⅡ式和CⅡ式陶仓较为流行,新出现了AⅠ式陶仓。另外一些墓葬中出现陶俑、陶灯、陶熏炉等器物。

第五期:以忠县崖脚BM17、AM22,巫山麦沱M22、M29、M41、万州瓦屋M17、万州大地嘴M4、M5,丰都汇南M18、秭归庙坪M6、M12,秭归柳林溪M4等为代表。墓葬形制多种形制并存,土坑墓中AⅡ式土坑墓仍然较为常见,此外AⅢ式、BⅠ式、BⅡ式、CⅠ式、CⅡ式土坑墓都有发现。土洞墓中的Ⅰ式和Ⅱ式少量发现。该期新出现的墓葬类型是石室墓,主要以A型和B型为主,C型相对较少。岩坑墓形制变化不大,以宽方形为主。砖室墓中的AⅠ式也有发现。随葬物品上该期继续延续前期特征,数量上有所增加。铜器的种类逐渐减少,主要器类有铜壶、铜钫、铜洗和铜釜等几种。AⅡ式铜壶和B型铜壶比较流行,铜鍪常见的是AⅡ式和BⅡ式两种。铜釜中CⅡ式发现较多,CⅡ式铜洗是该期墓葬中常见的类型,AⅡ式铜洗较为少见,B型铜洗几乎不见。随葬陶器数量极大增加,器物类型基本延续前期。其中陶鼎主要有AⅢ式和BⅢ式两种类型,形制上有复古之风,但在陶质上以泥质红陶和褐陶为主。陶盒中BⅡ式较为流行。陶盆中AⅡ式从风格上仍保留了前期深腹的特征,形制上无太大变化。BⅡ式陶盆数量也较多,CⅠ式陶盆发现较少。仓、井、灶等器物类型与前期基本相同,部分墓葬中C型陶仓数量有所增加。陶甗中AⅡ式和BⅡ式较为常见,C型和DⅠ式较少。陶罐在形制演变上略有变化,该期陶罐以AⅢ式、BⅠ式、CⅢ式、DⅡ式为主,F型陶罐中新出现的FⅡ式比较流行。

第六期:包括巫山瓦岗槽M10、丰都汇南M26、万州瓦屋M8、万州安全M26、M27,巫山琵琶洲M3、巫山麦沱M33等。墓葬形制上土坑墓数量减少,仅见AⅢ式土坑墓。砖室墓是该期新出现的类型,其中以AⅠ式和B型砖室墓为主,AⅡ式和C型砖室墓也有一定数量。土洞墓中Ⅰ式仍有发现。石室墓中B型和C型是常见的类型。岩坑墓发现数量较少,发现与砖室墓结合构成双室的墓葬形式。随葬器物中铜器发现的不多,器型变化甚微,器型以釜、洗、鍪、钫、壶为主,通常在墓葬中发现的只是其中的一到两种。铜壶主要流行AⅢ式,AⅡ式铜鍪和BⅡ式铜鍪也较为流行,CⅡ式铜釜和CⅡ式铜洗在墓葬中常有发现。陶器中陶鼎出土较少,发展趋势向明器化发展,结构越来越简单。陶盒在该期墓葬中鲜有发现。陶盆中AⅡ式和BⅡ式两种陶盆数量较多。新出现了Ⅱ式熏炉,陶釜、陶灶、陶罐等器物变化不大。陶甗中的AⅢ式发现数量最多,BⅡ式和DⅡ式则相对较少。AⅢ式陶壶数量较多,CⅡ式其次,BⅢ式陶壶较少。陶仓中AⅡ式和BⅡ式数量减少,而CⅣ式陶仓的数量大为增加。该期墓葬中的陶器通常由灰陶和褐陶两个陶系组成,褐陶上常施釉色,器物种类也有所增加。

第七期:以万州安全M5、万州庙湾M4、丰都汇南M24、巫山瓦岗槽M9、云阳故陵M8、巫山江东嘴M15为代表。墓葬形制上基本上不见土坑墓,全面流行砖室墓。砖室墓中AⅡ式、B型、C型占比例较大,出现了D型砖室墓。石室墓以B型和C型均有发现。土洞墓在该期发现数目不多。随葬物品中铜器与前期变化不大,除了CⅡ式铜壶、AⅡ式铜鍪、CⅡ式铜釜及CⅢ式铜洗外,新出现了BⅢ式铜鍪和BⅢ式铜釜。铜器的铸造工艺上与前几期相比有所下降。随葬陶器中陶鼎的数量较少,陶盆以AⅡ式和BⅡ式最为流行,熏炉中Ⅱ式居多,陶甗中AⅢ式数量最多,BⅡ式较少,C型和D型几乎不见,陶釜中Ⅳ式釜居多,仓、灶、井的形制变化不大,结构上更加简明。陶壶中以AⅣ式最多,陶罐中的CⅣ式和FⅡ式数量有所增加,其他类型次之。该期器物种类继续增加,随葬品中流行各式各样的陶俑,人物俑如侍俑、庖厨俑、歌舞俑等等,动物俑有鸡俑、猪俑、狗俑、羊俑及镇墓兽。另外随葬品中还有陂池、陶房、陶匜、陶灯等器物。

第八期:代表性墓葬有万州松岭包M7、M9、万州上河坝M1、巫山双堰塘M701、

M703、丰都汇南 M16、涪陵三堆子 M2、M4、前坪 M18 等。墓葬形制上仍以砖室墓为主，其中的 B 型和 C 型最为流行，D 型也占一定数量，另外还出现多室墓。石室墓中 B 型和 D 型石室墓都有发现。随葬物品中的铜器数量较少，主要有Ⅲ式铜钫、AⅢ式和 BⅢ式铜鋞以及 CⅢ式铜釜、DⅢ式铜洗，铜器质量较差。随葬陶器釉陶居多。器型上陶鼎发现数量较少，器型简单粗糙；陶盆中 AⅢ式和 CⅡ式相对数量居多，BⅢ式也有发现；陶甑以 AⅣ式和 BⅢ式为主；陶灶中 BaⅢ式最多，也有少量 A 型陶灶；CⅣ式陶仓和Ⅳ式陶釜是该期仍比较流行的器物；陶壶中 AⅤ式发现较多，另有少量 BⅣ式和 CⅢ式陶壶；陶罐中以 CⅣ式和 FⅢ式为主，AⅣ式和 BⅢ式也占有一定数量。

二　年代

考古学的断代方法比较多，对于无文字历史资料的史前考古来说，经常采用的是利用层位和叠压原理进行的类型学研究和排列来断定其相对年代，而历史时期的考古学，文献记载丰富，在田野发掘中也会发现一些带有文字、甚至有纪年文字的遗迹和遗物，时代特征较为明确，在断代方面有了更大的可靠性。

在峡江汉墓已发现的考古资料中，文字资料比较匮乏，带有纪年的文字资料更少。钱币和铜镜是其中相比较而言具有典型时代特征的一类遗物，其钱文和纹饰可以作为我们断代的依据。但是，钱币与铜镜流通和使用的时间相对较长，又有一定的不可靠性，因此本文在断代时主要结合地层学、类型学等方法，参考钱币、铜镜特点及随葬器物组合特征等综合断代。

在三峡地区已发现的汉代墓葬之间有打破和叠压关系的所占数量不是很多，而且在墓葬的打破叠压关系中，往往被打破和叠压的墓葬中出土的遗物寥寥无几，只能在一定程度上作为判断墓葬年代的参考。在峡江地区发现的汉墓之间的打破关系主要有：宜昌前坪 M93→M94、M98→M99[45]、M25→M26、M28→M29[46]、M42→M46、M52→M48[47]；重庆临江支路 M2→M3、M3→M1[48]；巫山麦沱 M35→M34、M38→M39[49]；丰都汇南 M35→M33[50]；万州大地嘴 M9→M4[51]；万州瓦屋 M2→M1→M6，M21→M20[52]。前坪 M93 和 M94、M98 和 M99 均为长方形土坑墓之间的打破关系，M93→M94，M98→M99，M93 器物组合为鼎、钫、钵，M94 器物组合为鼎、壶、钵，从出土遗物判断两座墓的年代比较接近；M98 与 M99 墓葬形制相似，但 M99 为空墓，因而无法做器型对比，这两组墓葬年代均在西汉前期；重庆临江支路 M2、M3 虽有打破关系，但在墓葬形制上受发掘地点所限制，不能完整揭露，在随葬器物上，从风格上比较相似，在时代上差别不大，属于西汉中期墓葬;巫山麦沱 M35→M34 是墓底铺砖土坑墓与宽坑竖穴墓之间的打破关系,即 AⅢ式土坑墓打破 AⅡ式土坑墓,器物上因 M34 是空墓而无法作对比;丰都汇南 M35→M33 在墓葬形制上是砖室墓与宽坑竖穴墓之间的打破关系,随葬器物因两墓均遭到不同程度的破坏所剩无几,但区别还是很明显的,M35 属于东汉晚期墓葬,M33 为新莽时期墓葬;万州大地嘴 M9→M4 在墓葬形制上是"凸"字形竖穴土坑墓之间的打破,对比其出土器物,有很多相似性,因而这两座墓的年代可能比较接近;万州瓦屋 M2 →M1→M6 中的 M2、M1 均为"凸"字形砖室墓,形制相近,出土物差别不大,可能在年代上也比较相近,而 M6 则是长方形竖穴土坑墓,遗物极少,这是一组 C 型打破 AⅡ式土坑墓的类型;M21→M20 则是宽方形土坑墓打破长方形墓底无铺砖砖室墓,即 AⅡ式土坑墓打破 AⅠ式砖室墓,器物差别不大,同属于东汉初期。从上面墓葬的叠压打破关系来看,墓葬形制的变化还是有一个比较清楚的发展脉络,在器物类型上则仍需借助于其他的手段。

峡江汉墓发现的有纪年材料的遗物在崖墓中发现较多,在砖室墓中的纪年遗物主要以有纪年的墓砖为主。1978 年在湖北巴东西瀼口发掘的古墓群中,其中一座砖室墓墓砖上有"永元十三年三月黄雅南"字样[53],其后确认铭文应为"永元十二年三月十二日黄□作牢"[54],墓葬形制为长方形砖室墓。永元是东汉汉和帝的年号,时间为公元 89—105 年,永元十二年即公元 100 年;巫山瓦岗槽 M12 是双室砖室墓,其内出土有模印文字纪年砖,上书"万岁建初六年造"[55],建初是东汉章帝的年号,时间为公元 76—84 年,建初六年即公元 81 年;巫山琵琶洲 M4 为刀形砖室墓,墓砖上有"永初二年"、"永初五年"文字[56],永初是汉安帝的年号,时间为公元 107—113 年,永初二年即公元 108 年,永初五年即公元 111 年;巫山麦沱 M11 是刀把形砖室券顶墓,墓砖铭文分别为"永元十五年作治"、"永元十三年"[57],如前所述,永元十三年和永元十五年分别为公元 101 年和公元 103 年;丰都槽房沟 M9 为刀形砖室墓,在该墓出土的摇钱树底座一侧刻有"延光四年五月十日作"[58],延光是东汉安帝后期使用的年号,时间是公元 122—125 年,延光四年即公元 125 年,通过这些纪年砖的年代我们可以判断出这几座墓葬的年代基本在东汉中期。

钱币因有很强的时代特征,常常作为墓葬断代的重要依据。在两汉时期,有过多次币制改革,而这些币制改革后所通行的钱币也为汉墓分期提供了一些线索。两汉时期的相关文献中记载了两汉时期币制的变化:

> 秦兼天下,……铜钱质如周钱,文曰"半两",重如其文。(《汉书·食货志》)

汉兴,以为秦钱重难用,更令民铸荚钱。(《汉书·食货志》)

秋七月,恒山王不疑薨。行八铢钱。(《汉书·高后纪》)

六年春,……行五分钱。(《汉书·高后纪》)

至孝文时,荚钱益多,轻,乃更铸四铢钱,其文为"半两"。(《史记·平准书》)

令县官销半两钱,更铸三铢钱,文如其重。(《史记·平准书》)

五年,……罢半两钱,行五铢钱。(《汉书·武帝纪》)

五月,更造货:错刀,一直五千;契刀,一直五百;大钱,一直五十,与五铢钱并行。(《汉书·王莽传》)

是岁,罢大小钱,更行货布,长二寸五分,广一寸,真货钱二十五。货钱径一寸,重五铢,枚直一。(《汉书·王莽传》)

初,王莽乱后,货币杂用布、帛、金、粟。是岁,始行五铢钱。(《后汉书·光武帝纪》)

三年……又铸四出文钱。(《后汉书·孝灵帝纪》)

董卓坏五铢钱,更铸小钱。(《后汉书·孝献帝纪》)

如上述文献所记,我们可以梳理出两汉时期货币变化的脉络,即从秦半两—榆荚半两—八铢半两—四铢半两—三铢钱—武帝半两—武帝五铢—新莽钱—建武五铢—四出五铢—东汉末小钱,在墓葬分期中也将沿此脉络进行比对。

铜镜的时代特征也较为明显,每一款式的铜镜都有相对集中的流行时段,因此在汉墓分期中也常被作为断代的一个重要的参照物。与中原地区相比较,峡江汉墓中出土的铜镜数量相对较少,但在种类上还是比较丰富的,峡江汉墓中出土的铜镜种类主要有鸟纹镜、双螭镜、画纹带镜、四叶四凤镜、四乳四虺镜、四龙镜、蟠螭纹镜、素面重轮镜、云雷地纹盘龙纹镜、星云纹镜、清白铭镜、日光镜等类型。结合中原地区铜镜流行趋势并与峡江汉墓相比较来看,在西汉初年流行蟠螭纹镜、草叶纹镜,西汉中期除了草叶纹镜外,新出现并流行星云镜、日光镜、昭明镜,西汉晚期及王莽时期日光镜、昭明镜最盛行,开始出现规矩纹镜;东汉早期规矩镜最为流行,东汉中期连弧纹镜、夔凤纹镜出现并流行,东汉晚期变形四叶纹镜、龙虎纹镜比较流行[59]。

结合以上种种因素,对各期年代推断如下:

第一期:随葬品组合以铜礼器和仿铜陶礼器为典型特征,部分墓葬中流行铜兵器。礼器的组合为鼎、盒、壶、钫。出土的铜鍪与陶釜继承了战国晚期巴墓遗风,铜钱为秦半两和榆荚半两,铜镜中的素面重轮镜和云雷地纹盘龙纹镜也和战国墓出土的相似,因而推断其年代为西汉初期。

第二期:随葬品组合与第一期差别不大,仍以礼器为主,少数墓葬中出现陶仓。铜钱只见半两钱,而不见五铢,钱文以文帝四铢半两居多,有少量武帝时期半两;铜镜主要是鸟纹镜和蟠螭纹镜、四乳四虺镜,这类镜流行于西汉初年,因而推断该期年代为西汉前期,主要是文帝、景帝时期,或可至武帝铸行五铢之前。

第三期:随葬品中的礼器日渐衰微,铜器主要是实用生活器具,陶器中新出现仓、灶、井等模型明器并日益流行,铜钱中武帝半两和五铢并出,铜镜中有西汉中期流行的星云镜和清白铭镜、菱格夔凤镜,推断该期年代为西汉中期,主要是武帝后期及昭帝、宣帝、元帝时期。

第四期:墓葬形制中出现墓底铺有砖石的土坑墓;随葬品中铜器变化不大,仓、灶、井数量继续增加,铜钱中只见五铢钱,铜镜中西汉晚期最为盛行的昭明镜和日光镜、四龙镜有所发现,因而推断该期为西汉晚期,大致包括成、哀、平三帝时期,或可晚至王莽初期。

第五期:墓葬形制的种类增加。随葬品中除铜制生活用器外,陶器中鼎、盒、壶等礼器又有出现,可能与王莽时期的复古之风有关。墓葬中的陶器种类与数量都大为增加,除仓、灶、井外,还有案、耳杯、熏炉等器物出土,在陶系上有灰陶和红陶两个系统,灰陶系以实用生活器为主。铜钱中并出五铢钱和大泉五十、货泉等莽钱,铜镜中日光镜仍有发现。综合以上因素,该期为新莽时期,或可晚至东汉初年。

第六期:墓葬中单室砖室墓较为盛行。随葬品与前期差别不大,模型明器种类进一步增加;铜钱中以货泉、大泉五十等莽钱和东汉建武五铢为主,因此将该期定为东汉前期,大约在东汉章帝之前。

第七期:砖室墓种类较多,随葬品除了以往存在的器物外,该期中陶俑的数量大为增加,在随葬品中占据数量较多,铜钱中以五铢钱为主,因为该期一些墓葬中的墓砖之上有明确的纪年,纪年中的"建初"、"永初"、"永元""延光"等年号约在公元76年—125年之间,结合以上情况分析,该期墓葬年代当在东汉中期,大约在章帝至桓帝之前。

第八期:墓葬以双室墓居多。随葬器物中铜器仍以生活用器为主,该期墓葬中的铜器保存状况明显较差,陶器种类与前期几近相同,铜钱以五铢钱为主,铜钱轻薄、质差,铜镜有东汉晚期流行的双螭镜和画纹带镜,故此期墓葬应为东汉晚期,包括桓帝、灵帝、献帝时期。

第五章　峡江汉墓的文化因素分析

峡江地区是连接江汉平原和成都平原的咽喉地带，因其特殊的地理环境，在考古学文化上也反映了不同地区文化在这里的碰撞、交融与发展。观察峡江地区汉代墓葬所反映出的种种信息，可以发现这一地区的汉墓所体现出的文化因素多样性。这种文化因素的形成与改变并非一朝一夕之功，也不会轻易随着政权的更迭而发生变化，而是在长期的文化磨合中发生潜移默化的改变。

峡江地区在秦代以前是巴人控制的区域，而巴文化的概念与内涵相当丰富。考古学文化的概念上，狭义的考古学文化的定义是："表述分布于一定区域，存在于一定时间，具有共同特征的人类活动遗存。"而广义的考古学文化则是"以地域或民族为纽带的考古学文化"，但这往往是针对史前考古学而言，历史时期以后的考古学文化一般直接用特定人群、地域、朝代等来命名，如"商文化"、"夏文化"、"藏文化"等等。故有研究者认为"巴"作为地域名称讲，应该是以川东、鄂西为中心，北达陕南，包括嘉陵江和汉水上游西部地区，南极黔涪之地，包括黔中和湘西地区在内的一大片连续性地域，并认为巴应该是一个复合性概念，该名称包括地、人、族、国、文化等多层次的复杂内涵[60]。

有关巴的文献记载，最早可追溯至商代甲骨文中关于妇好征伐巴方的记载，对于甲骨卜辞中提到的巴方是否为以后的巴国或巴地，学术界一直莫衷一是，争论不休。在《华阳国志·巴志》中对于巴国的立国有着明确的记载：

周武王伐纣，实得巴蜀之师，著乎《尚书》。巴师勇锐，歌舞以凌殷人，……武王既克殷，以其宗姬封与巴，称之以子。其地，东至鱼复，西至僰道，北接汉中，南极黔涪。

巴人因助武王伐纣有功，而封于巴地，被称为巴子国，它的疆域非常广袤，东边到达今天重庆的奉节县，西面至今四川宜宾市，北部到达汉中区域，南面可到达今贵州省。巴国辽阔的疆域范围在地缘上与楚、秦、蜀等国都发生着关系，在春秋战国之际，周王室礼崩乐坏，各路诸侯都怀着一颗军事扩张的野心，巴国也不断进行军事扩张，与周边国家的军事摩擦不断升级，时战时和。如《华阳国志·巴志》所记：

周之仲世,虽奉王职,与秦、楚、邓为比。《春秋》鲁桓公九年,巴子使韩服告楚:请与邓为好。楚子使道朔将巴客聘邓。邓南鄙,攻而夺其币。巴子怒,伐邓,败之。其后巴师、楚师伐申。楚子惊巴师。鲁庄公十八年,巴伐楚,克之。鲁文公十六年,巴与秦、楚共灭庸。哀公十八年,巴人伐楚,败于鄾。是后,楚主夏盟,秦擅西土,巴国分远,故于盟会希。战国时,尝与楚婚。及七国称王,巴亦称王。

巴国和楚国是雄踞在长江上游和中游的两个大国,两国地缘相接,文化上互相影响。春秋时代,大国争霸,巴国也积极向外扩张势力,巴欲与邓交好,而请楚国作为中介,楚欣然允之。这是巴楚开始合作的最初意向。标志巴、楚联盟形成的是巴、楚联师伐邓的战役,两国军队协同作战,大获全胜。巴楚结盟后,四处征伐,其后联师伐申。巴楚两国的关系建立在各自获得最大利益的基础之上,都为建立自己的霸权统治而战,所以两国之间的关系有其不稳定性。鲁庄公十八年(前676年),巴国伐楚,两国关系出现裂痕,但是两国关系并未破裂,因为在鲁文公十六年(前611年)的时候,巴、楚、秦三国又联合共同灭庸。巴楚两国关系破裂是在鲁哀公十八年(前477年)的时候,巴师伐楚,败于鄾。此后,文献中再未见到关于巴、楚军事联合的记载。在鄾的惨败,使巴元气大伤,在楚国军事势力的步步进逼之下,其势力范围也在逐渐缩小。战国时期楚国势力范围极广,"楚自汉中,南有巴、黔中",不断对巴国造成威胁。巴楚两国王室在此时曾有婚姻关系,文献中的"与楚婚"也从侧面反映出巴国欲与楚国交好的主动性。

巴、楚之间或战或和的局面,使两国之间的文化相互间都受到深刻影响。宋玉《对楚王问》曰:"客有歌于郢中者,其始曰下里巴人,国中属而和者数千人。"郢是春秋战国时楚国都城(今湖北省江陵),郢都内有巴人聚居之区,名曰"下里",下里巴人唱的歌,郢都不少楚人都能听懂,并能合而颂之,巴人的歌在楚都能引起数千人的共鸣,说明巴文化对楚文化的影响深远。而《华阳国志·巴志》所记:"江州(今重庆)以东,其人半楚,姿态敦重",风俗文化上也接近楚人,受到楚文化的熏陶渲染[61]。

目前发现的很多考古资料中也表现出这种文化上的影响。战国时期楚墓普遍发现于巴文化的主要分布地区,最西到达万州,乃至忠县[62]。1997—1998年北京大学考古队在忠县㽏井沟崖脚发掘了19座战国中期楚墓,出土随葬品中有楚式陶鼎、敦、壶、豆、盘、盆及青铜剑、矛、钺等。其中DM11中出土器物包含了楚式、巴式、越式三种文化因素。发掘者认为这些楚墓"当属于远征巴国的楚国军队将士,死后即埋葬于此"[63]。云阳李家坝战国墓出土的兵器中虎纹居多,故而有人认为墓主人可能是瘭君之后,认为这里是战国时期巴人之中心,在该地点的墓葬中同样也包含楚式器物[64]。战国时期的楚式墓葬中封土和填土均经夯打,靠近棺椁处经常填以青膏泥或白膏泥,墓愈大,封土、填土选择愈严,青膏泥也填得愈厚;即使是小型墓葬,也要填以青膏泥。在峡江地区的汉墓中有些墓葬表现出楚文化因素,如前坪M14,在棺椁之下有垫木发现[65];重庆临江支路M3椁室中,木椁全被白膏泥包填,椁板之下有两块纵向的垫木,被白膏泥包裹[66]。而在汉代墓葬中出土的楚式风格的器物,如足部带兽面纹的高足陶鼎、折肩陶壶、圆柄柳叶剑等等,可见楚之遗风对该地的影响之深。

巴与蜀的关系也是源远流长,它们都植根于长江上游区域,两者之间有着剪不断、理还乱的关系,如《华阳国志·巴志》所说的:"时雍之化,东被西渐矣。"两者文化上有很多的相似之处,它们互相影响,经过长期的交流与融合,共同构筑了该地区深厚悠久的地域传统文化,并对整个西南地区产生影响。

由于地理位置的限制,巴国与秦国之间的交往不如与楚国密切。《史记·商君列传》最早出现了巴与秦之间的关系的记载,曰:"发教封内,而巴人致贡",不知出于什么原因,巴人向秦人致贡。其后,在《华阳国志·巴志》记载云:"鲁文公十六年,巴与秦、楚共灭庸。"巴、秦、楚联合于公元前611年三国灭庸。从这条记录中看没有太多巴、秦交往的史料,但可以肯定两者之间的和平共处的关系。战国时期,巴国受到楚国扩张领土的不断威逼,采用了远交近攻的策略,与秦国交好,两国互相利用。《华阳国志·巴志》云:"周显王时,巴国衰弱。秦惠文王与巴、蜀为好。"巴受蜀、楚夹攻而与秦国交好,并想借助于秦国势力牵制蜀国和汉中之楚。此时的秦国日益强大,"有举巴、蜀,并汉中之心"。

对当时想统一中国的秦国来说,楚国无疑是一个最强大的敌人,要想攻打楚国,必先伐巴蜀,而巴国地处长江上游,地广国富,无论在战略位置还是在战备上都十分重要。如《华阳国志·蜀志》中记载:

蜀有桀、纣之乱,其国富饶,得其布帛金银,足给军用。水通于楚,有巴之劲卒,浮大舶船以东向楚,楚地可得。得蜀则得楚,楚亡则天下并矣。

公元前316年,巴蜀两国发生战争,巴国求救于秦。苦于找不到出兵理由的秦国因此挥师南下,于当年秋灭蜀国。蜀国灭亡后,秦军则挥师东指,一举灭亡巴国。秦惠王灭巴后,于公元前314年置巴郡。对于巴郡的治理,秦国采用的是一种安抚人心的怀柔政策,

《后汉书·南蛮西南夷列传》记曰:

及秦惠王并巴中,以巴氏为蛮夷君长,世尚秦女,其民爵比不更,有罪得

以爵除。其君长岁出赋二千一十六钱，三岁一出义赋千八百钱。其民户出㠵布八丈二尺，鸡羽三十鍭。

在对巴地的治理上，仍采用巴地大姓首领为君长。在征收赋税、授予爵级方面都给予一定的优惠，从而稳定了巴地的社会秩序，使之成为秦在关中以南地区的战略大后方[67]。

人口的迁徙和流动是文化因素呈多样性的一个重要原因，秦代对于巴地的移民未见于文献记载，估计与巴地的相对稳定有关。而蜀地与巴地相较，有很多的不稳定因素，文献中记载有关秦向蜀地移民的记录有两次：

戎伯尚强，乃移秦民万家实之。(《华阳国志·蜀志》)

临邛县，蜀郡西南二百里，本有邛民，秦始皇徙上郡实之。(《华阳国志·蜀志》)

考古资料中也证实了这一点。四川成都地区曾多次发现比较典型的秦人墓葬，如四川青川县战国墓群。青川墓群不出兵器，铜器所出甚少，且多小件器物，很多都不是巴蜀产品。陶器的组合，也与中原地区同时期文化一致。因而研究者得出青川墓群多数墓葬很可能与"秦民移川"有关的结论[68]。两次移民的重点虽然在蜀，然巴蜀相连，故可能影响会远至巴地。在峡江地区至今还未发现典型的秦人墓葬，但是一些与秦文化相关的器物屡有出现。在巴县冬笋坝、涪陵小田溪战国墓葬中除了本土的巴蜀式铜兵器、容器外，也包含少量外来因素，如秦代的半两钱、中原式铜兵器等等。巴县冬笋坝墓葬出土钱币中有"半两"钱，"半两"钱为秦国及秦统一六国后的钱币，并一直流行到西汉早中期，其中直径较大的可能为战国时期秦国铸造，因而这批半两钱应当是属于中原文化的钱币；冬笋坝晚期船棺墓出土的铁器与中原地区铁器也大多相同，应是中原传入；兵器中的剑，除大多数为柳叶形扁茎无格剑属巴式剑外，还有少数中原式剑[69]。宜昌前坪西汉墓出土的铜鼎、铜蒜头壶是秦文化常见的器物，这批墓葬和江陵附近的西汉墓在随葬器物的种类、器物组合方面差异很大，其随葬品说明前坪西汉墓受秦文化影响较大。

峡江地区的悬棺葬和崖墓是当地比较特殊的葬俗，文献中对这种特殊葬俗也有一些记载：

有獠人，言语与夏不同。嫁娶但鼓笛而已。遭丧，乃以竿悬布置其门庭，殡于别所，至其体骸燥，以木函盛，置于山穴中。(《太平寰宇记·简州》)

三峡中，石壁千万仞，飞鸟悬崖不可及之处，有洞穴，累棺椁，或大或小，历历可数，峡中人谓仙人棺椁云。洞穴在悬绝石壁，望其棺椁，皆完好如新，

不知果何物为之。亦异矣。（宋·邵伯温《闻见后录》）

江水历峡，东迳宜昌县之插灶下。江之左岸，绝崖壁立数百丈，飞鸟所不能栖，有一火烬，插在崖间，望见可长数尺。父老传言，皆洪水之时，人薄舟崖侧，爨于此，以余烬插之岩侧，至今犹存，故先后相承，谓之插灶也。（北魏·郦道元《水经注》）

从文献来看这种葬俗应该与巴人地区的土著民族有关。巴地的土著民族在《华阳国志·巴志》记曰："其属有濮、賨、苴、共、奴、獽、夷之蛮。"濮是我国古代西南地区的一个大族，分布于今川东、北，鄂西、北，与湘、黔二省之间。由于其分布广阔，邑落众多，又被称为"百濮"。文献中也有"百濮杂居"的记载，扬雄《蜀都赋》有"东有巴賨，绵亘百濮"的记录。有研究者认为賨、苴、共、奴、獽、夷都是以濮为首的当地土著民族。而上文中提到的獽，据与常璩生活在同时代的李膺记载，主要居于巴、涪陵、广汉、犍为四郡，均属于巴人势力范围，将尸骸"以木函盛，置于山穴中"中的葬俗无疑是悬棺葬。

在我国文献中，还有关于僚、僰等民族的记载，这些民族也常被认为是属于百濮的分支或是濮的别称。有研究者认为，僚是自汉至唐宋，在我国西南和华南地区分布着的少数民族，系百越的一支，在云、贵、四川一带。僚常与濮相混，僚是濮的异称。而"僰"与"濮"音同，居住在川南的僰族，实际上就是濮族，僰人也为古代百濮民族之一[70]。

关于僚族，《华阳国志·李势志》说：

蜀土无僚，乃是始从山出，自巴至犍为、梓潼，布满山谷，大为民患。

李膺《益州记》记载更为详细：

李雄时尝遣李特攻朱提，遂有南中之地。寿既篡位，以郊甸未实，都邑空虚，乃徙旁郡户三个以上实成都；又从牂柯引僚入蜀境，自象山以北尽为僚居。蜀土无僚，至是始出巴西、渠川、广汉、阳安、资中、犍为、梓潼，布在山谷，十余万家。僚遂挨山傍谷，与土人参居。居家颇输租赋，在深山者不为编户。种类滋蔓，保据岩壑，依林履险，若履平地。

李延寿《北史·列传八十三》记云：

獠者，盖南蛮之别种，自汉中达于邛、笮，川洞之间，所在皆有。……死者，竖棺而埋之。

通过文献记载来看，"僚人入蜀"是一次规模较大的移民现象，发生于东汉末年。原来居住在高山地区的僚人，从贵州、四川边境山中大量涌出，迁居到川中丘陵、川西平原一带。他们由南逐渐向北迁徙，大致分布在今奉节至宜宾的长江一线，并扩展到岷江上游,北及陕西汉中、甘肃南部,几乎遍及整个四川盆地。

从考古学角度而言,族群之间的区别首先应该表现在墓葬方面。峡江地区的考古学材料表明僚人在三峡地区的存在要早于文献中僚人大规模入蜀的时间。三峡地区悬棺葬最早出现在战国时期,如2003年西陵峡口三具崖墓悬棺出土战国晚期的弓箭、箭镞、箭箙一套八件以及戈、矛等兵器。岩穴墓最早也在战国时期,如云阳李家坝的10号墓。只有崖墓的年代在东汉时期。悬棺葬、岩穴墓、崖墓中的随葬品与一般土坑墓或砖室墓没什么区别,但如此特殊的埋葬方式,应为不同的信仰所致。所以三峡地区从战国晚期开始出现,一直延续到宋明时期的包括悬棺葬在内的崖墓、岩穴(或岩坑)墓,与僚人(后来被称为僰人)相关[71]。20世纪70年代末80年代初在四川宜宾和高县发现数百座岩穴墓,调查者就曾指出这些岩穴墓的主人可能就是"僚人"[72]。

文献中有一些关于僚人特殊习俗的记载:

荆州极西南界至蜀,诸民曰僚子,既长,拔去上牙各一,以为身饰。(西晋·张华《博物志》)

地多瘴毒,中者不能饮药,故自凿齿。(《新唐书·南平僚传》)

所杀之人,美须髯者必剥其面,笼之于竹,鼓行而祭,竟以徼福。(《魏书·僚传》)

从以上文字记载中可以归纳出僚人与头颅相关的习俗,如凿齿、剥头皮等。从人类学角度来看,僚人这些习俗均反映了某种与头颅相关的信仰和观念。

在南京师范大学负责发掘的万州胡家坝和瓦屋墓地中,从一些墓葬中保留的骨架中观察到了一种新的葬俗——碎颅葬,墓葬中的头颅均为葬前被人工有意击碎,其痕迹至为明显。如瓦屋墓地中的战国晚期墓葬M18、胡家坝墓地西汉前期土坑墓中的IVM1、IVM5、IVM7、IVM10中所出现的骨架头颅都明显表现为碎颅现象,M18、IVM5与IVM7的头颅被砸击得非常细碎,头颅如饼状摊在墓底;IVM10头颅上有一明显的坑状击打痕迹,由于头颅上方并没有发现诸如石头之类的任何硬物,所以这个坑状当为死者埋葬之前所产生。检索古代文献,尚未发现有任何碎颅葬的材料,峡江地区发表的墓葬考古材料中也少见有关这种葬俗的记录,估计可能是由于峡江地区的土质原因,骨架保存状况一般较差,或者在某种程度上忽略了这种现象。

在国外的考古材料中曾发现过碎颅这种现象,土耳其安纳托里亚地区的柴特儿·休于遗址中曾发现十几例碎颅葬。碎颅发生在死者被置放在墓坑里被掩埋之前,有些头颅是象征性地被砸碎,有些则是被砸得粉碎,这些碎颅是人们刻意为之,是一种特殊的葬俗。这种葬俗应该属于割肢、剔尸、剥头皮、天葬等之列的二次葬。美国著名的考古学家金布塔认为这种剔尸二次葬和二次葬是一种属于萨满教的"断身"仪轨,意在使其再生。国内的考古材料中有一些关于特殊葬俗现象的记录,如青海地区青铜时代的卡约文化中的二次葬也有剔尸、曝尸和割肢的现象,都属于断身丧葬仪轨。西藏地区吐蕃墓中也发现过这种剔尸或曝尸二次葬的断身丧葬仪轨。古代文献对此也有记述,如《旧唐书·东女国》云:"贵人死者,或剥其皮而藏之,内骨于瓶中,糅以金屑而藏之。"[73]因而,我们有理由相信峡江汉墓中的碎颅葬应与该地区的僚族或其他本地的土著民族有关。

在对巴蜀文化因素的改造方面,文化渗透也是一个重要方面。秦朝和西汉早期,巴蜀之地一直被视为蛮夷之地,认为其民"重迟鲁钝,无造次辨丽之气","轻易淫泆,柔弱褊厄"。及至西汉中期前后,西汉社会经济繁荣昌盛,国力进入鼎盛时期,此时也是中原统治者对巴蜀地区进行统治的一个重要发展时期,统治者不再将巴蜀地区视为一个被征服的边远蛮夷地区,并采取一系列的手段对巴蜀地区进行变革。汉景帝、武帝时期,任文翁为蜀守,对巴蜀之民进行教化,《华阳国志》记曰:"教民读书法令,未能笃信道德,反以好文刺讥,贵慕权势。及司马相如游宦京师诸侯,以文辞显于世。乡党慕循其迹。后有王褒、严遵、雄之徒,文章冠天下。""太守文翁遣宽诣博士。东受《七经》,还以教授。于是蜀学比于齐鲁。巴、汉亦化之。武帝嘉之,命天下郡国皆立文学。由翁唱其教.蜀为之始也。"这种文化渗透策略在巴蜀之地取得了极大成功,巴蜀地区在文化上和心态上认同了外来的文化和中原统治者的统治,当地巴蜀文化在无形中被汉文化全面取代。在西汉中期以后巴蜀地区已逐渐完全融入了汉代社会,表现在考古学上的物质文化上的变化也是一个明证。

西汉早期的墓葬形制上,该地区基本传承了本地区战国晚期的墓葬形式,即无墓道的长条形和长方形土坑墓。这种长方形土坑墓在战国巴蜀墓葬中颇为流行,在巴县冬笋坝、云阳李家坝等战国时期墓地中多有发现;而同期中原地区流行的墓葬形制主要是竖穴墓道洞室墓和斜坡墓道洞室墓以及空心砖墓,在西安龙首原汉墓发掘的42座西汉早期墓葬中,竖穴墓道洞室墓和斜坡墓道洞室墓数目达到35座[74],洛阳涧西周山汉墓、郑州二里岗、河南禹县白沙等地均有相当数量的早期空心砖墓发现[75]。

在峡江汉墓的随葬品发展体系中体现出了一种由区域性为主到多种文化并存,从多文化并存到大一统的中原文化的过程。西汉初年墓葬的随葬器物上体现出了更多的地方性特点,在初期汉代墓葬中出有陶釜、陶豆、铜釜、铜剑、铜鍪、铜矛、铜钺等器物,这些器物组合与形制和战国巴蜀墓葬相似。其中Ⅰ式陶釜、AⅠ式铜鍪、CⅠ型铜釜、BⅠ型陶罐是战国巴墓中的典型器物,在忠县崖脚墓地、宜昌前坪、巴县冬笋坝、涪陵小田溪墓葬中都有发现。而出土铜兵器更是巴墓的主要特征之一,冬笋坝出土的扁茎柳叶铜剑(M62:3)、涪陵黄溪点易的双耳带骸铜矛(M2:11)都是具有巴式特征的兵器。西汉早期墓葬中体现出多种文化并存的特征,在该期墓葬中发现的蒜头壶、陶扁壶是秦文化的典型器物,而铜兵器的数量虽然有所减少,但在文化上反映出既有巴式兵器、又有楚式兵器的特点。如宜昌前坪出土的圆茎柳叶铜剑(M35:3)具有楚式风格,汇南M7出土的铜矛具有巴式特征,其他如Ⅰ式陶釜、AⅠ式铜鍪、CⅠ型铜釜、BⅠ型陶罐等具有本土特色的器物继续流行,而鼎、盒、钫、壶、罐、仓的随葬品组合与中原地区日渐趋同。

峡江汉墓的考古学资料上,西汉中期这一时期峡江地区汉墓中的巴蜀文化因素不断减退,汉文化因素稳步增加。墓葬形式上汉式的宽方形、方形土坑墓逐渐成为峡江地区西汉墓葬的主流,在新莽前后出现砖、石结构的土洞墓。在随葬器物上,青铜兵器几近绝迹,圜底陶器的比例不断减少,陶器中开始大量流行仓、井、灶等模型明器,随葬器物种类也有所增加。铜器中的鼎、壶、灯、钫、盆、洗以及星云纹镜、清白明镜和中原地区汉墓无太大差别。

从西汉中期以后至东汉晚期,峡江汉墓中的极少数器物依然保留了本土的一些特点,但是无论在墓葬形制上还是随葬器物组合上都表现出与中原地区较大的相似性,足以说明全国大一统的中原汉文化因素已逐渐占主导地位。

第六章　汉墓与汉代生死观

　　丧葬制度,是人世间生活的缩影,往往能反映一个民族的思想意识和风俗习惯。两汉时期墓葬在墓葬形制和随葬物品方面的变化,也从一个侧面反映出这期间人们思想观念以及生死观念的变化。汉代墓葬制度的变化与西汉中期开始强化的羽化升仙信仰息息相关,在墓葬形制与随葬品上的变化,体现出了一种人们对生死问题的思考及对延长生命的渴望,而这种对生死问题的思考始终围绕着两种主要形式:一种是成仙而升至天堂,一种是肉体不死和人性化了的死后世界。

　　神仙方术思想,最早产生于战国晚期的燕齐之地,但最初只是一种充满神秘意味的方术,还没有和生命本身真正结合起来[76]。秦始皇统一中国后,许多人向他进言"仙"和"不死之药",而始皇也曾派人入海求"仙"求"药",众所周知的徐福率童男童女入海求神采药便是一例。汉代中期的武帝,更是"尤敬鬼神之祀",醉心于求仙活动,将这种神仙思想推向了高潮。汉武帝身边始终有一群方士在活动,在李少君、黄锤、史宽舒、公孙卿这些方士的建议下,汉武帝多次派遣方士前往海上寻求不死仙药。他数次前往泰山封禅祭祀以希求长寿或"不死",因为李少君曾告诉武帝,黄帝在蓬莱见到神仙并在举行封禅仪式后获得"不死"[77]。武帝曾多次给这些方士封官赏爵,皇帝的求仙热情也促使升仙作为一种信仰与观念迅速得到了普及与转化,《汉书·郊祀志》中记载了当时在皇帝鼓励下的这种求仙热情高涨的程度:

　　　　汉兴,新垣平、齐人少翁、公孙卿、栾大等,皆以仙人黄治,祭祠,事鬼使物,入海求神,采药贵幸,赏赐累千金。大尤尊盛,至妻公主,爵位重累,震动海内。元鼎、元封之际,燕、齐之间方士瞋目扼掔,言有神仙祭祀致福之术者以万数。

　　上层统治者的行为也影响到当时普通百姓,在民间思想上形体不朽成仙的观念甚为流行。方士们宣传的得道成仙思想已不再是帝王的专利,已经扩展到了贵族与平民,关于羽化登仙的故事也层出不穷。广为人知的"一人得道,鸡犬升天"故事就是其中一例:

　　　　淮南王学道,招会天下有道之人,倾一国之尊,下道士之士。是以道术之

士,并会淮南,奇方异术,莫不争出。王遂得道,举家升天,畜产皆仙,犬吠于天上,鸡鸣于云中。(《论衡·道虚篇》)

故事的主角淮南王刘安实际上因为计划煽动起兵反对汉武帝,失败后被迫自杀,但不知何故在其死后的传说中称他只是升天为仙而未真死,而且其故事几乎成了人所周知的成仙经典案例。

另一则故事也很有意思,故事来自献给一名叫唐公房的神仙的汉碑,大概内容如下:公元7年,唐公房在其家乡汉中郡任小吏。他幸运地遇到一"真人"并得其惠助,真人收他为徒并赐以仙药。因而唐公房虽然还在官府当差,但实已成仙。后来他没有满足郡守的愿望教他道术,而冒犯了郡守。郡守大怒,令其属下拘捕唐公房的妻儿。唐公房得知此事,赴师求助,真人让其妻儿服药,并说"可去矣"。但妻儿不愿意离家,真人问:"岂欲得家俱去乎?"他们答道:"固所愿也。"于是以药涂屋柱,同时喂了牛马六畜。马上便起了一阵大风与黑云,将唐公房及其家眷携去,其屋宅与六畜亦消失[78]。

从以上两则故事我们可以得到一些启示,一是此时的升仙思想已经有了广泛的社会基础,不单单是皇帝和方士们的行为,贵族乃至唐公房之流的小吏也热衷于此;其次,在成仙的方式上服食仙药是最直接的途径;第三,举家升仙,惠及六畜;第四,神仙的生活与常人的生活方式上有相似之处,故"屋宅与六畜消失"。

伴随长生不老、羽化登仙观念的流行,汉代对于成仙的可能性的怀疑也在增加。登仙的道路似乎不是对每个人都有效的,看起来只有极少数人才能成功。伴随升仙美梦的破碎,人们对死亡的恐惧不可避免并不得不接受它,在这种恐惧中鬼魂信仰逐渐延伸,人们相信死后有知的来世观念,认为鬼魂是生命的另一种延续。人死为鬼,灵魂有知,成为一种很容易被接受的观念,人类获得永恒归宿的观念是为鬼魂营造一个同生前一样的生活环境[79]。如《论衡·薄葬篇》记载:

谓死如生,闵死独葬,魂孤无副,丘墓闭藏,谷物乏匮,故作偶人以侍尸柩,多藏食物以歆精魂。

在这种思想支配下,汉墓不仅在形制和结构上模仿现实中的房屋,在随葬品上也是应有尽有,凡是生人所用的器具物品在墓葬中都有发现。从西汉中期开始的墓葬基本形制由竖穴土坑墓转变为券顶砖室墓,再向穹隆顶砖室墓发展,反映出这种"视死如生"思想的发展进程;随葬品中由简简单单的日常生活用品,到一套完整的生活起居必需品、模型明器如灶、仓与房屋等模型的开始流行,进而发展到东汉一系列的人俑模型及家禽家畜俑的流行,使死后生活已变得完备无缺;同时在汉墓画像砖石上内容题材也不断丰富,体现出两汉生死观念是从西汉早中期对死亡的恐惧、回避以及希冀通过求仙问道延长以求"不死"到东汉晚期相信鬼魂有知,死亡即是现世生命延续的变奏曲。

汉墓随葬品的种类丰富,仓、灶、井、鼎、壶、罐、钫、楼、歌舞俑、动物俑等等囊括了生活中的方方面面,它也从侧面反映出汉代丧葬思想和观念意识方面的变化,从中我们也能找出一些沾有"仙"气,含有"仙家思想"象征意义的器物。

钫壶,或铜或陶,为方形,用以象征被称为"方壶"、"方山"、"方丈"的仙山或世界山。汉人仙境也称为"壶中天地"。道教中的"壶",通"瓠"与"葫",不仅盛满仙药,而且还是方外世界的意象[80]。文献中也有记载:

  三壶则海中三山也。一曰方壶,则方丈也。二曰蓬壶,则蓬莱也。三曰瀛壶,则瀛洲也。形如壶器。(南梁·萧绮《拾遗记》)

  渤海之东,不知其几亿万里,有大壑焉,实为无底之谷。其下无底,名曰归墟。……其中有五山焉:一曰岱舆,二曰员峤,三曰方壶,四曰瀛洲,五曰蓬莱。(《列子·汤问》)

灶,通"醮",西汉中期后流行的一种模型明器,形状有单眼、双眼及多眼之分。祠醮可以致福。礼醮者,老妇之祭,盛于盆,尊于瓶。方士李少君以祠灶、谷道、却老之术觐见汉武帝。《史记·孝武本纪》记曰:

  是时而李少君亦以祠醮、谷道、却老方见上,上尊之。……少君言于上曰:"祠醮则致物,致物而丹沙可化为黄金,黄金成以为饮食器则益寿,益寿而海中蓬莱仙者可见,见之以封禅则不死,黄帝是也。"

谯楼,古代城门上的望楼,汉代墓葬中经常发现。汉代往往用楼(或阙)来表示仙人或死人灵魂可去居住的仙山琼阁。方士们认为其可以招来神仙之属。

  公孙卿曰:"仙人可见,上往常遽,以故不见。今陛下可为馆如缑氏城,置脯枣,神人宜可致。且仙人好楼居。"于是上令长安则作飞廉、桂馆,甘泉则作益寿、延寿馆,使卿持节设具而候神人。乃作通天台,置祠具其下,将招来神仙之属。(《汉书·郊祀志》)

  方士多言古帝王有都甘泉者。……于是作建章宫,度为千门万户。前殿度高未央,其东则凤阙,高二十余丈。其西则唐中,数十里虎圈。其北治大池渐台高二十余丈,名曰泰液池,中有蓬莱、方丈、瀛洲、壶梁,象海中神山龟鱼之属。其南有玉堂、璧门、大鸟之属。乃立神明台、井干楼,度五十余丈,辇道相属焉。(《史记·孝武本纪》)

熏炉,山形,所以又被称为博山炉,有铜和陶之分,是墓葬中经常出现的随葬品。

考古发掘出土的铜制博山炉制作一般比较考究,陶质的略显粗糙,但就其式样而言,表现的主题是相同的,分三层铸造或捏制,上面有气孔,它是神山、祥瑞和云气的结合体。

汉代人们崇拜的山大体可分为三类:第一类是五岳,分布于中国东、西、南、北、中五个方位,是皇帝接受天命之处。第二类是仙山,一般指东海中的蓬莱三岛。人们相信如果有谁能找到这三个海岛,他就会长生不老。第三类可称为神山,遍布奇异山石、扭曲的大树和多岩的悬崖,是奇人异兽出没的地方[81]。其中的仙山和神山属于"可遇不可求"的范围,因而也给汉代的人们提供了很大的想象空间,升仙的期求与渴望使他们按照自己模式的来诠释对"神山"和"仙山"的理解。昆仑山就是其中最为大家广泛接受和认可的神山。《水经注·河水》曰:

昆仑之山三级:下曰樊桐,一名板桐;二曰玄圃,一名阆风;上曰增城,一名为天庭,是为太帝之居。

昆仑山,在古代神话中常常被作为古代诸神的聚集之地,传说中掌握着不死仙药的西王母就居住与此。《尔雅》说"三成为昆仑丘"。"三"这个数字因此被赋予了特殊的含义,成了"神山"的代表。熏炉的整体造型上,分为三层的制造方式和寓意充分显示其象征"神山"的这种思想意识。

与此相类似,我们还可以从另外一种被称为"锺"的器物上观察到这种现象。锺,即圆壶,是古代的一种酒器。在其壶盖上通常会捏塑有三个小纽,这三个小纽从其布局与大小看根本不具有实用功能,其象征意义也应该代表着三重的神山或蓬莱、方丈、瀛洲等仙山。

玄熊,汉墓中发现的一种陶俑,常被认为是镇墓兽。造型是像狗一样蹲踞着的熊,口吐长舌,它是神话中背负仙山的神兽。王延寿在其《鲁灵光殿赋》中曾提到这种兽:"玄熊舑谈以龂龂,却负载而蹲跠。齐首目以瞪眄,徒眽眽而狋狋"。

摇钱树,在汉墓中偶有发现,其象征意义与钫壶、熏炉相近。在风格上更趋于写实,上面有各种异兽、最高处往往还有西王母形象。摇钱树无疑是神树的代表,在摇钱树上有大量与长生不老,羽化成仙有关的内容,显而易见与求仙问道不无关系。

歌舞俑,汉墓中发现的一种陶俑类型,有抚琴俑、吹箫俑、听歌俑等类型。鼓琴、聆琴、悦琴是仙家们的必修课目,也是仙山琼阁做的象征和常设节目[82]。在文献和文学作品中经常可以发现琴以致仙的内容:

弹琴鼓瑟,聊以自娱。陵云登台,浮游太清。扳龙附凤,日望身轻。(汉乐府诗《白鸠篇》)

孤竹箫管,空桑瑟琴。肃穆大礼,铿锵八音。恭惟上帝,希降灵歆。(《郊

庙歌辞》）

仙人欲来，出随风，列之雨。吹我洞箫，鼓瑟瑟，何闾闾。酒与歌戏，今日相乐诚为乐。玉女起，起舞移数时。（《气出唱》）

汉代是神仙信仰的大发展时期，出现了各种与神仙信仰有关的人物、动物、植物图案。巫山麦沱 M47 曾出土一件西王母陶俑，西王母笑容可掬，袖手交于胸前，袖下及两侧有人物画像及圆雕龙虎座，画像中的图案有九尾狐、四足鸟、灵芝、瑞草、仙葩等等[83]。西王母在汉代人尊奉的诸神之中，因为拥有不死之药而备受人们的尊崇，九尾狐、四足鸟、灵芝等无不与仙山有关，从其图案看来，都是突出仙化升天这一主题。

在巫山发掘的汉墓中曾出土过一些鎏金铜牌饰，这些铜牌饰的内容主题勾画出了一副完整的汉代人心目中的仙境。这些牌饰在构图上大同小异，分上下两栏，西王母居于整个画面的正中偏上，其周围瑞气缭绕，并有瑞兽、灵芝等图案围在其周侧，栏下部的内容较丰富，中间为人物、重檐式双阙，下有"天门"榜题，两侧有羽人、灵芝、九尾狐、三足鸟等形象，背后和下部有勾云纹[84]。这种对天国、仙境的认识的浓缩，表现出当时人们对仙界的一种向往和追求（图二二）。

图二二　巫山土城坡南东井坎出土铜牌饰

综上所述，自西汉中期以后，汉墓的墓葬形制和随葬器物中始终充斥着"升仙"这一主题，并且日渐强化。从随葬器物的种类和装饰上看，汉代人无疑是要为死者提供一种理想化的死后世界，而这种世界其实是通过模拟和美化现实世界来实现，也许他们更多考虑的是如何为墓主人的神魂仙化创造条件，以此来摆脱对于死后将要进入的黑暗世界的恐惧感。

以上是一些通过对汉代墓葬形制及随葬器物的观察得出的浅显结论，对于了解两汉时期人们生死观念的变化，也可以说是管中窥豹，甚至有些牵强，但是我们无法否认这种变化确实存在于整个两汉时期，它所发生的背景及所体现的意识观念也确实值得我们深入研究和注意。

注　释

[1] 龚廷万、龚玉、戴嘉陵编著:《巴蜀汉代画像集》,第3页,文物出版社,1998年。

[2] 色伽兰著、冯承钧译:《中国西部考古记》,台湾商务印书馆。

[3] 同注[1]。

[4] 同注[1]。

[5] 前西南博物院、四川省文物管理委员会:《四川巴县冬笋坝战国和汉墓清理简报》,《考古通讯》1958年第1期。

[6] 石正:《四川万县市发现的汉墓》,《考古通讯》1957年第4期第62页。

[7] 胡人朝:《重庆市化龙桥东汉砖墓的清理》,《考古通讯》1958年第3期第42页。

[8] 龚廷万、龚玉、戴嘉陵编著:《巴蜀汉代画像集》,文物出版社,1998年。

[9] 陈培绪:《夔峡中发现悬棺葬》,《文物》1959年第5期第75页。

[10] 《宜昌前坪战国两汉墓》、《1973年宜昌前坪古墓的清理》、《1978年宜昌前坪汉墓发掘》、《宜昌市前、后坪汉墓1981年发掘简报》,国家文物局三峡工程文物保护领导小组湖北工作站编:《三峡考古之发现》,湖北科学技术出版社,1998年。

[11] 李莉:《四川奉节县风箱峡崖棺葬》,《文物》1978年第8期。

[12] 张明达:《巴东发现东汉纪年墓》,《江汉考古》1980年第1期第68页。

[13] 同注[1],第4页。

[14] 龚廷万、庄燕和:《重庆市南岸区的两座西汉土坑墓》,《文物》1982年第7期。

[15] 四川大学历史系考古专业崖葬科研小组:《四川巫溪荆竹坝崖墓调查清理简报》,《考古与文物》1984年第6期。

[16] 《四川涪陵三堆子东汉墓》,国家文物局三峡工程文物保护领导小组湖北工作站编:《三峡考古之发现》,湖北科学技术出版社,1998年。

[17] 四川省文物管理委员会:《四川涪陵东汉崖墓清理简报》,《考古》1984年第12期。

[18] 四川省文物管理委员会、涪陵县文化馆:《四川涪陵西汉土坑墓发掘简报》,《考古》1984年第4期。

[19] 重庆市博物馆:《重庆临江支路西汉墓》,《考古》1986年第3期。

[20] 陈显双、朱世鸿:《四川开县红华村崖墓清理简报》,《考古与文物》1989年第1期。

[21] 长办库区红花套工作站:《湖北宜昌前坪包金头东汉、三国墓》,《考古》1990年第9期。

[22] 黄晓东:《四川汉代画像文化初论》,《巴渝文化》第二辑,重庆出版社,1991年。

[23] 徐文彬:《四川汉阙建筑艺术》,《巴渝文化》第二辑,重庆出版社,1991年。

[24] 陈明芳:《悬棺葬研究综述》,《民族研究》1989年第1期。

[25] 陈明芳:《我国南方地区悬棺葬与崖洞葬之比较研究》,《中央民族大学学报》1989年第5期。

[26] 陈丽琼:《长江三峡的悬棺葬》,《巴渝文化》第一辑,重庆出版社,1989年。

[27] 罗二虎:《四川崖墓的初步研究》,《考古学报》1988年第2期。

[28] 重庆市文物局、重庆市移民局:《重庆库区考古报告集·1997卷》,科学出版社,2001年。

[29] 徐光冀主编:《永不逝落的文明——三峡文物大抢救纪实》,山东画报出版社,2003年。

[30] 湖南省文物考古研究所、巫山县文物管理所:《巫山麦沱汉墓群发掘报告》,重庆市文物局、重庆市移民局:《重庆库区考古报告集·1997卷》,科学出版社,2001年;湖南省文物考古研究所、巫山县文物管理所:《巫山麦沱古墓群第二次发掘报告》,重庆市文物局、重庆市移民局:《重庆库区考古报告集·1998卷》,科学出版社,2003年。

[31] 中国文物研究所、吉林大学考古学系:《巫山江东嘴墓群发掘报告》,重庆市文物局、重庆市移民局:《重庆库区考古报告集·1998卷》,科学出版社,2003年。

[32] 中国历史博物馆故陵考古队、云阳县文物管理所:《云阳故陵楚墓发掘报告》,重庆市文物局、重庆市移民局:《重庆库区考古报告集·1998卷》,科学出版社,2003年。

[33] 陕西省考古研究所、万州区文物管理所:《万州安全墓地发掘报告》,重庆市文物局、重庆市移民局:《重庆库区考古报告集·1997卷》,科学出版社,2001年;重庆市文化局、陕西省考古研究所:《万州安全墓地发掘报告》,重庆市文物局、重庆市移民局:《重庆库区考古报告集·1998卷》,科学出版社,2003年。

[34] 北京大学考古文博学院三峡考古队、重庆市忠县文物管理所:《忠县崖脚墓地发掘报告》,重庆市文物局、重庆市移民局:《重庆库区考古报告集·1998卷》,科学出版社,2003年。

[35] 南京博物院考古研究所、巫山县文物管理所:《巫山瓦岗槽汉代墓地发掘报告》,重庆市文物局、重庆市移民局:《重庆库区考古报告集·1997卷》,科学出版社,2001年;南京博物院考古研究所、重庆市博物馆、巫山县文保所:《巫山瓦岗槽墓地发掘报告》,重庆市文物局、重庆市移民局:《重庆库区考古报告集·1998卷》,科学出版社,2003年。

[36] 四川省文物考古研究所、丰都县文管所:《丰都汇南墓群发掘简报》,重庆市文物局、重庆市移民局:《重庆库区考古报告集·1997卷》,科学出版社,2001年;四川省文物考古研究所、丰都县文管所:《丰都汇南墓群发掘报告》,重庆市文物局、重庆市移民局:《重庆库区考古报告集·1998卷》,科学出版社,2003年。

[37] 何志国:《中国西南考古研究》,绵阳市社会科学界联合会出版,2001年。

[38] 陈明芳:《中国悬棺葬》,重庆出版社,1992年。

[39] 雷兴军、罗宏斌:《巫山东周两汉墓分期与分区》,《重庆·2001三峡文物保护学术研讨会论文集》,科学出版社,2003年。

[40] 王力军:《丰都地区两汉—南朝墓葬的初步研究》,《重庆·2001三峡文物保护学术研讨会论文集》,科学出版社,2003年。

[41] 李大营、肖贵田:《重庆地区东汉六朝时期合葬墓中的有关问题》,《重庆·2001三峡文物保护学术研讨会论文集》,科学出版社,2003年。

[42] 刘弘:《四川汉墓中的四神功能新探——兼谈巫山铜牌饰上人物的身份》,《四川文物》1994年第2期。

[43] 丛德新、罗志宏:《重庆巫山县东汉鎏金铜牌饰的发现与研究》,《考古》1998年第12期。

[44] 郑君雷:《峡江地区西汉墓葬研究的若干线索》,《重庆·2001 三峡文物保护学术研讨会论文集》,科学出版社,2003 年。

[45] 宜昌地区博物馆:《1978 年宜昌前坪汉墓发掘》,第 369 页,国家文物局三峡工程文物保护领导小组湖北工作站编:《三峡考古之发现》,湖北科学技术出版社,1998 年。

[46] 湖北省博物馆:《宜昌前坪战国两汉墓》,第 391 页,国家文物局三峡工程文物保护领导小组湖北工作站编:《三峡考古之发现》,湖北科学技术出版社,1998 年。

[47] 长江流域第二期文物考古工作人员训练班:《1973 年宜昌前坪古墓的清理》,第 421 页,国家文物局三峡工程文物保护领导小组湖北工作站编:《三峡考古之发现》,湖北科学技术出版社,1998 年。

[48] 重庆市博物馆:《重庆市临江支路西汉墓》,第 474 页,国家文物局三峡工程文物保护领导小组湖北工作站编:《三峡考古之发现》,湖北科学技术出版社,1998 年。

[49] 湖南省文物考古研究所、巫山县文物管理所:《巫山麦沱汉墓群发掘报告》,《重庆库区考古报告集·1997 卷》,科学出版社,2001 年。

[50] 四川省文物考古研究所、丰都县文管所:《丰都汇南墓群发掘报告》,《重庆库区考古报告集·1998 卷》,科学出版社,2003 年。

[51] 青海省文物考古研究所、南京师范大学文博系、万州文管会:《万州大地嘴墓地发掘报告》,待刊。

[52] 南京师范大学文博系 2004 年度万州瓦屋墓地考古发掘项目。

[53] 张明达:《巴东发现东汉纪年墓》,《江汉考古》1980 年第 1 期。

[54] 鄂西自治州博物馆:《巴东西瀼口古墓群发掘简况》,第 357 页,国家文物局三峡工程文物保护领导小组湖北工作站编:《三峡考古之发现》,湖北科学技术出版社,1998 年。

[55] 南京博物院考古研究所、重庆市博物馆、巫山县文物管理所:《巫山瓦岗槽墓地发掘报告》,《重庆库区考古报告集·1998 卷》,科学出版社,2003 年。

[56] 中国社会科学院考古研究所三峡工作队:《巫山琵琶洲遗址发掘报告》,《重庆库区考古报告集·1998 卷》,科学出版社,2003 年。

[57] 同注[49]。

[58] 刘宏斌、辛怡华:《陕西宝鸡考古队完成三峡文物发掘任务》,《中国文物报》2002 年 3 月 22 日。

[59] 孔祥星、刘一曼:《中国古代铜镜》,第 105 页,文物出版社,1984 年。

[60] 段渝:《政治结构与文化模式——巴蜀古代文明研究》,第 54 页,学林出版社,1999 年。

[61] 同注[60],第 428 页。

[62] 汤惠生:《三峡历史移民考古之所见》,待刊。

[63] 同注[34]。

[64] 四川大学历史文化学院考古系、云阳县文物管理所:《云阳李家坝巴人墓地发掘报告》,《重庆库区考古报告集·1998 卷》,科学出版社,2003 年。

[65] 湖北省博物馆:《宜昌前坪战国两汉墓》,国家文物局三峡工程文物保护领导小组湖北工作站编:《三峡考古之发现》,第 388 页,湖北科学技术出版社,1998 年。

[66] 同注[48],第 476 页。

[67] 同注[60],第 464 页。

[68] 《青川县出土秦更修田律木牍——四川青川县战国墓发掘简报》,《文物》1982 年第 1 期。

[69] 前西南博物院、四川省文物管理委员会:《四川巴县冬笋坝战国和汉墓清理简报》,国家文物局三峡工程文物保护领导小组湖北工作站编:《三峡考古之发现》,湖北科学技术出版社,1998 年。

[70] 杨铭:《论古代重庆地区的濮、僚族》,《西南民族史研究》,重庆出版社,2000 年。又,复旦大学生命科学学院于 2005 年在三峡地区采集了 50 块悬棺古人骨骼样本,通过 DNA 线粒序列体分析,结果发现,古代悬棺人的遗传序列上的信息与侗台人与南岛人所具有的特质非常相近,而后者则是由广东、福建一代的古百越人迁徙融合形成的。通过实验,他们得出悬棺古人来源于百越的结论。参见洛楚:《让 DNA"说"出悬棺古人真实身份——记我校挑战杯二等奖项目"三峡悬棺之谜的遗传学求证"》,复旦大学《校刊》2005 年第 665 期。

[71] 同注[62]。

[72] 刘豫川:《宜宾岩穴墓与川南古代的僚》,《四川文物》1987 年第 2 期。

[73] 汤惠生:《考古三峡》,广西师范大学出版社,2005 年。

[74] 韩保全、程林泉、韩国河编著:《西安龙首原汉墓》,西北大学出版社,1999 年。

[75] 李如森:《汉代丧葬礼俗》,第 295 页,沈阳出版社,2003 年。

[76] 徐华:《两汉艺术精神嬗变论》,第 189 页,学林出版社,2003 年。

[77] 余英时:《东汉生死观》,第 32 页,上海古籍出版社,2005 年。

[78] 同注[77],第 37 页。

[79] 同注[76],第 197 页。

[80] 同注[73],第 150 页。

[81] 巫鸿:《礼仪中的美术》,第 152 页,生活·读书·新知三联书店,2005 年。

[82] 同注[73],第 144 页。

[83] 重庆市文化局、湖南省文物考古研究所、巫山县文物管理所:《巫山麦沱古墓群第二次发掘报告》,重庆市文物局、重庆市移民局编:《重庆库区考古报告集·1998 卷》,科学出版社,2003 年。

[84] 丛德新、罗志宏:《重庆巫山县东汉鎏金铜牌饰的发现与研究》,《考古》1998 年第 12 期。

附 录

峡江汉墓随葬器物分期表（一）

式型 分期	铜 鼎		铜 钫	铜蒜头壶	铜 壶	
	A 型	B 型			A 型	B 型
第一期	I式 李家坝 M10:18	前坪 M105:6	I式 点易 M2:16	I式 点易 M2:17		
第二期					I式 前坪 M10:10	
第三期					II式 临江支路 M3:7	
第四期			II式 前坪 M108:2	II式 前坪 M97:7		
第五期						崖脚 AM3:31
第六期					III式 麦沱 M47:69	
第七期						
第八期			III式 上河坝 M3:1			

峡江汉墓随葬器物分期表(二)

型 / 分期 式	铜鍪 A型	铜鍪 B型	铜釜 A型	铜釜 B型	铜釜 C型	铜釜 D型
第一期	I式 点易 M2:18		I式 点易 M1:1	I式 点易 M1:2	I式 点易 M2:19	
第二期		I式 前坪 M10:11	II式 卜庄河 M3:5			
第三期		II式 临江支路 M4:1		II式 易家坝 M2	II式 临江支路 M4:5	
第四期						麦沱 M38:18
第五期	II式 麦沱 M29:4					
第六期						
第七期		III式 前坪 M109:3		III式 水泥厂崖墓		
第八期	III式 松岭包 M4:16				III式 双堰塘 M703:2	

峡江汉墓随葬器物分期表（三）

型式\分期	铜 洗				陶 鼎	
	A 型	B 型	C 型	D 型	A 型	B 型
第一期	I式 点易 M1:3			I式 前坪 M105:9	I式 李家坝 M10: 9	
第二期		I式 前坪 M14:18			II式 前坪 M43:3	
第三期		II式 临江支路 M3:4	I式 临江支路 M4:2	II式 临江支路 M2:5		I式 崖脚 BM10:15
第四期						II式 江东嘴 M20:15
第五期	II式 麦沱 M29:5		II式 麦沱 M22:8		III式 李家坝 M37: 35	III式 前坪 M111:1
第六期					IV式 江东嘴 M15:5	IV式 前坪 M2:2
第七期			III式 前坪 M109:14			
第八期					III式 双堰塘 M705:8	V式 庙湾 M3:5

峡江汉墓随葬器物分期表（四）

型 分期	陶盒 A型	陶盒 B型	陶盆 A型	陶盆 B型	陶盆 C型	熏炉
第一期	Ⅰ式 前坪 M36:2	Ⅰ式 李家坝 M10:5				
第二期			Ⅰ式 卜庄河 M3:1			
第三期			Ⅱ式 崖脚 BM10:17	Ⅰ式 麦沱 M49:22		
第四期	Ⅱ式 卜庄河 M5:1					
第五期		Ⅱ式 李家坝 M37:18	Ⅱ式 崖脚 BM22:18	Ⅰ式 崖脚 BM22:75		Ⅰ式 李家坝 M37:16
第六期						Ⅱ式 汇南 M21:12
第七期						
第八期			Ⅲ式 上河坝 M3:2	Ⅲ式 松岭包 M3:1	Ⅱ式 安全 M18:15	

峡江汉墓随葬器物分期表（五）

式型 分期	陶 甑					陶 釜
	A 型	B 型	C 型	D 型	E 型	
第一期						Ⅰ式 点易 M2:32
第二期	Ⅰ式 冬笋坝 M26					
第三期		Ⅰ式 麦沱 M31:9				Ⅱ式 临江支路 M5:9
第四期		Ⅱ式 前坪 M15:16	Ⅰ式 瓦岗槽 M16:10	Ⅰ式 江东嘴 M14:6		
第五期	Ⅱ式 李家坝 M37:25				李家坝 M37:12	Ⅲ式 崖脚 BM22:110
第六期	Ⅲ式 汇南 M21:40			Ⅱ式 庙坪 M47:4		
第七期						Ⅳ式 瓦屋 M48:29
第八期	Ⅳ式 安全 M12:47	Ⅲ式 松岭包 M7:13				

峡江汉墓随葬器物分期表(六)

式型\分期	陶壶 A型	陶壶 B型	陶壶 C型	陶仓 A型	陶仓 B型	陶仓 C型
第一期						
第二期	Ⅰ式 崖脚 BM17:3		Ⅰ式 前坪 M33:2		Ⅰ式 前坪 M35:5	
第三期						Ⅰ式 临江支路 M5:5
第四期		Ⅰ式 江东嘴 M20:17	Ⅱ式 卜庄河 M5:2	Ⅰ式 前坪 M15:40	Ⅱ式 江东嘴 M20:2	Ⅱ式 前坪 M103:1
第五期	Ⅱ式 李家坝 M37:60	Ⅱ式 麦沱 M22:10		Ⅱ式 前坪 M111:33	Ⅲ式 前坪 M111:34	Ⅲ式 李家坝 M37:5
第六期	Ⅲ式 琵琶洲 M3:15	Ⅲ式 前坪 M49:6				Ⅳ式 大地嘴 M9:31
第七期	Ⅳ式 安全 M5:12				Ⅳ式 卜庄河 M1:13	
第八期	Ⅴ式 庙坪 M103:1	Ⅳ式 双堰塘 M703:1	Ⅲ式 安全 M1:33	Ⅲ式 前坪 M18:1		

峡江汉墓随葬器物分期表(七)

式型 分期	陶 灶		
	A 型	B 型	
		Ba 型	Bb 型
第一期			
第二期			
第三期	Ⅰ式 临江支路 M5:6	Ⅰ式 麦沱 M32:3	Ⅰ式 前坪 M103:8
第四期	Ⅱ式 瓦岗槽 M16:14	Ⅱ式 麦沱 M40:99	Ⅱ式 前坪 M103:8
第五期			
第六期			
第七期	Ⅲ式 卜庄河 M1:12		
第八期		Ⅲ式 前坪 M18:15	

峡江汉墓随葬器物分期表（八）

式型 分期	陶 罐					
	A 型	B 型	C 型	D 型	E 型	F 型
第一期	Ⅰ式 点易 M2:29	Ⅰ式 李家坝 M10:14	Ⅰ式 点易 M2:30	Ⅰ式 点易 M2:23		
第二期					Ⅰ式 崖脚 M17:5	Ⅰ式 胡家坝Ⅱ M2:3
第三期	Ⅱ式 临江支路 M2:2		Ⅱ式 麦沱 M32:5	Ⅱ式 临江支路 M1:3		
第四期					Ⅱ式 麦沱 M40:3	
第五期	Ⅲ式 崖脚 BM22:82		Ⅲ式 崖脚 AM3:42			Ⅱ式 李家坝 M37:3
第六期		Ⅱ式 琵琶洲 M6:1		Ⅲ式 汇南 M21:48		
第七期			Ⅳ式 安全 M5:6			
第八期	Ⅳ式 汇南 M29:21	Ⅲ式 江东嘴 M5:1				Ⅲ式 安全 M1:21

参考文献

一、学术著作类

[1] 董新林:《中国古代陵墓考古研究》,福建人民出版社,2005年。

[2] 段渝:《政治结构与文化模式——巴蜀古代文明研究》,学林出版社,1999年。

[3] 国务院三峡工程建设委员会办公室、国家文物局编著:《秭归柳林溪》,科学出版社,2003年。

[4] 龚廷万、龚玉、戴嘉陵编著:《巴蜀汉代画像集》,文物出版社,1998年。

[5] 韩保全、程林泉、韩国河编著:《西安龙首原汉墓》,西北大学出版社,1999年。

[6] 何志国:《中国西南考古研究》,绵阳市社会科学界联合会,2001年。

[7] 黄冈市博物馆、湖北省文物考古研究所、湖北省京九铁路考古队编著:《罗州城与汉墓》,科学出版社,2000年。

[8] 孔祥星、刘一曼:《中国古代铜镜》,文物出版社,1984年。

[9] 李如森:《汉代丧葬礼俗》,沈阳出版社,2003年。

[10] 林向:《巴蜀考古论文集》,四川出版社,2004年。

[11] 罗二虎:《秦汉时代的中国西南》,天地出版社,2000年。

[12] 色伽兰著、冯承钧译:《中国西部考古记》,台湾商务印书馆。

[13] 陕西省考古研究所编著:《白鹿原汉墓》,三秦出版社,2003年。

[14] 四川省文物考古研究所:《四川考古报告集》,文物出版社,1998年。

[15] 宋治民:《宋治民考古文集》,科学出版社,2004年。

[16] 宋治民:《战国秦汉考古》,四川大学出版社,1993年。

[17] 孙华:《四川盆地的青铜时代》,科学出版社,2000年。

[18] 汤惠生:《考古三峡》,广西师范大学出版社,2005年。

[19] 王充:《论衡》,岳麓书社,1991年。

[20] 王雪农、刘建民著:《半两钱研究与发现》,中华书局,2005年。

[21] 王仲殊:《汉代考古学概说》,中华书局,1984年。

[22] 巫鸿:《礼仪中的美术》,生活·读书·新知三联书店,2005年。

[23] 西安市文物保护考古所编著:《西安龙首原汉墓·甲编》,西北大学出版社,1999年。

[24] 徐吉军、贺云翱著:《中国丧葬礼俗》,浙江人民出版社,1991年。

[25] 徐华:《两汉艺术精神嬗变论》,学林出版社,2003年。

[26] 徐光冀主编:《永不逝落的文明——三峡文物大抢救纪实》,山东画报出版社,2003年。

[27] 杨树达:《汉代婚丧礼俗考》,上海古籍出版社,2000年。

[28] 杨铭:《西南民族史研究》,重庆出版社,2000年。

[29] 余英时:《东汉生死观》,上海古籍出版社,2005年。

二、学术论文与考古简报类

[1] 北京大学考古文博学院三峡考古队、重庆市忠县文物管理所:《忠县崖脚墓地发掘报告》,重庆市文物局、重庆市移民局:《重庆库区考古报告集·1998卷》,科学出版社,2003年。

[2] 长办库区红花套工作站:《湖北宜昌前坪包金头东汉、三国墓》,《考古》1990年第9期。

[3] 陈丽琼:《长江三峡的悬棺葬》,《巴渝文化》第一辑,重庆出版社,1989年。

[4] 陈培绪:《夔峡中发现悬棺葬》,《文物》1959年第5期。

[5] 陈显双、朱世鸿:《四川开县红华村崖墓清理简报》,《考古与文物》1989年第1期。

[6] 重庆市博物馆:《重庆临江支路西汉墓》,《考古》1986年第3期。

[7] 丛德新、罗志宏:《重庆巫山县东汉鎏金铜牌饰的发现与研究》,《考古》1998年第12期。

[8] 鄂西自治州博物馆:《巴东西瀼口古墓群发掘简况》,国家文物局三峡工程文物保护领导小组湖北工作站编:《三峡考古之发现》,湖北科学技术出版社,1998年。

[9] 龚廷万、庄燕和:《重庆市南岸区的两座西汉土坑墓》,《文物》1982年第7期。

[10] 胡人朝:《重庆市化龙桥东汉砖墓的清理》,《考古通讯》1958年第3期。

[11] 湖南省文物考古研究所、巫山县文物管理所:《巫山麦沱汉墓群发掘报告》,重庆市文物局、重庆市移民局:《重庆库区考古报告集·1997卷》,科学出版社,2001年;湖南省文物考古研究所、巫山县文物管理所:《巫山麦沱古墓群第二次发掘报告》,重庆市文物局、重庆市移民局:《重庆库区考古报告集·1998卷》,科学出版社,2003年。

[12] 黄晓东:《四川汉代画像文化初论》,《巴渝文化》第二辑,重庆出版社,1991年。

[13] 雷兴军、罗宏斌:《巫山东周两汉墓分期与分区》,《重庆·2001三峡文物保护学术研讨会论文集》,科学出版社,2003年。

[14] 李大营、肖贵田:《重庆地区东汉六朝时期合葬墓中的有关问题》,《重庆·2001三

峡文物保护学术研讨会论文集》,科学出版社,2003年。

[15] 李莉:《四川奉节县风箱峡崖棺葬》,《文物》1978年第8期。

[16] 刘宏斌、辛怡华《陕西宝鸡考古队完成三峡文物发掘任务》,《中国文物报》,2002年3月22日。

[17] 刘弘:《四川汉墓中的四神功能新探—兼谈巫山铜牌饰上人物的身份》,《四川文物》,1994年第2期。

[18] 刘豫川:《宜宾岩穴墓与川南古代的僚》,《四川文物》,1987年第2期。

[19] 罗二虎:《四川崖墓的初步研究》,《考古学报》1988年第2期。

[20] 南京博物院考古研究所、巫山县文物管理所:《巫山瓦岗槽汉代墓地发掘报告》,重庆市文物局、重庆市移民局:《重庆库区考古报告集·1997卷》,科学出版社,2001年;南京博物院考古研究所、重庆市博物馆、巫山县文保所:《巫山瓦岗槽墓地发掘报告》,重庆市文物局、重庆市移民局:《重庆库区考古报告集·1998卷》,科学出版社,2003年。

[21] 前西南博物院、四川省文物管理委员会:《四川巴县冬笋坝战国和汉墓清理简报》,《考古通讯》1958年第1期。

[22] 青海考古研究所、南京师范大学文博系、万州文管会:《万州大地嘴墓地发掘报告》,待刊;南京师范大学文博系2001年度万州瓦屋墓地考古发掘项目。

[23] 《青川县出土秦更修田律木牍——四川青川县战国墓发掘简报》,《文物》1982年第1期。

[24] 陕西省考古研究所、万州区文物管理所:《万州安全墓地发掘报告》,重庆市文物局、重庆市移民局:《重庆库区考古报告集·1997卷》,科学出版社,2001年;重庆市文化局、陕西省考古研究所:《万州安全墓地发掘报告》,重庆市文物局、重庆市移民局:《重庆库区考古报告集·1998卷》,科学出版社,2003年。

[25] 石正:《四川万县市发现的汉墓》,《考古通讯》1957年第4期。

[26] 四川大学历史系考古专业崖葬科研小组:《四川巫溪荆竹坝崖墓调查清理简报》,《考古与文物》1984年第6期。

[27] 四川省文物管理委员会:《四川涪陵东汉崖墓清理简报》,《考古》,1984年第12期。

[28] 四川省文物管理委员会、涪陵县文化馆:《四川涪陵西汉土坑墓发掘简报》,《考古》1984年第4期。

[29] 四川省文物管理委员会:《四川涪陵三堆子东汉墓》,国家文物局三峡工程文物保

护领导小组湖北工作站编:《三峡考古之发现》,湖北科学技术出版社,1998 年。

[30] 四川省文物考古研究所、丰都县文管所:《丰都汇南墓群发掘简报》,重庆市文物局、重庆市移民局:《重庆库区考古报告集·1997 卷》,科学出版社,2001 年;四川省文物考古研究所、丰都县文管所:《丰都汇南墓群发掘报告》,重庆市文物局、重庆市移民局:《重庆库区考古报告集·1998 卷》,科学出版社,2003 年。

[31] 四川大学历史文化学院考古系、云阳县文物管理所:《云阳李家坝巴人墓地发掘报告》,《重庆库区考古报告集·1998 卷》,科学出版社,2003 年。

[32] 汤惠生:《三峡历史移民考古之所见》,待刊。

[33] 王力军:《丰都地区两汉—南朝墓葬的初步研究》,《重庆·2001 三峡文物保护学术研讨会论文集》,科学出版社,2003 年。

[34] 徐文彬:《四川汉阙建筑艺术》,《巴渝文化》第二辑,重庆出版社,1991 年。

[35] 宜昌地区博物馆等:《宜昌前坪战国两汉墓》、《1973 年宜昌前坪古墓的清理》、《1978 年宜昌前坪汉墓发掘》、《宜昌市前、后坪汉墓 1981 年发掘简报》,国家文物局三峡工程文物保护领导小组湖北工作站编:《三峡考古之发现》,湖北科学技术出版社,1998 年。

[36] 张明达:《巴东发现东汉纪年墓》,《江汉考古》1980 年第 1 期。

[37] 郑君雷:《峡江地区西汉墓葬研究的若干线索》,《重庆·2001 三峡文物保护学术研讨会论文集》,科学出版社,2003 年。

[38] 中国文物研究所、吉林大学考古学系:《巫山江东嘴墓群发掘报告》,重庆市文物局、重庆市移民局:《重庆库区考古报告集·1998 卷》,科学出版社,2003 年。

[39] 中国历史博物馆故陵考古队、云阳县文物管理所:《云阳故陵楚墓发掘报告》,重庆市文物局、重庆市移民局:《重庆库区考古报告集·1998 卷》,科学出版社,2003 年。

[40] 中国社会科学院考古研究所三峡工作队:《巫山双堰塘墓地发掘报告》,《重庆库区考古报告集·1998 卷》,科学出版社,2003 年。

海阔凭鱼跃　天高任鸟飞

叶建兴

无锡市文物保护和考古研究所成立于 2009 年 7 月,隶属于无锡市文化广电新闻出版局,其前身为无锡市考古研究所。随着无锡市经济文化强市和国家历史文化名城群的建设,文化遗产保护和考古研究事业受到市委市政府的高度重视,昭示天下,广纳人才,经多方努力,目前已经建立起一支理论水平高、实践能力强的知识化专业化高素质考古队伍,这支队伍的专业技术职称结构从高级到初级呈倒金字塔形,这支队伍不但年富力强,而且平均学历在我市文化单位中是最高的。业务人员以博士和硕士为主,本科学历者为辅,没有本科以下学历者。

近几年来,无锡市步入了文化遗产保护的快车道。到 2010 年,国家级文保单位达 20 处,省级文保单位达 85 处,市、区各级文保单位完好率达到 98% 以上,国家和省级文保单位数量跻身江苏省前三甲。政府不断加大文化遗产保护经费投入,多方筹措资金,修复惠山古街、清名桥古运河水弄堂、荣巷和小娄巷等一批历史街区,修复荡口、严家桥等历史古镇,修复陆定一、荣毅仁和阿炳等一批名人故居,修复利用允福面粉厂、永泰丝厂、振新纱厂等一批民族工商业建筑,兴建了吴文化博览园、吴文化博物馆、乡镇企业博物馆、古运河博物馆等一批专题博物馆和鸿山、阖闾城等一批遗址公园,建造无锡人杰苑等。

文化建设的根本是人才建设,人才建设的关键是创造一个能够多出科研成果的环境。我国有一句著名的谚语:海阔凭鱼跃,天高任鸟飞,是说人才需要自由宽广的发展空间,政府要具有宽阔的胸襟和活泼的机制,才能够留住人才用好人才,才能够让人才充分施展自己的才华。而无锡作为吴文化最重要的发源地之一,自古以来就有海纳百川的胸怀和招才引智的优良传统,2500 年前跻身春秋五霸之一的吴国如果没有原齐国军事家孙武和楚国大将伍子胥的帮助,吴国兴霸就难以实现。无锡市文化遗产保护和考古研究所人才济济,来自五湖四海,每个人都有自己的学术专长和学术背景,各自都有丰硕的学术成果。无锡市文广新局作为主管部门应该大力支持他们的发展,不但要促成现有科研成果的发表,而且还要鼓励他们再出成果、多出成果!

俗话说得好:大爱无疆,学术无界。无锡市文化遗产保护和考古研究所系列科研成果并不完全局限于无锡地区,专业人才的视野越开阔,起点也就越高;专业人才的起点越高,其分析问题、判断问题的思路也就越敏锐、越准确,这是高层次人才的典型特征。

无锡市文化遗产保护和考古研究所计划五年内要出五部与文物考古研究有关的科研成果系列丛书,第一部是研究南方地区长江流域考古出土的玉琮和峡江地区汉代墓葬等方面的论文集;第二部属于分章研究黄河上游流域史前考古方面的专著;第三部是无锡地区考古发掘报告;第四部是新中国成立以来发表的有关无锡地区考古研究的文集;第五部是无锡地区最新考古研究成果集。我知道后非常高兴并表示大力支持,经研究迅速成立了编委会,启动编辑出版工作。

在这里,我谨代表编委会,祝愿无锡市文化遗产保护和考古研究所系列科研成果能够顺利付梓,多出成果,不断攀登新的学术高峰!

(作者为无锡市文化广电新闻出版局和无锡市文化遗产局局长、党组书记)

海阔凭鱼跃　天高任鸟飞

叶建兴

无锡市文物保护和考古研究所成立于2009年7月,隶属于无锡市文化广电新闻出版局,其前身为无锡市考古研究所。随着无锡市经济文化强市和国家历史文化名城群的建设,文化遗产保护和考古研究事业受到市委市政府的高度重视,昭示天下,广纳人才,经多方努力,目前已经建立起一支理论水平高、实践能力强的知识化专业化高素质考古队伍,这支队伍的专业技术职称结构从高级到初级呈倒金字塔形,这支队伍不但年富力强,而且平均学历在我市文化单位中是最高的。业务人员以博士和硕士为主,本科学历者为辅,没有本科以下学历者。

近几年来,无锡市步入了文化遗产保护的快车道。到2010年,国家级文保单位达20处,省级文保单位达85处,市、区各级文保单位完好率达到98%以上,国家和省级文保单位数量跻身江苏省前三甲。政府不断加大文化遗产保护经费投入,多方筹措资金,修复惠山古街、清名桥古运河水弄堂、荣巷和小娄巷等一批历史街区,修复荡口、严家桥等历史古镇,修复陆定一、荣毅仁和阿炳等一批名人故居,修复利用允福面粉厂、永泰丝厂、振新纱厂等一批民族工商业建筑,兴建了吴文化博览园、吴文化博物馆、乡镇企业博物馆、古运河博物馆等一批专题博物馆和鸿山、阖闾城等一批遗址公园,建造无锡人杰苑等。

文化建设的根本是人才建设,人才建设的关键是创造一个能够多出科研成果的环境。我国有一句著名的谚语:海阔凭鱼跃,天高任鸟飞,是说人才需要自由宽广的发展空间,政府要具有宽阔的胸襟和活泼的机制,才能够留住人才用好人才,才能够让人才充分施展自己的才华。而无锡作为吴文化最重要的发源地之一,自古以来就有海纳百川的胸怀和招才引智的优良传统,2500年前跻身春秋五霸之一的吴国如果没有原齐国军事家孙武和楚国大将伍子胥的帮助,吴国兴霸就难以实现。无锡市文化遗产保护和考古研究所人才济济,来自五湖四海,每个人都有自己的学术专长和学术背景,各自都有丰硕的学术成果。无锡市文广新局作为主管部门应该大力支持他们的发展,不但要促成现有科研成果的发表,而且还要鼓励他们再出成果、多出成果!

俗话说得好:大爱无疆,学术无界。无锡市文化遗产保护和考古研究所系列科研成果并不完全局限于无锡地区,专业人才的视野越开阔,起点也就越高;专业人才的起点越高,其分析问题、判断问题的思路也就越敏锐、越准确,这是高层次人才的典型特征。

无锡市文化遗产保护和考古研究所计划五年内要出五部与文物考古研究有关的科研成果系列丛书,第一部是研究南方地区长江流域考古出土的玉琮和峡江地区汉代墓葬等方面的论文集;第二部属于分章研究黄河上游流域史前考古方面的专著;第三部是无锡地区考古发掘报告;第四部是新中国成立以来发表的有关无锡地区考古研究的文集;第五部是无锡地区最新考古研究成果集。我知道后非常高兴并表示大力支持,经研究迅速成立了编委会,启动编辑出版工作。

在这里,我谨代表编委会,祝愿无锡市文化遗产保护和考古研究所系列科研成果能够顺利付梓,多出成果,不断攀登新的学术高峰!

(作者为无锡市文化广电新闻出版局和无锡市文化遗产局局长、党组书记)

作者简历

韩翀飞 男,汉,1966年生,甘肃天水人,北京大学考古专业毕业,现任无锡市文化遗产保护和考古研究所文博副研究馆员。曾先后参加了榆中县石堡子齐家文化遗址、崇信县刘家沟战国墓地、玉门市火烧沟文化墓地、平凉市十里堡仰韶文化遗址、秦安大地湾遗址补充发掘、永昌县水泉堡汉墓、高台县南华魏晋墓、成县尖川汉墓、卓尼县一支川寺洼文化遗址、岷县战旗寺洼文化遗址、民乐县五坝马厂文化墓地等考古发掘,以及临洮县和山丹县战国、汉、明长城调查,无锡阖闾城遗址周边勘探调查等。

韩翀飞

李一全 男,汉,1972年生,甘肃武山人,吉林大学考古系考古专业本科毕业,南京师范大学社会发展学院硕士和博士研究生毕业,现任无锡市文化遗产保护和考古研究所文博馆员。曾先后主持了青海乐都柳湾博物馆新馆钻探、青海乌兰大南湾遗址发掘、重庆万州区大地嘴遗址发掘、重庆万州区瓦屋墓群发掘、江苏金坛水北镇宋代遗址发掘、重庆涪陵区倒向屋基墓群发掘、重庆开县棺山墓群发掘、江苏南京雨花台郭家山坑遗址发掘、无锡市锡惠公园施墩遗址调查勘探发掘、无锡市鸿山遗址本体保护调查等。

李一全

薛琳 女,汉族,1982年生,江苏无锡人,毕业于南京师范大学考古学及博物馆学专业,获硕士学位,现任无锡市文化遗产保护和考古研究所文博馆员。曾先后参加了京沪高铁无锡段的考古调查、勘探和发掘,南水北调鳖盖山工地的资料整理,宁杭铁路宜兴段的考古调查、勘探和发掘,沪宁城际铁路无锡段考古发掘,无锡新动物园工地抢救性发掘,锡惠名胜区入口公园考古调查、勘探和初期发掘,鸿山遗址本体保护考古调查、勘探和测量等业务工作。

薛琳